基礎から学ぶ 音声学講義

加藤重広・安藤智子 著

研究社

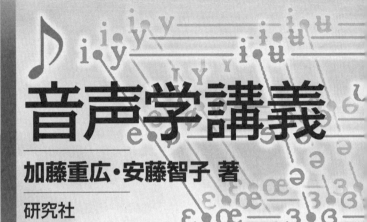

はしがき

　本書は大学生など初めて音声学を学ぶ人のための入門的な概説書である。一般音声学の基礎知識を習得できることはもちろん、国際音声記号（IPA）が使えるようになること、およびイントネーションやアクセントなど超分節的な要素についても学べるようにすることの2点に重きを置いた。音声学は言語学には不可欠とみなされ、日本語学や国語学、英語学やフランス語学などの外国語学、日本語教育や国語教育などの言語教育・応用言語学、言語聴覚士などの臨床、音声認識・音声合成などのIT分野にあっても重要な意味を持っている。本書は、日本語や英語など多くの学習者が比較的なじみのある言語の例を中心にとり、必要に応じてさまざまな言語例に言及している。関心を持った方には、なじみのない外国語についてもぜひ調べたり学んだりしていただければ、音声をきっかけに言語に対する理解をさらに深める一助になると信じる。

　国際音声記号は、国や地域により普及の度合いが異なり個別言語ごとの違いがないわけではないが、国際的に決められた万国共通の音声記号である。IPAをマスターすれば、理論上はすべての言語音を理解し、また書き表すことができる。もちろん実際の言語音には微妙な変異や差異が存在するが、それも知識と理論があってこそうまく説明できるものである。まだ十分なデータが得られていない言語を現地まで記述調査に行く際には、音声学の教科書を携行することが多いと聞く。言語音の奥深さを探求することは、簡便な地図だけを持って薄暗い森の奥深くに分け入ることに似ているかもしれない。本書がその際のガイドブックの役割をうまく果たすことを祈っている。

　音声学の入門書はどれも国際音声記号についてひととおりの説明があるが、その多くが記号の文字としての面をあまり重視していない。音声記号には大きさや位置など実際に手で書いてみないとうまく習得できず、字形がよく似ていて区別しにくいものもある。これらもある種のコツのようなものを知って少し練習すれば、書き分けて使いこなせるようになる。本書は練習として

訓練ができるように考慮して構成している。異なる音声も実際に聞き分ける練習をすれば、重要なポイントがつかめることが多い。

　言語学やその関連領域では、実際の発音（個々の分節音）のしくみを学ぶ調音音声学が中核で、音響音声学や聴覚音声学は除外されているか、あるいは簡便に触れられている程度であることが多い。また、アクセントなどの超分節的な要素や現象も相対的に手薄になりがちである。個々の分節音をまず知らなければ、分節音の連続や組み合わせや語や句、文の単位で生じる現象は論じにくいという根本的な問題でもあるだろう。本書は、前半は分節音（子音・母音）の調音音声学を中心にして、後半は超分節素のほか音響音声学や関連する事項なども幅広く扱っている。音声学の全体像がつかめるように工夫して、かつ日本語教育への便宜のため日本語のアクセントにページを割いている。

　なお、練習や例の音声データは、研究社のウェブサイトからダウンロードできるようにしたので、十分に活用していただきたい。なお、現在はない音声も追加で公開する予定だ。音声データの多くは著者によるものだが、そのほかに、Greg Dale 氏（英語）、Лилия Молчанова 氏（ロシア語）、北海道大学の李連珠氏（韓国語、本文では朝鮮語と表記）、富山大学の鄧芳氏（中国語）、その他の方に協力していただいた。記して感謝申し上げる。

　本書の最初の原稿は前半を加藤が、後半を安藤が執筆したが、相互にチェックして必要な追加や修正などを加えたので、本質的な意味で共著である。本書の構想は 2010 年頃にはあったが、昨今の大学の忙しさのために完成が遅れてしまった。この間、研究社の佐藤陽二さんには辛抱強く待っていただき、さまざまにサポートしていただいた。お詫びと感謝を申し上げなければならない。著者らがぐずぐずしていたせいで、2015 年版の IPA が掲載できたのは怪我の功名というべきだろう。ともあれ、やっと皆様にお届けできたことを心からうれしく思っている。

2016 年の新緑まぶしい頃に

加藤　重広

安藤　智子

本書を使った学習法について

(1)　IPA は実際に書いて練習しましょう。練習の欄の IPA をなぞって書いてみることをおすすめします。

(2)　実際の言語音を聞いてみましょう。例の中にはウェブサイトからダウンロードできるものもあります。

(3)　実際の音声の違いを聞き分ける訓練をしましょう。練習の聞き分け問題の音声はウェブサイトからダウンロードできます。解答用紙の PDF と解答の PDF もウェブサイトにありますので、各自印刷するなどして利用してください。

(4)　音声は公開準備が整ったものから公開しています。詳しくは研究社のウェブサイト (http://www.kenkyusha.co.jp) からリンクをたどってください。

目　　次

はしがき　iii
本書を使った学習法について　v
国際音声記号　viii

第 1 章　音声学とは何か…………………………………………………　1
第 2 章　調音器官と発声のしくみ………………………………………　14
第 3 章　破裂音(1)…………………………………………………………　24
第 4 章　破裂音(2)…………………………………………………………　34
第 5 章　摩擦音(1)…………………………………………………………　44
第 6 章　摩擦音(2)…………………………………………………………　54
第 7 章　破擦音……………………………………………………………　63
第 8 章　鼻　音……………………………………………………………　72
第 9 章　流　音……………………………………………………………　82
第 10 章　接近音……………………………………………………………　94
第 11 章　非肺気流子音……………………………………………………　101
第 12 章　母音の性質と基本母音…………………………………………　109
第 13 章　さまざまな母音…………………………………………………　118
第 14 章　母音の体系と変異………………………………………………　132
第 15 章　拍と音節…………………………………………………………　142
第 16 章　さまざまな超分節要素と強調…………………………………　154
第 17 章　アクセントの類型………………………………………………　165
第 18 章　日本語のアクセント(1)…………………………………………　174
第 19 章　日本語のアクセント(2)…………………………………………　185

目　　次　　vii

第 20 章　イントネーションの性質……………………………… 193
第 21 章　言語音の音響学的性質………………………………… 204
第 22 章　音声の知覚……………………………………………… 218
第 23 章　音声教育と発音指導…………………………………… 229
第 24 章　音声の変化とバリエーション………………………… 242

引用文献　251
索　引　252

国際音声記号（2015年改訂版）

子音（肺気流）

	両唇	唇歯	歯	歯茎	後部歯茎	反り舌	硬口蓋	軟口蓋	口蓋垂	咽頭	声門
破裂音	p b			t d		ʈ ɖ	c ɟ	k ɡ	q ɢ		ʔ
鼻音	m	ɱ		n		ɳ	ɲ	ŋ	ɴ		
ふるえ音	ʙ			r					ʀ		
はじき音		ⱱ		ɾ		ɽ					
摩擦音	ɸ β	f v	θ ð	s z	ʃ ʒ	ʂ ʐ	ç ʝ	x ɣ	χ ʁ	ħ ʕ	h ɦ
側面摩擦音				ɬ ɮ							
接近音		ʋ		ɹ		ɻ	j	ɰ			
側面接近音				l		ɭ	ʎ	ʟ			

1つの欄の中で右が有声音、左が無声音。塗りつぶしてある欄は発音が不可能とされている。

子音（非肺気流）

吸着音	有声入破音	放出音
ʘ 両唇音	ɓ 両唇音	ʼ （例）
ǀ 歯	ɗ 歯音／歯茎音	pʼ 両唇音
ǃ （後部）歯茎音	ʄ 硬口蓋音	tʼ 歯音／歯茎音
ǂ 硬口蓋歯茎音	ɠ 軟口蓋音	kʼ 軟口蓋音
ǁ 歯茎側面音	ʛ 口蓋垂音	sʼ 歯茎摩擦音

その他の記号

ʍ	無声唇・軟口蓋摩擦音
w	有声唇・軟口蓋接近音
ɥ	有声唇・硬口蓋接近音
ʜ	無声喉頭蓋摩擦音
ʢ	有声喉頭蓋摩擦音
ʡ	喉頭蓋破裂音
ɕ ʑ	歯茎硬口蓋摩擦音
ɺ	有声歯茎側面はじき音
ɧ	ʃ と x の同時調音
k͡p t͡s	破擦音と二重調音は2つの記号を必要なら結合記号を使って結合させて示せる。

母音

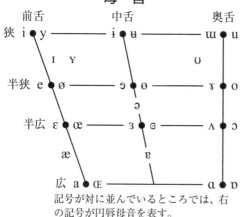

記号が対に並んでいるところでは、右の記号が円唇母音を表す。

補助記号　補助記号は下方に伸びる形状の記号では上に付けてよい。n̥

̥	無声	n̥ d̥	̈	息もれ声	b̤ a̤	̪	歯音化	t̪ d̪
̬	有声	s̬ t̬	̰	きしみ声	b̰ a̰	̺	舌尖化	t̺ d̺
ʰ	有気	tʰ dʰ	̼	舌唇音化	t̼ d̼	̻	舌端化	t̻ d̻
̹	強い円唇性	ɔ̹	ʷ	唇音化	tʷ dʷ	̃	鼻音化	ẽ
̜	弱い円唇性	ɔ̜	ʲ	(硬)口蓋化	tʲ dʲ	ⁿ	鼻腔開放	dⁿ
̟	前寄り	u̟	ˠ	軟口蓋化	tˠ dˠ	ˡ	側面開放	dˡ
̠	奥寄り	e̠	ˤ	咽頭化	tˤ dˤ	̚	非知覚開放	d̚
̈	中舌寄り	ë	̴	軟口蓋化・咽頭化	ɫ			
̽	中央寄り	ě		高め・狭め調音	e̝ (ɹ̝ 有声歯茎摩擦音)			
̩	音節主音的	n̩		低め・広め調音	e̞ (β̞ 有声両唇接近音)			
̯	非音節主音的	e̯		舌根前進	e̘			
˞	R音性	ɚ ɑ˞		舌根後退	e̙			

超分節要素

ˈ	第1強勢	
ˌ	第2強勢	
	(例) ˌfoʊnəˈtɪʃən	
ː	長い	eː
ˑ	やや長い	eˑ
̆	特に短い	ĕ
|	小(フットの)音群	
‖	大(イントネーションの)音群	
.	音節境界	ɹi.ækt
‿	連結(休止の欠落)	

音調と語アクセント

平ら
e̋	または	˥	超高
é	または	˦	高
ē	または	˧	中
è	または	˨	低
ȅ	または	˩	超低
↓	ダウンステップ		
↑	アップステップ		

曲線
ě	または	˩˥	上昇
ê	または	˥˩	下降
e᷄	または	˦˥	高上昇
e᷅	または	˩˨	低上昇
e᷈	または	˧˦˧	上昇下降
↗	全体的上昇		
↘	全体的下降		

第 1 章

音声学とは何か

　音声学 (phonetics) は、物理的な言語音 (speech sound) を研究する学問領域です。音声学は言語研究には欠かせないので、言語学の関連領域として扱われることも多いのですが、音は空気振動などを介して伝わる波動現象の1つで、本来は物理学の一分野であるべきでしょう。現在の音声学は、自然科学系の研究と人文科学系の研究が共存する状況です。

1.1. 音声学の諸分野

　言語音（＝音声）は、話し手によって作り出され、聞き手によって聞き取られる物理的な現象です。音声学の下位分野はそれぞれのプロセスに対応する形で大きく 3 つに分けられます。

　言語学など人文科学における音声学は、**調音音声学** (articulatory phonetics) を指すことが多いと言えます。調音(articulation) は舌や唇などの器官を使って言語音を産出することです。調音音声学では、生理学的にどの器官や部位をどのように使って言語音が生み出されるかを記述的に捉えます。本書も調音音声学の枠組みを中心に扱います。個々の音声を表記する記号や、個々の音声の呼称も調音音声学の知識に基づきます。

　調音音声学は、言語研究や外国語教育・日本語教育などの言語教育のほか、アナウンサーのように正確な発音を求められる職業にも重要な知見を与えます。言語研究では、特に現地調査を行なう記述言語学や方言研究において調

音音声学の基礎知識が必須です。

　音波という物理的現象としての言語音を分析するのが、**音響音声学**（acoustic phonetics）です。音響音声学は、測定機器や分析装置などを用いて音波としての客観的特性を明らかにできます。主観に傾きがちな調音音声学と違い、音響音声学では数値を用いた客観的なデータによって、音声という目に見えない対象を可視化できるという利点があります。ただし、実用的な分析を行なうには、機器の使用やデータの読み取りに習熟しなければなりません。

　言語音の知覚と認識のメカニズムを解明するのが**聴覚音声学**（auditory phonetics）です。言語音の物理的な特性がそのまま知覚・認識されるとは限りません。聴覚音声学では、知覚上はどのような特性が重要で、どの要因によって聞き間違いが生じるかなどを明らかにできます。たとえば、子音よりも母音のほうが知覚されやすいことは、聞こえ（→ 15.2.2）という観点から説明できます。ただし、聴覚器官に関する医学生理学的なしくみは解明が進んでいるのに対して、調音音声学や音響音声学に比べると、聴覚音声学はまだ研究が十分に進んでいるとは言い難い状況にあります。

　そのほかに、**実験音声学**（experimental phonetics）と呼ばれる研究もあります。ただし、これは実験的手法を用いることに主眼があり、音声学の下位分野とは言えません。また、特定の言語の音声を主たる対象とする場合、日本語音声学、ロシア語音声学のように呼ぶことがあります。それに対して、特定の言語の枠にとどまらず言語音を普遍的な観点から追究する音声学を**一般音声学**（general phonetics）と呼びます。

1.2. 音声学と音韻論

　言語学の一分野には、**音韻論**（phonology）と呼ばれる領域もあります。音韻論は、特定の言語における音声体系、また、その要素としての**音素**（phoneme）を対象とし、現実の言語音を対象とする音声学とは異なります。

	研究対象	最小単位	方法論	位置づけ	表記法
音声学	音声	音（おん）	エティック（物理的現象としての音声を普遍的観点から見る）	言語学の外部	[ ]で挟んで示す
音韻論	音韻体系	音素	イーミック（個別の音声体系ごとに要素としての相対的価値を捉える）	言語学の内部	/ /で挟んで示す

たとえば、日本語では「手前」[temae]と「出前」[demae]は意味が異なりますが、その区別を担うのは、最初の子音 [t] と [d] です。意味の違いを生じさせるような違いを言語学では**対立** (opposition) と言い、対立によって意味に違いが生じる状態を**弁別的** (distinctive) であると言います。この場合、対立する2つの音 [t] と [d] は、別々の音素 (/t/ と /d/) とみなされます。

「オリンピック」と「オランダ」は、下線部の「ン」の実際の音声が異なります。「オランダ」は舌先を使って [n] であるのに対して、「オリンピック」は唇を閉じて [m] です（英語の綴り Olympic からも予想ができます）。しかし、日本語話者にはいずれの「ン」も同じ /ン/ であると感じられます。その理由は「音声学的には異なるが、音韻論的には同一の音素だからだ」と説明されます。このとき [m] と [n] はこの位置で対立せず、/ン (N)/ という音素のバリエーションにすぎません。このように意味の違いを生じさせない音を**異音** (allophones) と言います。

調音音声学では、個別言語における対立の有無にかかわらず、個々の音には違いがわかる名称が付けられており、おおむねそれに対応した音声記号が存在します。本書では、個々の言語音と音声記号を体系的に学びます。

音声学では、対象とする言語の音声的枠組みがわからなくても、個々の音は記述できます。それに対して、音韻論は、対象とする言語の音声的枠組みがある程度以上わからないと成立しない面があります。全体像がわからない段階からいくつかの音に区別や対立を見つけ、それを音素として少しずつ音韻体系全体を組み立てていく音韻論には、パズルのような面白さがあります。また、既存の音韻体系も新しい事実の発見や理論の発展で修正されることがあるという点で、音韻論のほうがより理論的な性質が強く、音声学が事実の記述を出発点とする実践的な性質が強いことと対照的です。しかし、すべての言語音を正確に記述して整理したうえでないと音素の確定は難しいので、音韻論には当然、音声学の基本的な知識が必要です。一方で、どのような体系かによって、個々の音声に許される幅や必須となる特性も異なるので、個別言語の音声面の全体像を明らかにするには音声学の知識だけではなく、音韻論の成果も利用しなければなりません。端的に言って、音声学と音韻論は、現実的には相互に補完し合う面が強いのです。

1.3. 音声の表記

　地球上にある数千の言語のすべての言語音を完全に表記するのは容易ではありませんが、研究に必要な程度に表記し分けるのは音声記号を使えば可能です。ここで言う「音声記号」とは、正式には**国際音声記号**（あるいは**国際音声字母**）(International Phonetic Alphabet) と呼ばれ、多くの場合、ＩＰＡ（アイ・ピー・エー）という略称が用いられます。本書でも基本的に IPA と呼ぶことにします。IPA は、国際音声学会 (International Phonetic Association)[1] が定め、全世界共通で用いることになっています。国や地域ごとに独自の表記を使った時期もありますが、現在では広く IPA による表記を用います。IPA の表は数年に一度改訂されており、現在は 2015 年改訂版を使います (→ p.p. viii–ix)。一般に「発音記号」と呼ばれるものは通常 IPA の一部を利用して便宜的に改変し簡略化したものです。

　IPA は、音声を記述するための便宜的方法ですが、多くの言語に見られる典型的な音を念頭に置くので、細かい差異まで表記できるわけではありません。IPA の個々の記号のカバーする範囲には一定の幅があるので、記述の精度を高めるために**補助記号**（＝**区別符号**）(diacritics) を使う必要があります。たとえば、IPA としての記号 [t] は、典型的には、上の前歯の内側の歯茎に舌先が接して離れる瞬間に生じる破裂音を表しますが、舌先が前歯の裏に接触する音も、この記号で表すことができます。そこで、舌先が前歯裏に触れる [t] を特に明示する必要があるときは、補助記号 [̪] を付けて [t̪] と表します。また、[t] を発音すると同時に息の音が出ることを「有気性がある」と言いますが、これは補助記号 [ʰ] を付けて [tʰ] と表します。[ta] も [t̪a] も [tʰa] も日本語の音韻論では /タ (ta)/ ですが、音声的には異なる性質を持つわけです。このように補助記号などを用いてより細かに厳密に音声を表すやり方を**精密表記** (narrow description) と言います。

🔊 1

SAMPLE 1

[ta] [t̪a] [tʰa]

---

[1] https://www.internationalphoneticassociation.org/

精密表記に対して、必要最小限の情報を与えるためにおおまかに記述することを**簡略表記**（broad description）と言います。頻出する音声をいちいち精密表記するのは負担が大きいので、近い性質の IPA やラテン文字（＝欧文で使うアルファベット）で、あるいは他の記号で代用させるなどの方法で簡略表記します。多くの言語の辞書などにおける発音表記にも、IPA の簡略表記やそれに準ずる方式を用いています。簡略表記は、固有の文字を持たない言語の**正書法**[2]（orthography）を決める上でも役に立つことが少なくありません。

IPA では、主にラテン文字やその変形が使われています。このため、西欧語に近いほうが音声体系を記述しやすく、欧米でよく知られている言語のほうが音声を表しやすいといった偏りが見られます。

本書では扱いませんが、言語障害のある人の発音を記録する目的で設計された**拡張 IPA**（IPA extensions）が健常者の発音の記録に援用されることもあります。

1.4. IPA 表の構成

ここでは IPA を構成する要素について見ていきましょう。p. 1 の「国際音声記号（2015 年改訂版）」を見てください。最初にあるのは「子音（肺気流）」です。肺から流出する空気によって作られる子音の多くがここに収められます（→第 3〜10 章）。喉から口にかけてのどこを使って発音するかという「調音位置」による分類が横軸に、それぞれの位置をどのように構えるかという「調音法」による分類が縦軸になっています。

次にあるのが「子音（非肺気流）」です。肺からの呼気以外の気流によって作られる子音が収められますが、これについては第 11 章で説明します。

その右に「その他の記号」があります。ここに含まれるものはみな、肺から流出する空気によって作られる子音の記号（第 3 章〜第 10 章）ですが、次の 3 つのタイプがまとめられています。

(1) 喉頭蓋や歯茎硬口蓋といった「子音（肺気流）」の表にない調音位置を持

---

[2] 標準的な表記の方法。

つもの。
(2) 2か所の調音位置を用いるもの。
(3) 2つの調音法を同時に行なうもの。

このうち、(1) および上記の「子音（非肺気流）」は、「子音（肺気流）」の表を拡張すれば表 1–1 のように整理できます。

表 1-1　子音の IPA

調音方法	声の有無	両唇	唇歯	歯	歯茎	後部歯茎	歯茎硬口蓋	反り舌	硬口蓋	軟口蓋	口蓋垂	咽頭	喉頭蓋	声門
破裂音	無声	p			t			ʈ	c	k	q			ʔ
破裂音	有声	b			d			ɖ	ɟ	g	ɢ			
鼻音	有声	m	ɱ		n			ɳ	ɲ	ŋ	ɴ			
ふるえ音	有声	ʙ			r						ʀ			
はじき音	有声		ⱱ		ɾ			ɽ						
側面はじき音	有声				ɺ									
摩擦音	無声	ɸ	f	θ	s	ʃ	ɕ	ʂ	ç	x	χ	ħ	ʜ	h
摩擦音	有声	β	v	ð	z	ʒ	ʑ	ʐ	ʝ	ɣ	ʁ	ʕ	ʢ	ɦ
側面摩擦音	無声				ɬ									
側面摩擦音	有声				ɮ									
破擦音	無声				ts	tʃ	tɕ						ʡ	
破擦音	有声				dz	dʒ	dʑ							
接近音	有声		ʋ		ɹ			ɻ	j	ɰ				
側面接近音	有声				l			ɭ	ʎ	ʟ				
放出閉鎖音	無声	p'			t'			ʈ'	c'	k'	q'			
放出摩擦音	無声				s'									
入破音	有声	ɓ			ɗ				ʄ	ɠ	ʛ			
吸着音	無声	ʘ		ǀ	ǃ		ǂ							
側面吸着音	無声				ǁ									

子音（非肺気流）表の下にあるのが「母音」です。子音と母音の区別については次の1.5節で、母音そのものについては第12章～第14章で説明します。

さらに、「補助記号」の表があります。1.3節で見たように補助記号は精密表記で用いることが多いのですが、精密表記でなくても用いることがあります。たとえば、[ta]と[tʰa]で対立がある言語では、対立を表すために有気性を示す補助記号[ʰ]が必要です。補助記号には、声帯の状態にかかわるもの、唇の形状にかかわるもの、舌の位置の微妙な違いに関するもの、破裂音の終わり方のバリエーションに関するものなどがあります。

「補助記号」の下には、「超分節要素」「音調と語アクセント」の記号が挙がっています。この2つは項目として分けられていますが、音調と語アクセントの概念は超分節要素に入るので、1.6節でまとめて概説します（→第16～20章）。

1.5. 音声のおおまかな分類

個々の音の細かな性質は各章で説明するので、ここではおおまかな区別だけ見ましょう。まず**母音**と**子音**です。それぞれ「ぼいん」と「しいん」と読みます。「ぼおん」「しおん」と読んでも間違いではないのですが、音声学で「しおん」と言うと「子音」ではなく「歯音」を指すので、本書では「しいん」と読むことにします。言語一般に関する音声学は、日本語音声学や英語音声学やドイツ語音声学などの個別音声学での用語の違いを総合して調整する役目があるので、専門用語に複数の読み方がある場合や、同じ概念を異なる複数の用語で指す場合があります。注意すべき用語が出てきたときに詳しく説明します。

母音と子音は初級の英語でも学ぶので、多くの人にすでに馴染みのある用語でしょう。一般的に母音と子音は以下のように区分することができます。

母音（vowel）	気流がほとんど妨げられずに作られる音
子音（consonant）	気流がなんらかの形で妨げられることで作られる音

言語音はなんらかの空気の流れ（多くの場合、肺からの呼気）を使って作られます。この空気の流れ（＝気流）が妨げられなければ母音、妨げられれば子音というのが最も単純な区分です。気流が完全にせき止めらると音が出せ

んが、気流が邪魔されながらもなんとか外に出れば子音になります。そして、上述の母音の定義に「全く妨げられずに」ではなく「ほとんど妨げられずに」とあるように、母音も気流が通過する際の舌の位置や口の形の影響を受けます。気流に対して弱い妨害を含むなんらかの影響があるからこそ、さまざまな母音が存在するわけです。母音の気流も、子音ほどではないにせよ、舌などの形状から影響を受けるということは、母音と子音が明確に二分されるわけでなく、連続的な関係にあるということでもあります。

　言語音は一般に母音と子音に分けることが多いのですが、音声学的に見るとこれは絶対的な分類ではありません。区分が自然発生的でやや感覚的な面もあり、科学的な定義がしにくいのです。母音と子音の分類の方法は決定的なものはなく、言語ごとに音韻論的解釈を交えて判定されます。

表 1-2　母音と子音の区分

	音響学的分類	パイクの分類	IPA表の分類	例
①	楽音	母音状音	母音	[i] [e] [a] [o] [u] など
②			子音	[j] [w] など
③		子音状音		[l] [r]（流音）、[m] [n]（鼻音）など
④	噪音			[p] [t] [k] [b] [d] [g] [s] [z] [f] [v] など
⑤		母音状音		[h] など

　表1–2の例の項を見ると、IPA表の母音は①のみで、それ以外はすべて子音です。この区別はどんな特徴によるのかを知るために、まず、2つの分類基準を見てみましょう。

A. 音響学的分類　楽音（musical tone ← 周期的振動のあるもの）を母音、噪音（noise ← 非周期的振動のあるもの）を子音とする（→ 第21章）。

B. パイク (Pike, K.L.) の分類　気流が舌の中央を通るとき摩擦的噪音のないものを母音状音（vocoid）と、摩擦的噪音を生じるものを子音状音（contoid）と分類する。声門摩擦音や [j], [w] は舌の上で摩擦的噪音を生じるわけではないので、vocoid に分類される。

　この2つの基準では、②の [j] [w] は①の母音と同じタイプになり、言

1.5. 音声のおおまかな分類

語によっては「半母音」(あるいは「半子音」) に分類します。ちなみに、ラテン文字の j が母音字 i の変異を表す文字として成立し、v, w が母音字 u からの変異を表す文字として派生したことから、ラテン文字成立当初も母音に近い音に認識したとわかります。実際、「サイを」[saio] と「作用」[sajoː] とはよく似ています。しかし、日本語の場合、[j] はヤ行子音であり、[w] はワ行子音に近い音で、一般的に子音と認識しますし、IPA 表でも②は子音に分類します。では、どういう点で ① と ② を区別するのでしょうか。

A, B の基準のほかにも、第 15 章で扱う音節を考慮に入れた分類があります。一般的に母音として位置づける特徴の 1 つに、音節の必須要素である音節主音になる性質があります。音節は、音節主音 (＝母音) の前にも後ろにも他の音 (＝子音) を伴いうるのですが、音節主音の前後に付く音を音節副音と呼びます。つまり、音節主音＝母音、音節副音＝子音というのが音節の構造による分類です。

A は音響学的特徴、B は調音上の特徴として、両者ともどの言語にも共通して適用する基準です。ただし、音節のあり方は言語によって異なる部分があるため、母音と子音の境界も言語によって異なり、音声学的性質で母音と子音を厳密に区分することは困難です。それでも、言語ごとに見ればなんらかの基準で母音と子音を区分することが可能です。この場合、音韻論的な観点からの区分も用いますが、それはとりもなおさず、個々の言語の音の体系で母音と子音が最終的に位置づけられることを意味します。

音をさらに分類する主な特質としては、以下のようなものがあります。

- 母音に関わる性質…(1) 舌の高低、(2) 舌の前後、(3) 円唇性
- 子音に関わる性質…(4) 有声性、(5) 有気性、(6) 調音位置、(7) 調音法、(8) 側面性、(9) 気流の起し手
- 母音と子音双方に関わる性質…(10) 鼻音性、(11) 緊張度 (12) 音節性、(13) 聞こえ度

これらの特質については以下の章で説明します。ここではまず、IPA 表を見るのに必要なことを紹介します。

典型的な母音は、主に口の開き、舌の位置、唇の形状によって分類します。たとえば、[i] という母音は舌の位置が高く口の開きが狭いので、(1) の点で「狭母音」に分類します。また、舌の前部が高くなることから、(2) の点で

「前舌母音」とします。さらに、唇は平らですから (3) の点で「非円唇母音」に分類します。これらの特徴をまとめて、「非円唇前舌狭母音」と呼びます。

　子音については、気流が声帯の振動を伴うかどうかで区別する (4) の有声性 (→ 2.4)、子音を作る狭めの生じる場所となる (6) の調音位置 (→ 2.2)、狭めの作り方や程度にあたる (7) の調音法の 3 つが重要です。調音法は、広い意味では (8) (9) (10) の観点による分類も含んでおり、この意味での調音法の分類によって本書では第 3 章から第 11 章に分けて子音を解説します。p. 8～p. 9 の子音の表 1–1 でも、この広い意味での調音法がいちばん左の列にまとめられています。

　たとえば、子音 [d] は声帯の振動を伴って発音する有声音なので、(4) の点で「有声音」に分類します。また、[d] は歯茎と舌先が関与して作られることから、(6) の点で「歯茎音」です。さらに、その歯茎と舌先が閉鎖を作り、それを破裂させることで作られるため、(7) の点で「破裂音」と分類します。これらの特徴をまとめて、[d] は「有声歯茎破裂音」と呼びます。これに対して、調音位置と調音法が同じ [t] は声帯を振動させない無声音なので「無声歯茎破裂音」と呼びます。このように名称から、両者の違いが有声性の有無だとわかります。

　なお、母音は一般に有声音ですから、無声音と対比する必要がなければ、(4) の有声性に言及して「有声非円唇前舌狭母音」などとは言わず、「非円唇前舌狭母音」とだけ言うのが普通です。このように、呼称に含まれない暗黙の了解になっている性質もあります。

1.6. 超分節要素

　これまでに見てきた子音・母音といったひとつひとつの音（おん）は、単音、あるいは分節音 (segment) とも呼ばれます。それに対して、いくつかの分節音が集まって単語や句、文を成したときにそれにかぶさるように関係する特徴を超分節要素 (suprasegmental) と言います。「超」(supra-) は「分節音の枠を超えて、分節音にまたがって」という意味です。超分節要素は、ほかにも類似の内容を指す「かぶせ音素」「韻律的特徴」「プロソディ (prosody)」などの用語で言い換えることがあります。

　超分節要素の記号には、(1) 音のまとまりに関するもの、(2) 音の相対的

1.6. 超分節要素

な長さ（＝持続時間）に関するもの、(3) 強勢（＝単語のなかで際立って強く発音するところ）の位置に関するもの、(4) 声の高さの変化に関するものという 4 種類があります。このうち、(1)～(3) は IPA 表の「超分節要素」の欄にあり、(4) は「音調と語アクセント」の欄にあります。超分節要素の IPA は、分節音に限定した説明の際など、特に必要のない場合には省略されることも多いので、書かれていないからと言って超分節要素がないわけではありません。

表 1-3 超分節要素を表す IPA

	IPA
(1) 音のまとまり	音節境界 [.]　　小音群 [|]　　大音群 [‖]　　連結 [‿]
(2) 音の長さ	長い [ː]　　やや長い [ˑ]　　特に短い [˘]
(3) 強勢	第 1 強勢 [ˈ]　　第 2 強勢 [ˌ]
(4) 声の高さの変化	平ら [˝] [ˊ] [˗] [ˋ] [˶]　[꜒] [꜓] [꜔] [꜕] [꜖] 曲線 [ˇ] [ˆ] [ᷓ] [ᷕ] [᷈]　[ᷛ] [ᷜ] [ᷝ] [ᷞ] [ᷟ] ダウンステップ [↓]　　アップステップ [↑] 全体的上昇 [↗]　　全体的下降 [↘]

　(1) の音節境界は第 15 章で説明します。音節は、母音とその前後に子音が結びついた分節音のまとまりを意味します（例 *napkin* [næp.kɪn]）。小音群と大音群の記号もそれぞれの音のまとまりの境界を示します。小音群はフット（＝韻脚）グループとも呼ばれ、いくつかの音節がまとまったものを指すもので、一定のリズムを形成することについて説明する場合などに用います（→ 16.3）。大音群はイントネーショングループとも呼ばれ、いくつかの単語がまとまってイントネーションが割り当てられる句や節、文を形成することを説明する場合などに用います（→ 第 20 章）。これらのまとまりは言語によってその働きや重要度が異なりますが、まとまりそのものが研究対象になるだけでなく、アクセントやポーズ（＝休止）の挿入、イントネーション、リズムなどについて理論的な考察をする際に重要な道具立てです。

　「連結」の記号は、切れ目のない結合を表します。語境界は普通、スペースによって示しますが、形態論的に単語として区分しても音声上は語境界にあたる特徴がなく、1 語であるかのように発音する場合、そのスペースに連結の記号を入れることがあります（例 *in America* [ɪn‿əmɛɹɪkə]）。そのほか、こ

の形の記号はIPA「その他の記号」でも［⁀］とともに二重調音（例［n͡m］［k͡p］→ 4.7）と破擦音（例［t͡s］［t͡ʃ］→第7章）を表すとされ、2つの記号が1つの分節音であることを表します。母音の音色が途中で変化する二重母音［aɪ］などに用いることもあります。

なお、IPAの記号のうち、「補助記号」の表の「音節主音の」と「音節副音の」の記号もこの（1）の領域のうち音節に関わるものです。詳細は第15章に譲ります。

（2）の音の長さは相対的で、何秒以上なら「長い」、何秒以下なら「特に短い」などと決まってはいません。もともと分節音の長さは多様です。発音されるたびに多少は異なりますし、個々の分節音の特性として発音に時間がかかるものもあれば、一瞬で終わるものもあります。長くても短くても常にこれらの記号が用いられるわけではなく、長さの違いについて言及する場合や、音の長さの違いが単語の意味の違いに結びつくような言語の記述にのみ用いるのが普通です。「長い」「やや長い」の記号は対象となる分節音の記号の直後に置き（例［aː］［aˑ］）、「特に短い」の記号は対象となる分節音の記号の上に置きます（例［ă］）。

（3）の強勢（＝ストレス）は、アクセントの一種です。強さアクセントとも呼び、英語やドイツ語、ロシア語などに見られる特徴です。このタイプのアクセントは単語のなかのいずれかの音節を際立たせるもので、最も際立たせる音節の前に第1強勢の記号を置き、それに次ぐ際立ちを持った音節の前に第2強勢の記号を置きます。特に短い単語の場合など、第2強勢がない場合もあります。また、1音節の単語の場合、強勢の記号を表示しないことがありますが、第1強勢があるのと同様の際立ちで発音するものでも強勢の位置が自明であるために記号を省略することもあれば、強勢を持たない単語の場合もあるため、そのどちらなのか注意が必要です。

（4）の記号のうち、IPA表の「平ら」「曲線」の欄にあるのは、一般に音節の声の高さに関するもので、「高」「上昇」という名称は相対的な高さや変動を示します。基本周波数が何ヘルツ以上の高さなら「高平ら」などと決まっているわけではなく、発音する人の声の高さの範囲や前後の声の高さの変化を考慮に入れて相対的に記述します。

「ダウンステップ」「アップステップ」は声調言語（→第17章）において、文中で同じ声調の音節同士の相対的な高低差を表すのに用います。「全体的上

昇／下降」はイントネーション（＝文や句における声の高さの変化）を示すのに用いられます。

　このほかにも、話す速度や休止など、超分節要素のなかで IPA の記号が割り当てられていないものもあります。

第 2 章

調音器官と発声のしくみ

　調音音声学は、個々の言語音がどのように作り出されるかという観点から言語音を整理し、正確かつ効率的に記述することを目指します。言語音は、一般に「どこで」作られるか、あるいは、「どこが」深く関与するかによって、おおむね系統立てて分類できます。このため、調音音声学では器官の名前を覚えることが重要です。

　言語音を発するために用いられる諸器官を、**音声器官**（organs of speech）と呼びます。これには、呼気を発生させる肺から呼気の出口となる口や鼻までが含まれます。また、そのなかでも気流を加工する器官を、**調音器官**（articulatory organs）と呼びます。

2.1. 喉　頭

　言語音は、ふつう肺からの呼気を使って作ります。肺からの呼気は、気管支（bronchi）を経て気管（trachea）を通り、喉頭（こうとう）(larynx) を抜けて、咽頭（いんとう）（pharynx）に出ます。咽頭は、喉頭と食道、口と鼻につながる空間です。気管と喉頭は筒状の器官ですが、気管が直径 2 cm ほどの細い管で、それに続く喉頭がふたの付いたやや太めの管です。喉頭の筒の末端近くにふたのように付いているのが、**声帯**（vocal cords, vocal folds）です。声帯は、左右に分かれた一対の筋肉の薄い膜で、ヒダ状になっており、呼吸時は開いています。この左右の声帯のあいだを、**声門**（glottis）と呼びます。

　声帯が完全に閉じてしまうと肺からの気流は通り抜けられませんが、ごく狭いすきまがあると、呼気がそこを押し開いて通る際に声帯が振動します。声帯の振動で生じる音が声です。

　図 2–1 に見るように、成人の喉頭はかなり低い位置にあります。男性ならのど仏（Adam's apple）の高さに声帯があり、ここが喉頭の上端にあたります。ただし、出生時の乳児の喉頭は舌根（→ 2.3）に近いかなり高い位置にあ

り、1年ほどかけて徐々に下がっていきます。ゴリラやチンパンジーなどの類人猿も喉頭がかなり高い位置にあることが、人間のような言語音を出せない理由の1つだと考えられます。喉頭は一般に男性のほうが大きく、とくに思春期（＝第二次性徴期）には喉頭も発達して喉頭隆起（＝のど仏）も見られるようになりますが、発声も男性のほうが平均的に見て低音域になるのは、このためです（→ 16.1）。

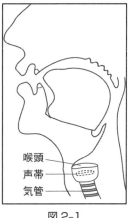

図2-1

声帯の数ミリ上には、声帯と同じような左右一対のヒダが見られ、これは、解剖学的には、前庭襞（vestibular folds）（または室襞）と言います。これを仮声帯などと呼ぶことがありますが、一般に調音にはほとんど関与しないと考えられます。

さらにその上に、喉頭蓋（epiglottis）という蓋のような器官があります。喉頭蓋は、食べ物がのどに入ると、気管に食べ物が入らないように後ろに倒れます。間違って食べ物が喉頭側に入ってむせるのは、それを外に出そうとする反射反応のためです。

なお、喉頭がんなどの治療として喉頭の切除を受けると、気管を咽頭でなく首の前側に作った開口部につなぐので、肺からの気流を発声に使えません。このような場合、発声のために、食道に空気を入れてそれを流出させるときに食道上部の粘膜のひだを振動させるという食道発声法（esophageal speech）を行なうことがあります。また、人工喉頭（electrolarynx）という、首に当てて声帯の代わりに声のような音を出す機械を用いる人もいます。

2.2. 調音位置と気流の通路

呼気は空気の流れ（＝気流）となって、肺から気管を通り、声帯のすきまから咽頭へと出ます。さらに気流は咽頭から、口のなかの空間すなわち口腔（oral cavity）か鼻のなかの空間である鼻腔（nasal cavity）を通って外に出ます。上あごの奥にある口蓋帆（velum）は動かせます。図2–2のように下がっていると、気流は口腔だけでなく鼻腔にも流れて外に出ますが、その状態で

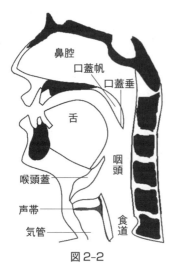

図 2-2

発音する音を鼻音と言います。鼻音以外は、口蓋帆が持ち上がって、鼻腔への気流の通路を塞ぐため、咽頭を出た気流は口腔のみを通って外に出ます。こうして作られる音を、「鼻音」に対して「口腔音」あるいは「口音」と呼ぶことがあります。ただし、言語音は、口腔音のほうが普通で種類も多いため、わざわざ口腔音と言わずに、子音では調音法ごとに「破裂音」「摩擦音」「接近音」などと呼び分けるのが一般的です。言語学的に言うと、言語音は、口腔音が無標 (unmarked) で、鼻音が有標 (marked) です。

なお、「腔」の字音（＝音読み）は「コウ」で、「鼻腔」「口腔」はそれぞれ「ビコウ」「コウコウ」です。医学・解剖用語として「腔」を「クウ」と読む慣用があり、「ビクウ・コウクウ」と読むこともあります。「鼻腔」と「鼻孔」（＝鼻の穴）を区別できるので、慣用読みを使う人もいます。混乱せずに区別できれば、どちらの読みも許容されます。英語式に、「鼻音」(nasal) と「口腔音」(oral) をそれぞれ「ネイザル」「オーラル」と言うこともあります。

気流は、どこかで流れが止められたり妨げられたりして、言語音として加工（＝調音）されます。子音の調音に深く関わる部位を**調音位置**（place of articulation）、あるいは**調音点**（point of articulation）と呼びます。普通は、気流の通路上で閉鎖や狭めが生じた部位を調音位置とみなします。多くの場合、調音器官の名称が調音位置として子音の名称の一部を成すので、その名称と実際の位置を把握しておきましょう。

実感が湧きやすいように、調音位置の部位を前から見ましょう。「パ」と言うときに上下の唇を閉じるように、**口唇** (lips) は、上唇（うわくちびる）と下唇（したくちびる）のいずれも調音に関わります。次は歯 (teeth) ですが、調音に関わるのは主に上の前歯で、ここで作られる音は「歯音」(dental) と音読みします。歯茎も音声学では**歯茎** (alveolar ridge) と呼ぶのが一般的で、上の前歯の内側の歯茎を指します。この歯茎と上前歯の境から 1.5〜2 cm 程奥の段差のあるあたりを、**歯茎後部**と呼びます。

ここより奥の、口のなかの天井の部分（＝上あご）を、口蓋（palate）と呼びます。口蓋の前方は、裏に骨があるため硬くなっており、後方は骨がなく柔らかいことは、舌先で触れれば確認できます。これらは、それぞれ硬口蓋（hard palate）、軟口蓋（velum, soft palate）と呼びますが、硬口蓋、軟口蓋と言うこともあります。

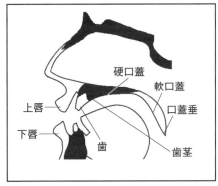

図 2-3

　軟口蓋の後ろは、ものを飲み込むときなど上下によく動く口蓋帆です。口蓋帆は調音位置の名称ではありません[3]が、上述のように鼻音と口腔音を切り替える働きをする、調音でも重要な部位です。口蓋帆の奥のほうには細く下に垂れているのどひこ（俗にいうのどちんこ）があります。このひこを音声学では口蓋垂（uvula）と言い、調音位置の１つとして扱います。口蓋垂は口の奥をのぞき込むと見えますが、それより後ろは口のなかを普通にのぞき込んでもよく見えません。口蓋垂より奥の空間が先に述べたように咽頭で、咽頭の突きあたりの壁（背中側）を咽頭壁（pharyngeal wall）と言います。喉頭の上部にある喉頭蓋は咽頭の前側にあたり、ここも調音器官です。

　肺から出た気流は、これらの調音器官の内部や周辺を、喉頭、咽頭、口蓋垂、軟口蓋、硬口蓋、歯茎、歯、口唇の順に通過するわけです。鼻腔も含めて、この気流の通り道全体を、声道（vocal tract）と言います。

　音声学では英語の用語をそのまま使うことも多いので、調音器官について英語名も覚えておくとよいでしょう。英語と言ってもラテン語やギリシア語起源の難しい単語が多いのですが、覚えておくと役に立ちます。また、英語は器官を表す名詞だけでなく、音声名としても用いる形容詞形も覚えておくとよいでしょう。

練習 2-1　調音音声学では調音位置となる調音器官を一通り覚えておく必

---

3)　「軟口蓋」と「口蓋帆」という用語を厳密に区別せずに用いる場合もありますが、調音位置としては「軟口蓋」を用います。

要があります。次の図の ① 〜 ⑩ の部位を日本語で答えなさい。英語名（名詞形・形容詞形）も調べておきましょう。

	日本語	英語（名詞）	英語（形容詞）
①			
②			
③			
④			
⑤			
⑥			
⑦			
⑧			
⑨			
⑩			

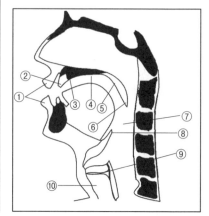

2.3. 調音器官としての舌

　調音器官のなかで最も動的に活躍するのが舌(した)（tongue）です。専門的には、舌(ぜつ)ということもあります。唇だけで調音する場合には、舌は重要な役目をしませんが、多くの場合に舌は調音に関与します。気流が舌の上を通る中線的（median）[4]な調音が一般的ですが、舌の横を気流が通過して調音される音もあります（総称して側面音（lateral）と呼びます）。図2–4は舌を上から見たもので、濃い矢印のように舌の側面を気流が通れば側面音になり、薄い矢印のように気流が舌の上を通れば中線的です。舌の側面とは頬の内側と考えてもよいわけですが、左右両方でもどちらか片方でも構いません。

　側面を除く舌面は、まず、舌根(ぜっこん)（tongue root）と舌根以外に区分します。舌根は最も奥の、咽頭壁と向かい合う部分であり、後ろに引くことで咽頭壁や喉頭蓋などとともに調音に関わります。舌根以外を舌背(ぜっぱい)（body of the tongue, dorsum）と舌先(したさき)（tongue tip）に、舌先を先端の舌尖(ぜっせん)（tip, apex）とそれを囲む舌端(ぜったん)（blade, lamina）に分けます。発音していない普通の状態で、下の前歯の

---

[4] 舌の上を通る中線的な調音は無標であり、側面音以外はみな中線的ですから、この中線的調音という名称はあまり用いられません。

2.3. 調音器官としての舌

内側に触れる部分の中央が舌尖で、上の前歯の内側の歯茎と向かい合う部分が舌端です。舌端と言うと普通は舌の上面の舌端を指しますが、舌裏にある部分も舌端に含めることがあり、区別するために裏舌端（underblade）と呼ぶことがあります。舌の裏側が調音に関わることは多くありません。ただし、舌をそり返して調音する反り舌音では裏舌端が関わることがあります。

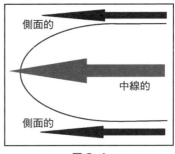

図 2-4

舌背は舌先と舌根を除く舌面の大部分を占め、全体は前舌（front, antero-dorsum）・中舌（center）・奥舌（back, postrodorsum）と3つに区分されます。

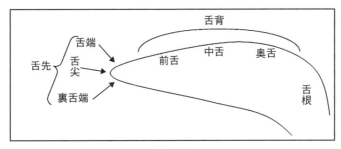

図 2-5

表 2-1

口唇的（舌非関与）						
口腔的（舌関与）	舌根的	前方				
		後方				
	非舌根的	側面的				
		非側面的（中線的）		舌頂的（舌先関与）	舌尖
					舌端
					裏舌端
				舌背的（舌背関与）	前舌
					中舌
					奥舌

およそ、「チ」と言うときに上あごに接するあたりが前舌、「カ」と言うときに接するあたりが奥舌です。奥舌は後舌と言うこともあり、すべて音読みで前舌・中舌・後舌と言うこともあります。舌背を区分するこれらの用語は、母音の名称にも用います。

舌先は、歯や歯茎に接触したり、近づいたりすることで調音することが多く、硬口蓋には前舌から中舌、軟口蓋には中舌から奥舌、口蓋垂には奥舌と、閉鎖や狭めを作る舌の部位はだいたい対応関係があります。また、音韻論では音声の特性を対立させる二値的区分としておおまかに表 2–1 のように示します。

一方、音声学では子音の区分には歯茎や軟口蓋などの舌以外の調音位置を用いることが多く、たとえば「無声歯茎破裂音」のように言うだけで、舌のどの部位が関わるかは通常は名称に反映されません。しかし、より詳しく記述するために、「無声舌尖歯茎破裂音」のように名称に含める場合もあります。また、舌のどの位置が閉鎖や狭めを作って調音に関わるかを補助記号で表すことがあります（→ 3.2）。

2.4. 声門の状態と発声の種類

2.1 節で見たように、喉頭の上部にある粘膜に覆われた筋肉性のヒダの部分を**声帯**[5]と言います。呼吸をする際にはヒダを開いて気流の通り道を作りますが、ことばを発する際にはヒダが近づいて狭めを作ります。肺からの呼気がその狭めを通過する際に、ヒダが振動します。

声帯が振動することによって発生する音を、音声学では**声**（voice）[6]と言い、声を出すことを発声と言います。声の状態により音は大きく 2 つに分けられ、声のある音（＝声帯の振動を伴う音）を**有声音**（voiced）、声のない音（＝声帯の振動を伴わない音）を**無声音**（voiceless）と呼びます。声帯が振動しないで出される気流を**息**（breath）と言います。声によって有声音、息によって無声音が作られると言えます。声帯は、ちょうどのど仏の裏あたりにあり、のど仏（＝甲状軟骨）とつながっているので、のど仏の所に指先を当て

---

5) 解剖学的には声帯襞と呼びます。
6) この「声」という語は、専門用語としては、日常語と異なる意味で用います。

2.4. 声門の状態と発声の種類

て「アー」と大きめの声（＝有声音）を出すと、指先に振動が感じられます。IPA では子音の有声と無声は記号が異なりますが、どちらか一方の記号しかない場合もあります。

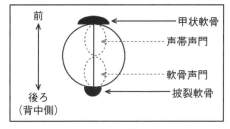

図 2-6

気流の通り道となる、左右の声帯のすきまを声門と言います。声門は、左右に分かれた披裂軟骨（ひれつなんこつ）のある背中側の軟骨声門と、その反対側（＝前側）で甲状軟骨に接している声帯声門という、2 つの部分に分けられます。

無声音では軟骨声門は開き、声帯声門も少し開いています。気流の通り道にゆとりがあるため、気流は声帯を振動させることなく息として抜けます。

有声音では軟骨声門は閉じられ、声帯声門が軽く閉じています。そこを気流が通り抜けようとする際に声門が押し開かれ、声帯の弾力によって閉じた状態に戻るという動きが繰り返されるのが声帯振動です。通常の発話のなかでは、有声音と無声音が混じるので、この 2 つを切り替える動きをする披裂軟骨は開閉を頻繁に繰り返します。

言語学では中間段階を想定してアナログな尺度で捉える性質を「連続的」、中間段階を想定せずに有か無か（＝ 1 か 0 か）のデジタルな尺度で捉える性質を「離散的（＝非連続的, discrete）」と言います。有声か無声かというとデジタルな性質のように感じられますが、実際には有声と無声は連続的な関係にあり、声帯の振動時間や振動の具合によって無限に近い中間段階を想定できます。ただし、人間の聴覚は音声を離散的に聞き取る性質があるため、ある程度の臨界点を超えると有声に、それ以前は無声に、というように、デジタルな知覚がなされます（→ 22.5）。無声音とされる「カ」の子音部でも多少声帯の振動があってよいのですが、ある度合いを超えると有声の「ガ」に聞こえるのです。

一般的な有声音・無声音以外の場合の声帯の状態についても見ましょう。

声門が完全に閉じているのは「声門閉鎖」(glottal stop) の状態で、気流は通過できず、音声も出ませんが、閉鎖したことが前後の音声の変化から認識できるので、声門閉鎖も一種の音とみなします。逆に、通常の呼吸の際には、声帯声門も軟骨声門も広く開いて空気が通りやすくなります。この状態でしゃ

べろうとすると「息もれ声」(breathy voice) と呼ばれる状態になります。普通の声のような声帯振動はありませんが、近くなら聞き取れるでしょう。呼吸が整わず、息が弾んだ状態でしゃべると息もれ声になることがあります。

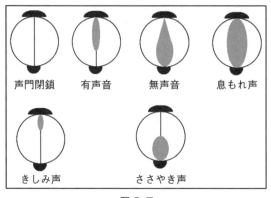

図2-7

次に、内緒話をするときのように「アー」と発音しながらのど仏のところに指先を当ててみましょう。このとき、振動は感じられません。このような音声を「ささやき声」(whispery voice) と言います。ささやき声は一種の息で、声帯を振動させずに出す音声なのです。母音を普通に発音すると有声音になりますが、ささやき声なら無声の母音を出すことができます。ささやき声を発するときは、声帯声門は閉じており、軟骨声門は広く開いています。声帯の振動は、声門がわずかに開いている(=軽く閉じている)際にしか生じないので、ささやき声でも声帯は振動しないのです。

今度は、自分が出せる最も低い声で「アー…」と言い、さらに低くしてください。このとき、声帯の開閉に伴ってプツプツとした音が出ることがあります。これを「きしみ声」(creaky voice) と言います。声門がほとんど閉じているなかで、声帯の一部がゆっくりと振動してできる音です。この音の混じった発声は、低い声で話すときにしばしば聞かれます。

また、特に歌唱の場合など、声の高さに伴う声帯の振動の仕方の違い(=声区)によって発声を区分することがあります。おおまかには、声帯全体の振動によって生じる胸声(chest register)と、声帯の一部だけが振動することによって得られる頭声(head register)があります。一般に、胸声は低い音程を出しやすく、地声とも呼ばれます。頭声は高い音程を出すのに適し、特に声帯が離れたまま閉鎖することなく振動することによる発声を裏声(falsetto)とも言いますが、声楽の分野ではより細かく声区を区分することもあります。言語音としては、胸声と頭声の区別が問題にされることは少ないのですが、

2.4. 声門の状態と発声の種類

イントネーションの高いところで胸声から頭声に切り替わったり、相手や場面によってこの2つを使い分けたりすることがよくあります。

🔊 2 **SAMPLE2**
声門閉鎖 [ʔ]+母音 [a]　有声子音 [g]+(有声) 母音 [a]　無声子音 [k]+(有声) 母音 [a]　息漏れ声 [a̤]　きしみ声 [a̰]　ささやき声　頭声

第3章

破 裂 音(1)

本章から第11章まで、さまざまな調音法による子音を紹介します。調音法とは、どのように、どのくらい気流を加工するかという観点による分類です。それぞれの調音法による子音のなかでも、どの調音器官を使って加工するか、有声音か無声音かなどによってさらに細分されたものにIPAの記号が割り当てられますから、その音を発音したり聞き分けたりできるようにし、記号を覚えましょう。

まずは、気流を妨害する程度が最も高い子音である、破裂音から見ましょう。**破裂音**（plosive）は、気流が一度どこかで遮断されたのち、閉鎖された通り道を一気に開放することで作る音です。破裂音という名称は、この開放の瞬間を指しますが、常に爆発するように音を作るとは限りません。開放される瞬間に音が出ないこともあるので、閉鎖によって気流が停止することを重視して**閉鎖音**（stop）と呼ぶこともあります。破裂音は、開放の瞬間に調音されますから、一回性で、持続しないという性質を持ちます。また、特に無声破裂音は単独では非常に聞き取りにくく、聞こえ（sonority）が低いという特徴もあります。聞こえは、聴覚上の相対的な音の大きさを意味し、ここでは聞き取りやすさの尺度と考えておいてよいでしょう（→ 第15章）。

3.1. 破裂音の種類と調音の方法

IPAで破裂音に定められているものとして、以下のようなものがあります。ほとんどが、有声と無声の両方を揃えています。

まず、「パ」の子音である [p] を例にとって、その作り方を見ましょう。この音には無声両唇破裂音という名称があり、それが示すとおり、声帯振動を伴わない息により、両唇（＝上下の唇）を用いて発音します。次の ① → ② → ③ の順序で両唇を動かします。

3.2. 基本的な破裂音とその変異

破裂音のIPA

	両唇音 bilabial	歯茎音 alveolar	反り舌音 retroflex	硬口蓋音 palatal	軟口蓋音 velar	口蓋垂音 uvular	声門音 glottal	喉頭蓋音 epiglottal
無声	p	t	ʈ	c	k	q	ʔ	ʡ
有声	b	d	ɖ	ɟ	g	ɢ	×	×

① 上唇と下唇が離れている状態
② 上唇と下唇が接触した状態
③ 上唇と下唇が再度離れた状態

　この過程のうち、②が「閉鎖」状態（→図3–1）、②から③への動きが「開放」です。②の閉鎖状態では肺からの息が唇でせき止められて、それが③へ向かって開放される瞬間の音が破裂音です。

3.2. 基本的な破裂音とその変異

　多くの言語に見られる破裂音に [p] [b] [t] [d] [k] [g] があります。これらは日本語にもあり、発音は容易です。まずは基本的な破裂音を中心に見ましょう。

　パ行子音 [p] は、上下の唇で閉鎖を作る**無声両唇破裂音**です（→ 3.1）。こ　　[p]
れと同じやり方で、声帯の振動があれば、バ行の子音である**有声両唇破裂音**
の [b] です。なお、パ行・バ行に対応する清音である　　　　　　　　　　　　[b]
ハ行の子音はすべて摩擦音（→第5・6章）なので、音声学的に見ると破裂音のパ行・バ行子音とは異なります。

　また、上唇と下唇でなく、上前歯と下唇の閉鎖でも同じような音を調音することは可能です。ほほえんだままパ行やバ行の音を発音しようとすると出ることがあります。これは唇歯（labio-dental）破裂音と呼べますが、IPAでは独立した記号はありません（歯を使うことを示す補助記号を付けて [p̪] [b̪] と記されることが

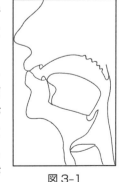

図 3-1

あります)。また、舌尖を上唇（の裏）に接触させて閉鎖を作っても両唇破裂音と似た音になるので、腹話術で両唇破裂音の代わりに使うことがあります。IPAでは両唇破裂音の記号に舌尖を使うことを示す補助記号を付けて [p̺] [b̺] と、歯茎破裂音の記号 [t] [d] に舌唇音 (linguo-labial) の補助記号を付けて [t̼] [d̼] と表すことができます。これらは両唇破裂音の変異と言えます。

「タ」などの子音は [t]、「ダ」などの子音は [d] で表されます。[t] は**無声歯茎破裂音**、[d] は**有声歯茎破裂音**です。これは、舌先が歯茎のあたりに接触して閉鎖を作り (→ 図3–2)、それが開放されたときに出る音なので、歯茎破裂音と呼びます。図3–2のような口腔断面図を見ると、舌先だけが接触していると思いがちですが、閉鎖時に接触しているのは舌先だけでなく、舌の側面も奥歯やその上の歯茎に接触して呼気の通り道を塞ぎます。

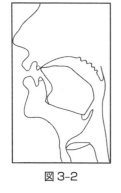

[t]
[d]　　図 3-2

日本語の「タ」「ダ」の子音は、舌先が前歯と歯茎の境目あたりに接触することが多いようです。歯茎音という名称ですから、典型は舌先が歯茎に接して閉鎖を作る音ですが、舌先と前歯で閉鎖を作る音（＝歯音）から、歯茎でも比較的後ろのほうで閉鎖を作る音（＝後部歯茎音）までが、記号 [t] [d] が表す範囲です。これらは、詳細な区分が必要でない限りは、いずれの場合も通常は歯茎破裂音として扱います。

前歯の裏に舌が接して閉鎖を作る歯裏調音を精密に記述する際には、歯音 (dental) であることを表す補助記号 [̪] を下に付けます。フランス語などの /t/ /d/ では上前歯の裏に舌先が接触しますから、より正確に表すと [t̪] [d̪] となります。英語では後部歯茎に近い位置になることが多く、これを表すには、調音位置が後ろ寄りであることを示す補助記号 [̠] を用いて [t̠] [d̠] とします。

さらに、舌の先のどの位置が閉鎖を作るかを補助記号で表せます。舌の先は最も先端の部分（＝舌尖）と先端に続く部分（＝舌端）に分けられます。舌尖を歯茎に付けて作る音は、英語でよく聞かれます。舌尖が接する調音を舌尖的、あるいはアピカル (apical) と言い、[̺]（歯音であることを表す補助記号の上下の向きを逆にしたもの）をつけて [t̺] [d̺] のように表します。一方、舌尖でなく舌端で閉鎖を作る調音を舌端的、あるいはラミナル (laminal) と

3.3. そのほかの破裂音

言い、小さい四角形の補助記号 [̪] を下につけて、[t̪]
[d̪] のように表します。日本語で、「ト」というときは
[t̪o] に近く、「テ」というときは [t̪e] となる人も多い
でしょう。

　[k] [g] は日本語の「カ」「ガ」の子音に用います。
このときは舌の表面の後ろ（＝奥舌）が持ち上がって
軟口蓋に接触して閉鎖を作ります（→図3–3）。「カカ
カ…」と発音して、閉鎖の位置を確認してみましょう。
両唇や歯茎に比べると自己観察はやや難しいですが、
奥舌が持ち上がって接触することはわかります。[k]
は**無声軟口蓋破裂音**、[g][7] は**有声軟口蓋破裂音**です。

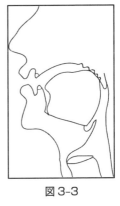

図3-3　　[k]
　　　　[g]

　「コ」と「ケ」を比べてみると、同じ [k] でも閉鎖部分に少し違いがあり
ます。「コ」は軟口蓋でも奥で閉鎖するのに対し、「ケ」では前寄りで、硬口
蓋の後部にかかるほどです。このような違いを表し分ける必要のある場合は、
調音位置が後ろ寄りであることを示す補助記号 [̠]（既出）、前寄りである
ことを示す [̟] を用いて [k̠] [k̟] とします。

🔊 3　**フランス語の例**　tôt [t̪o]「早く」　date [d̪at̪]「日付」

🔊 4　**英語の例**　stop [stɑp]「止まる」　date [deɪt]「日付」

🔊 5　**練習 3-1**
1〜12 の発音を聞き、冒頭の子音が [p] [b] [t] [d] [k] [g] のいずれかを判
断しなさい。以下、断りのない限り、子音の練習に伴う母音は日本語の一般
的な「ア」を使います。

3.3. そのほかの破裂音

　ここからは、日本語や英語にない音も見ていきましょう。
　ハンガリー語（＝マジャル語）などには、硬口蓋破裂音があります。前舌
から中舌にかけて舌がもり上がり、硬口蓋に接触して閉鎖を作る（図3–4）音で

---

7)　有声軟口蓋破裂音の記号として [g] が使われることもありますが、正式な IPA
の記号は [ɡ] です。

[c]
[ɟ]

◀)) 6

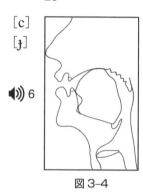

図 3-4

す。無声硬口蓋破裂音を [c] で、有声硬口蓋破裂音を [ɟ] で表します。[ɟ] は f を 180 度回転させたもので、アルファベットにはありません。[8]

> ハンガリー語の例

tyúk [cuːk]「雌鳥」 kutya [kucɒ]「犬」 kesztyű [kescyː]「手袋」

gyerek [ɟɛrɛk]「こども」 magyar [mɒɟɒr]「ハンガリー語」 gyár [ɟaːr]「工場」

　　　　　　無声硬口蓋破裂音 [c] を捉えるために、「テャ」と「キャ」を発音してください。[c] は、「テャ」の子音 [tʲ][9] と「キャ」の子音 [kʲ] のあいだにある音です。同じように、有声硬口蓋破裂音 [ɟ] は「デャ」の子音 [dʲ] と「ギャ」の子音 [gʲ] のあいだの音です。どちらでもない、あるいはどちらとも聞こえる音が出るように調音位置を調節してみましょう。[tʲ][dʲ] は舌先が歯茎に触れる音の一種ですから舌先を用いますが、[c] や [ɟ] では舌先が下りていて前舌あたりが接触するという違いがあることにも留意しましょう。

◀)) 7 　練習 3-2

1～12 の発音を聞き、冒頭の子音が [tʲ][c][kʲ] のいずれかを判断しなさい。

◀)) 8 　練習 3-3

1～12 の発音を聞き、冒頭の子音が [dʲ][ɟ][gʲ] のいずれかを判断しなさい。

　　スウェーデン語などには、舌が上に丸まって反り返るような形になり、舌尖や舌端裏が硬口蓋前部付近に接触して閉鎖を作る音があります。舌が反り返って作られる音は、英語で retro-（後ろ向き・逆向き）と flex（曲がる）の複合で retroflex と言い、日本語では反り舌音あるいはレトロフレックスと呼びます。反り舌音以外の調音位置の名称は、いずれも閉鎖や狭めが生じる場

---

　　8)　硬口蓋接近音を表す j に横棒をつけた記号が起源ですが、f を転用しているので上の点はありません。

　　9)　[ʲ] は「口蓋化」を示す補助記号です。詳しくは 4.4 節で扱いますが、ここではともかく「テャ」～「キャ」、「デャ」～「ギャ」の間を練習してみてください。

3.3. そのほかの破裂音

所(＝調音器官)を名称に使うのに対して、反り舌音は場所でなく、舌の形状を名称に用いる点で例外的です。反り舌音は、後部歯茎から硬口蓋あたりまで、閉鎖が起こる調音位置はかなり広く分布しています。

無声反り舌破裂音は [ʈ] で表します。これは歯茎音 [t] の記号を下に伸ばした縦長の t です。[t] と [ʈ] を区別する言語もあるので、手書きでは区別ができるように長さの違いを明確にする必要があります。**有声反り舌破裂音**は [ɖ] で表します。これは歯茎音 [d] の記号に、左右反転したjを小さくして上の点を取り、しっぽのように付加したものです。ほかの反り舌音もほぼ同じやり方で記号を定めています。

図 3-5

反り舌破裂音は、スウェーデン語[10]のほか、インドで話されているヒンディ語、グジャラーティー語などに見られ、これらの言語は別に歯茎破裂音も持つので、反り舌音と歯茎音との対立が見られます。破裂音に反り舌音がある言語は、鼻音や摩擦音や接近音にも反り舌音が見られることが多いと言えます。

🔊 9 ┃スウェーデン語の例┃

fort [fyːʈ]「早く」　fot [fyːt]「足」
bord [boːɖ]「机・テーブル」　bod [boːd]「小屋・店」

┃練習 3-4┃

反り舌破裂音と有声硬口蓋破裂音の IPA はアルファベットにはないので、歯茎音などとの違いを確認して、書く練習をしましょう(左から順に無声歯茎破裂音・無声反り舌破裂音・有声歯茎破裂音・有声反り舌破裂音・無声硬口蓋破裂音・有声硬口蓋破裂音)。

---

10) スウェーデン語は、語中・語尾の rt の綴りが [ʈ] に、rd の綴りが [ɖ] になります。

第 3 章 破 裂 音(1)

🔊 10 練習 3-5

1〜12 の発音を聞き、冒頭の子音が [t] [t̪] のいずれかを判断しなさい。

🔊 11 練習 3-6

1〜12 の発音を聞き、冒頭の子音が [d] [d̪] のいずれかを判断しなさい。

軟口蓋の後ろに垂れ下がっている口蓋垂（＝のどひこ）に舌面の後部（＝奥舌）が持ち上がって接触する（→ 図 3-6）ことで閉鎖を作る破裂音もあります。**無声**
[q]　**口蓋垂破裂音**は [q] を使って表し、**有声口蓋垂破裂音**
[ɢ]　は [ɢ] で表しますが、これは、G を小文字と同じ大きさに小さくしたものです。g のスモール・キャピタル（＝小型大文字）[11]と呼びます。スモール・キャピタルは類似の音を IPA で示す 1 つの方法で、ほかにも同様の方法の記号があります。

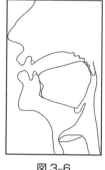

図 3-6

口蓋垂破裂音は軟口蓋破裂音と聴覚的にはよく似ていますが、アラビア語やモンゴル語などでは両者を区別します。日本語では区別しませんから、日本語を母語とする人には、[ka] も [qa] も「カ」の一種に聞こえがちです。

🔊 12 練習 3-7

次の 1〜12 の発音を聞き、冒頭の子音が [k] [q] のいずれかを判断しなさい。

🔊 13 練習 3-8

次の 1〜12 の発音を聞き、冒頭の子音が [g] [ɢ] のいずれかを判断しなさい。

3.4. 声門閉鎖とその変異

声帯のあいだのすきまで気流の通り道になっている声門で調音する破裂音

---

11) IPA では、大文字と小文字を使い分けることはなく、原則として小文字を使います。印刷などの都合上、スモール・キャピタルが表示しにくいときは大文字の G をそのまま使うこともないわけではありませんが、手書きするときには小文字の大きさにそろえて小さく書きましょう。

3.4. 声門閉鎖とその変異

が声門破裂音（glottal plosive）です。声門破裂音は破裂音に含めますが、これまで見た破裂音のように閉鎖が開放される際に出る破裂的な音よりも、声門の閉鎖そのものが重視され、**声門閉鎖音**（glottal stop）、あるいは、英語のままグロッタル・ストップと呼ぶのが普通です。声門を閉じると、気流が通り抜けることはできないので声帯も振動しませんから、声門閉鎖音には無声しかありません。そのため、無声声門閉鎖音とはわざわざ言いません。

音らしい音も聞こえないのに子音の一種と言われても不思議な話と思うかもしれません。ただ、声門が閉鎖すると気流が遮断されるので、それまで響いていた音の調音が停止します。逆に、閉鎖されていた声門が開放されると一気に気流が流れ出し、調音が行なわれるので、声門閉鎖の有無は知覚可能です。

声門閉鎖音は、クエスチョン・マークの下の点がないものを記号に用い、[ʔ] と表します。[12)]　　　　　　　　　　　　　　　　　　　　　　　　[ʔ]

日本語話者が「アッアッアッ」を読むと、母音のあいだをこの声門閉鎖音で区切る人が多いようです。驚いて急に「あっ！」と言うときは、[ʔa] あるいは [ʔaʔ] のように声門閉鎖を伴い、聞き返しの「え？」も [ʔe] となることが多いようです。このように日本語でも声門閉鎖は見られますが、標準語では声門閉鎖があるかないかの弁別的な区別があるわけではありません。

ドイツ語にも声門閉鎖が見られます。母音で始まる語の場合は、母音の前に声門閉鎖音が入るのが普通です。たとえば、ein Apfel [ʔaɪn ʔapfəl]「1 個のりんご」のように発音されます。

英語では、通常の会話の発音ではドイツ語のように語頭の母音の前にいちいち声門閉鎖を入れることはしませんが、強調する場合などに入れることがあります。さらに、母音の後の /t/ などの異音として声門閉鎖音を用いることがあります。

🔊 14 **ドイツ語の例**　ich [ʔɪç]（一人称単数主格代名詞）　ein Apfel [ʔaɪn ʔapfəl]「1 個のりんご」

🔊 15 **英語の例**　I didn't say 'a name' but 'an eim'! [ən ʔeɪm]　reaction [ɹiʔækʃən]
　　　　　　　　sit down [sɪʔ daʊn]　at last [əʔ læst]

---

12) 点をとったあとの足の部分に短い横棒をつけたのが活字でのデザインですが、手書きするときは点がなければよく、横棒の有無は問いません。

声門閉鎖を弁別的に使う言語もあります。日本語の琉球方言（＝伝統的な首里方言）のほか、タガログ語やインドネシア語、ハワイ語、タイ語などでは声門閉鎖を弁別的に用いるので、声門閉鎖音が音韻体系に存在していると言えます。

🔊 16 インドネシア語の例

anak [anaʔ]「子ども」　rakyat [raʔjat]「国民」

ハワイ語の例

aho [aho]「綱」　　　'aho [ʔaho]「棟木」
kou [kou]「あなたの」　ko'u [koʔu]「私の」

薩隅方言の例

[kaʔ]「柿」　[kuʔ]「口」

北琉球・首里方言の例

[wa:]「広さ」　　[ʔwa:]「豚」
[iɴ]「縁」　　　［ʔiɴ］「犬」
[utu]「夫」　　　[ʔutu]「音」

🔊 17 練習 3-9

1〜12 の発音を聞き、[a] [ʔa] のいずれかを判断しなさい。

🔊 18 練習 3-10

1〜12 の発音を聞き、[a] [aʔ] のいずれかを判断しなさい。

🔊 19 練習 3-11

1〜12 の発音を聞き、[a] [aʔ] [ʔa] [ʔaʔ] のいずれかを判断しなさい。

声門閉鎖音によく似た**喉頭蓋破裂音**（epiglottal plosive）という音が、IPA の子音表の外側の「その他の記号」にあります。舌根を後ろに引いて喉頭蓋と咽頭壁の間に閉鎖を作ると、声門閉鎖と同じように気流の停止を音として知覚することがあるためですが、有声にはしにくく記号は無声しか用意されていません。声門閉鎖音の

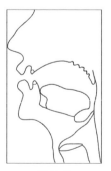

図 3-7

3.4. 声門閉鎖とその変異

記号 [ʔ] の真ん中あたりの高さに短い横棒を付けた、[ʡ] という記号で表します。[13)]　　　　　　　　　　　　　　　　　　　　　　　　　　　　　[ʡ]

練習 3-12

IPA の記号を書く練習をしましょう。順に ① 疑問符、② 声門閉鎖音、③ 喉頭蓋閉鎖音、④ 通常の大文字の G、⑤ 有声口蓋垂破裂音（練習は ② ③ ⑤ のみ）です。

?　ʔ　ʡ　G　ɢ　　ʔ　ʡ　ɢ　　ʔ　ʡ　ɢ　　ʔ　ʡ　ɢ　　ʔ　ʡ　ɢ

---

13) クエスチョン・マークの転用でありながら下の点がないこと、足の部分に短い横棒があってもなくてもよいことは声門閉鎖音の場合と同じです。

第4章

破 裂 音(2)

　破裂音には、IPA だけでは十分に表し分けられず、**補助記号**（diacritics）を使って示さなければならないほど、細かいバリエーションがあります。補助記号は区分記号、付加記号と呼ぶこともあります。ここでは、破裂音に関係する補助記号とその使い方を見ます。また、そのなかには破裂音以外で使える記号もあります。

4.1. 有声化と無声化

　有声音・無声音という呼び方は声帯振動のありさまを離散的な尺度で捉えたもので（→ 2.4）、実際の音に声帯振動がどの程度あるかは連続的です。明確な有声音というよりも、本来無声音であったものがある程度の声（＝声帯の振動）を伴ったと見るべき場合もあります。そのために、**有声化**（voicing）を表す補助記号も用意しています。有声化を voicing と言うので v を小さくした形の記号を無声子音の記号の下に付けて、[p̬] のように表します。逆に有声音の**無声化**（devoicing）を表す補助記号もあります。小さい白丸を有声音の記号の下に付けて [b̥] と表します。なお、これらの記号は文字の下に付けるのが一般的ですが、下に書きにくい字形では上に書きます。

　一般に有声子音と無声子音の記号が揃っている場合には、[p] ＜ [p̬] ＜ [b̥] ＜ [b] の順に声帯の振動時間が長いと考えます。ただし、声帯の振動時間や振動の強さにかかわらず、無声音の音素が多少なりとも有声化していることを示す場合に [p̬] を、有声音の音素が無声に近づいている発音を示す場合に [b̥] を用いるといった使い方もあります。有声化の補助記号は破裂音以外の無声子音にも適用します。無声化の補助記号は他の有声子音のほか、母音にも用います。

4.2. 気息の有無

　日本語話者が普通に「パ」と言うと、[p] の破裂とほぼ同時に息が出ることが多いのですが、あまり意識されていません。細長く切ったティッシュペーパーを口の前に垂らして「パ」と発音すると、破裂音 [p] に伴う強い気流が出てティッシュペーパーが揺れます。摩擦的な噪音をたてるこの強い息を音声学では、気音または**気息**（aspiration）と呼び、気息を伴う音を**有気音**（aspirated）、気息を伴わない音を**無気音**（unaspirated）と呼んで区別します。なお、有気音は帯気音と言うこともあります。

　無気音で息が全く出ていないわけではありません。[p] の発音をするとき、一気に出る息が多く強い場合を有気音に、そうでない場合を無気音に知覚するものです。現実には、息の量や強さなどは連続的なもので、デジタルに有気と無気に分けられませんが、前節で有声音と無声音について述べたのと同様に、有気音と無気音という離散的な名称を用います。離散的に捉えられるのは、そこに対立があり異なる音として認識している場合です。有気と無気が対立する、つまり気息の有無が弁別的な言語はアジアを中心に各地にあります。特に朝鮮語や中国語が有名です。日本語では、気息があるかどうかについては対立がないので、違う音とは認識しません。今の欧米の言語では気息の有無による対立がほとんどありませんが、古い時代の印欧語は気息の有無が弁別的だったと考えられています。

　有気音は、IPA の右肩に h を半分ほどの大きさの文字で付けて [pʰ] と表し

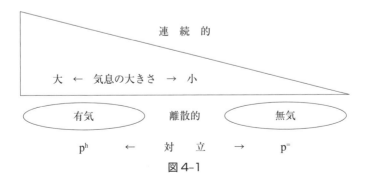

図 4-1

ます。[14] 基本的には破裂音に用いる補助記号ですが、破裂のあとに摩擦を伴う破擦音（→第7章）に付けることもあります。無気音は単なる [p] で表すのが普通で、無気音であることを示す場合は、等号（＝）を上付きにして [p⁼] とすることがあります。ただし、IPA の正式な記号ではありません。

🔊 20 朝鮮語の例 ※平音が無気音、激音が有気音に相当する。
기 [k⁼i]「元気・気力」　키 [kʰi]「背丈」
달 [t⁼al]「月」　탈 [tʰal]「お面」
발 [p⁼al]「足」　팔 [pʰal]「腕」

🔊 21 中国語の例
怕 (pà) [pʰa]「恐怖」　　爸 (bà) [p⁼a]「お父さん」
他 (tā) [tʰa]「彼」　　　搭 (dā) [t⁼a]「組み立てる」
苦 (kǔ) [kʰu]「苦い」　　古 (gǔ) [k⁼u]「古い」

🔊 22 英語の例
peak [pʰi:k]「頂」　　speak [sp⁼i:k]「話す」　　beat [bi:t]「打つ」
take [tʰeɪk]「取る」　steal [st⁼eɪk]「ステーキ」　date [deɪt]「日付」
curt [kʰɚ:t]「そっけない」　skirt [sk⁼ɚ:t]「スカート」　girl [gɚ:l]「少女」

🔊 23 練習 4-1
1〜12 の発音を聞き、[p⁼a] [pʰa] のいずれかを判断してください。

🔊 24 練習 4-2
1〜12 の発音を聞き、[t⁼a] [tʰa] [d⁼a] のいずれかを判断してください。

4.3. 有気性と有声性

気息があれば有気、なければ無気です。声帯の振動（＝声）があれば有声、なければ無声です。気息の有無と声の有無は異なる属性なので、組み合わせが4通りあります。両唇破裂音を例にすると、無声無気音が [p] または [p⁼]、

---

[14] 有気音を、場合によっては pʰ としたり、ph とすることもあり、かつては、p' のように逆向きのアポストロフを付けることもありました。今は、放出音（→11.2）と紛らわしいので使いません。

4.3. 有気性と有声性

無声有気音が [pʰ]、有声無気が [b] または [b˭]、有声有気が [bʱ] です。ヒンディ語などインドの諸言語では、この4つがすべて対立することが知られています。しかし、物理的に見ると、このうち有声有気音には他の3つとは性質に違いがあります。

有声有気音を除く3つのタイプを説明するために用いるのが、**声立て時間**（voice onset time）です。一般には略して **VOT** と呼びます。これは、調音位置の開放から声帯振動が始まるまでの時間を指す用語です。

たとえば、無声無気音の子音に母音を付けて [p˭a] と発音すると、唇の閉鎖の開放までが [p] の調音であり、そのあと有声音である母音を出すために声帯を振動します。開放の時点を基準の0として、声帯の振動（=声）が開始（onset）するまでの時間を計ると、0～60ミリ秒程度だと言われています。0では開放と同時に声帯の振動が始まります。0.06秒程度のあいだなので、ほとんど同時と言っていいでしょう。一方、無声有気音 [pʰa] を発音する場合、唇の閉鎖を開放してからまず一気に強い息を出し、気息を作ります。このあいだは、声帯を振動させることはできず、気息が出てしまってから声帯の振動が始まります。気息を出す時間の分、声帯の振動は遅れて、VOTは100～200ミリ秒程度だと言われています。0.1～0.2秒ほどの時間であれば、慣れれば無気無声音との差が知覚できます。

有声無気音 [b˭a] の場合、子音そのものが有声なので、開放されて [b] の調音されるときにはすでに声帯が振動し始めています。つまり、調音位置で開放と声帯振動の開始の順序が無声の場合とは逆なのです。そこで、この有声無気音のVOTをマイナス値と考えると、[p˭] [pʰ] [b˭] は数値の違いとして記述できると言えます。VOT値は、[pʰ] > [p˭] > [b˭] となるわけです。では、有声有気音はどうなるのでしょうか。

有声有気音で [bʱa] と発音する場合、[b˭a] の場合と同様に閉鎖を開放する前から声帯の振動は始まっています。後続する母音も有声なので、声帯は振動したままです。しかし、気息も出さなければなりません。気息は強い息の流れなのに対して、声は声門を狭めて気流が通過する際に声帯を震わせることによって作るので、気息をはっきり出しながら、同時にしっかりと声帯を振動させることは普通できません。気息を出すために声門を開き加減にすると、声帯の振動は弱くなり、不完全なものになります。気息も、[pʰ] のときに比べると鋭さがありません。このような、不完全な声帯の振動を伴いなが

ら気息が出る発声を息もれ声（breathy voice）（→ 2.4）と呼びます。つまり、有声有気音は、厳密には息もれ声の調音だと言えます。有声という点で、VOTは理論上 [b̬] と同様にマイナスとなるわけですが、声帯振動が弱く気息もあるため、VOT の観点からの分類もすっきりした形にはなりません。IPA には息もれ声を表す補助記号 [̤] があり、音声記号の下に付けて、[b̤] と表すこともあります。細かく言えば、気息も有声の状態で出るので、[h] の有声音を表す [ɦ] を上付きにして、[b̤ʱa] と表すべきだとも考えられます。

🔊 25 練習 4-3

1～12 の発音を聞き、[k˭a] [kʰa] [g˭a] [gʱa(g̤ʱa)] のいずれかを判断しなさい。

4.4. 口蓋化

「パ」と「ピャ」を言い比べてみてください。子音はともに両唇で閉鎖を作る両唇破裂音ですが、「ピャ」のほうは、両唇の閉鎖中、前舌のあたりが持ち上がって硬口蓋に近づいているでしょう。このように硬口蓋に舌面が近づいて音色が変わることを**口蓋化**（palatalization）と呼びます。口蓋化は、厳密に言えば**硬口蓋化**と言うべきで、実際にそう言うこともありますが、現在一般に「口蓋化」と言えば「硬口蓋化」のことです。このほかに軟口蓋化という現象（→ 9.2）もあり紛らわしいのですが、一般的に用いられる「口蓋化」を本書でも使います。口蓋化は破裂音以外の子音にも生じます。上記の両唇音の例では、両唇での**一次調音**（primary articulation）に対して、口蓋化はそれに特徴を付加する**二次調音**（secondary articulation）と位置づけられます。二次調音は、一次調音とは別の位置で、一次調音での狭めに比べてゆるやかな狭めが行なわれることを指します。

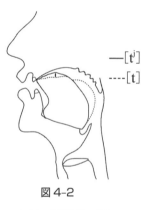

図 4-2

口蓋化が生じると、硬口蓋付近で舌が持ち上がるだけでなく、調音位置が硬口蓋寄りにずれたり広がったりすることもあります。たとえば、「タ」と「テャ」を発音してください。「タ」の子音は普通の歯茎音ですが、「テャ」の

4.4. 口蓋化

子音は口蓋化した歯茎音です。「テャ」と言っても「タ」と同様に舌先は歯茎に接するので歯茎音ですが、それに硬口蓋に向かって前舌部分が持ち上がることによる変化が加わるのです。前舌部分は持ち上がるだけでなく一部が後部歯茎あたりに接触し、その結果、接触する面積が増しているかもしれません。その場合も含めて、口蓋化と呼びます。

口蓋化は、硬口蓋接近音 (→ 10.1) を表す j を上付きにして [tʲ] と表します。[15) 破裂音以外にも、さまざまな子音に付加されます。なお、「テャ」[tʲa] のような音は、[tʲ] から [a] へ舌がしだいに下がっていく過程に [j] (硬口蓋接近音) に近い構えがあることに注目して、[tja] と表記することもあります。

上記の「テャ」は説明のために挙げただけで、日本語で普通に用いられる音ではありませんが、日本語では口蓋化は一般的な現象です。1つは、イ段の子音に見られる口蓋化です。イ段の母音は、前舌が硬口蓋に近づいた状態で発音します。この構えの準備が直前の子音に作用して、口蓋化が生じます。このように近隣の音の調音の影響を受けてその音と似た性質を持った音になることを、**同化** (assimilation) (→ 24.3.2) と言います。「ピ」「ビ」では両唇の閉鎖時から前舌が硬口蓋に近づき、[pʲi] [bʲi] となります。「キ」「ギ」[kʲi] [gʲi] では軟口蓋と硬口蓋にまたがるあたりに中舌〜奥舌が接触します。普通の軟口蓋音の [ka] [ga] のときと比べると調音位置が前寄りになることから、3.2 節で見たように [k̟i] [g̟i] と記すこともできます。また、外来語に見られる「ティ」「ディ」[tʲi] [dʲi] は口蓋化した歯茎音です。これらのイ段の破裂音の口蓋化については、[pʲi] と [pi] などのあいだに対立があるわけではなく、簡略表記では補助記号を省略することもあります。なお、タ行・ダ行イ段の「チ」「ヂ」は調音位置が後ろにずれるだけでなく、調音法も単なる破裂音から第7章で扱う破擦音に変わるため、口蓋化の記号は使いません。

2つ目は、拗音に見られる口蓋化です。「パ」[pa] に対する「ピャ」[pʲa]、「バ」[ba] に対する「ビャ」[bʲa]、「カ」[ka] に対する「キャ」[kʲa]、「ガ」に対する「ギャ」[gʲa] などは口蓋化によって拗音節ができます。[16) 「格(かく)」と

---

15) 以前は、上に点を打って示す方法 [ṫ] や、[ƭ] のような合字もありましたが、今ではあまり用いられません。スラブ系の言語の記述では、右肩にアポストロフィを付ける方法 (t') も用いられています。

16) ただし、イ段と同様に、タ行・ダ行拗音の「チャ・チュ・チョ」「ヂャ・ヂュ・ヂョ」は破擦音として別に扱います。

「客{きゃく}」のように直音と拗音は対立するので、この違いは簡略表記でも音素表記でも区別されます。

　ロシア語やウクライナ語などスラブ系の言語では、多くの子音が口蓋化を伴うかどうかで体系的に対立します。たとえば、па は [pa] で口蓋化しない子音（＝硬子音）、пя は [pʲa] で口蓋化した子音（＝軟子音）と捉えます。文字では母音字の違いとなっていますが、音声上異なるのは子音の口蓋化の有無です。なお、歯茎破裂音は口蓋化すると開放時にわずかに摩擦的な音が生じるために、破擦音（→ 第 7 章）との聞き分けが難しいことがあります。

🔊 26 **ロシア語の例**

пат [pat]「王手」　　пять [pʲatʲ]「5」

тест [tɛst]「テスト」　　тесть [tʲesʲtʲ]「妻の父」

честь [tɕesʲtʲ]「名誉」（[tɕ] は破擦音）

🔊 27 **練習 4-4**

1～12 の発音を聞き、[pa] [pʲa] [tu] [tʲu] [ko] [kʲo] のいずれかを判断しなさい。

4.5. 唇音化

　歴史的仮名遣いにおける「カ」と「クヮ」、「ガ」と「グヮ」[17] は、かつては発音の違いがありました。標準語ではそれぞれ同じ発音ですが、東北の日本海側や北陸、近畿、四国東部、九州、沖縄などのいくつかの方言に残っていると考えられています。そのような方言では、一般に「カ」「ガ」（/ka/, /ga/）は普通の軟口蓋音 [ka] [ga] ですが、「クヮ」「グヮ」（/kwa/ /gwa/）は、軟口蓋の閉鎖時から唇を少しすぼめて発音します。このように、調音時に唇をすぼめて発音することを**唇音化**（labialization）と言います。IPA では、唇音化を示す補助記号として w を上付きにして用い、/kwa/ は [kʷa] のように表されます。

---

17)　日本語学では、唇音化による「クヮ」[kʷa] や「グヮ」[gʷa] などを「合拗音」と呼びます。これに対して、拗音のなかでも「キャ」などの小さいヤ・ユ・ヨを付けて表す通常の拗音、つまり口蓋化による拗音を「開拗音」と呼び、区別することがあります。

唇音化を文字どおりに考えると「唇を使う音」ですが、唇をどう使うかが明示されていません。ほかに円唇化 (lip rounding) という言い方もあり、唇をすぼめて前に突き出すことを表します。しかし、一般的に唇音化は円唇化を指します。円唇化すると、軟口蓋音でない子音でも軟口蓋に向かって奥舌がもり上がる動きを伴うことが多々あります。また、もともと唇音の一種である両唇破裂音が円唇化した [pʷ][bʷ] は、閉じた唇が前方に突き出して発音されます。

唇音化 (＝円唇化) も、口蓋化と並んで二次調音の 1 つであり、破裂音だけでなく他の調音法の子音にも適用されます。

英語でも唇をすぼめて発音する [w] や [u] といった音の隣で、同化によって他の子音が円唇化することがあります。

🔊 28 合拗音の例

菓子（くゎし）[kʷaɕi]　　外国（ぐゎいこく）[gʷaikokɯ]

🔊 29 英語の例

dwell [dʷwɛl]「住む」　　squeeze [skʷwiːz]「絞る」　　spoon [spʷuːn]「スプーン」

🔊 30 練習 4-5

1〜12 の発音を聞き、[pa][pʷa][te][tʷe][ko][kʷo] のいずれかを判断しなさい。

4.6. 非開放破裂音

破裂音が、調音位置での気流の閉鎖を解除した「開放」の瞬間に作られることは前章で述べましたが、閉鎖のままで開放しないことも可能です。開放しないことを非開放 (unreleased) と言い、非開放のままで終わる（＝閉鎖状態で終わる）破裂音を非開放破裂音あるいは不完全破裂音と言います。開放を行なったとしても、気流が勢いよく出ない場合など、開放時の音が生じないこともあり、これを含めて「知覚できる開放の欠如 (lack of audible release)」と言うこともあります。

「立派（りっぱ）」を発音するつもりで「パ」の直前で動きを止めてみてください。

「パ」の直前の段階で止めると、ちょうど両唇が合わさって両唇閉鎖の状態になります。これが [p] の非開放状態です。非開放は破裂音の右肩に [˺] を付けて [p˺] と表します。[18] 日本語の促音の「ッ」は、破裂音の直前にある場合、非開放の状態で音が出ないまま一拍分休止する現象だと言えます。閉鎖だけだと音は聞こえないのですが、声門閉鎖と同じようにどのように遮断されたかの違いを知覚することは可能なので言語音として用いることがあります。

　日本語では非開放破裂音は促音としてしか現れず、促音は次の音と同じ性質を持つので、聞き分ける必要がありません。このため日本語を母語とする人はおおむね非開放破裂音の聞き分けが苦手です。どこで閉鎖が生じたかは話者の口もとをよく見ていれば判断できますが、音声だけで区別するのは難しいと感じる人が多いようです。非開放破裂音は英語でもしばしば現れますし、朝鮮語では一般に語末の破裂音が非開放となります。

🔊 31 〔英語の例〕

active [æk˺tɪv]「活動的な」　　kept [kɛp˺t]（keep の過去・過去分詞形）
keep [kiːp˺]「保つ」

🔊 32 〔朝鮮語の例〕

밥 /bab/ [pap˺]「飯」　　밭 /bad/ [pat˺]「畑」　　박 /bag/ [pak˺]「ひょうたん」

🔊 33 〔練習 4-6〕

1〜12 の発音を聞き、[kip˺] [kit˺] [kik˺] のいずれかを判断しなさい。それぞれ「切符」の「キッ」、「きっと」の「キッ」、「キック」の「キッ」だと思って聞き分けてみましょう。

🔊 34 〔練習 4-7〕

1〜12 の発音を聞き、[ap˺] [at˺] [aʈ˺] [ac˺] [ak˺] [aq˺] のいずれかを判断しなさい。

---

18)　小さい四角を補助記号として付けて [p▫] のように表すこともありましたが、今はあまり使いません。

4.7. 二重調音

多くの場合、子音の調音位置は1箇所ですが、なかには2箇所のものもあります。たとえば、両唇と軟口蓋の2箇所で閉鎖を作り、同時に開放して無声両唇軟口蓋破裂音 [k͡p] になります。ただし注意深く聞かないと、両唇の破裂しか聞き取れないかもしれません。英語では、語末の無声破裂音が非開放となると同時に、声門閉鎖音との二重調音になることがあります。

このように、2つの調音位置で同時に同じ調音法をとることを、**二重調音**（double articulation）または同時調音と言い、専用の記号がない場合は連結線 [‿] または [͡] で2つの記号を結んで示します。二重調音は、2箇所で閉鎖を作る破裂音だけでなく、摩擦音、接近音など他の調音法でも可能です。口蓋化・唇音化などの二次調音は、主たる調音位置で破裂などの主たる調音法をとると同時に、硬口蓋や両唇での副次的な狭めが生じるものです。二重調音は2か所で同じ調音法をとるという点でこれと異なります。

◀)) 35 英語の例

yep [jɛʔ͡p]（'yes' の口語）　hot [hɔʔ͡t]

◀)) 36 練習4-8

次の1～12の発音を聞き、[k͡p] [k] [p] のいずれかを判断しなさい。

第 5 章

摩 擦 音(1)

　気流の通路で完全な閉鎖を作る破裂音とは異なり、**摩擦音**（fricative / spirant）は調音位置を閉鎖しないため、継続的に出し続けることが可能な**継続音**（continuant）です。調音位置が接触・閉鎖しないものの、接触する手前まで気流の通路を狭くして気流を通すと、空気がこすれるような噪音（＝耳障りな音）が出ます。これが摩擦音です。気流の通路を狭くすること、また、そのように狭くなっている通路部分（＝調音位置の状態）を**狭め**（stricture / narrowing）と呼びます。風の強い日に窓が完全に閉まっていないとシューといった音が聞こえることがありますが、あれも空気が通りにくいわずかなすきまを通ろうとするときに生じる摩擦的噪音です。隙間の度合いや形状によって音が変わるように、調音位置の微妙な違いが音色の違いになります。

5.1. 摩擦音の種類

　破裂音と同様に、摩擦音も有声と無声を使い分けるのが一般的です。破裂音は無声しか IPA がないものがありますが、摩擦音はすべて有声と無声の組み合わせがあり、破裂音よりもかなり種類が多いのが特徴です。子音のなかで IPA が最も多いのが摩擦音です。これは、調音位置が弁別の主要な要素である破裂音と異なり、調音位置以外に摩擦的噪音を発生させる際の舌の形などいくつかの要素が弁別に関わるため、摩擦音は調音位置が近くても細かに弁別しやすいからです。

摩擦音の IPA

	両唇	唇歯	歯	歯茎	後部歯茎	硬口蓋歯茎	反り舌	硬口蓋	軟口蓋	口蓋垂	咽頭	喉頭蓋	声門
無声	ɸ	f	θ	s	ʃ	ɕ	ʂ	ç	x	χ	ħ	ʜ	h
有声	β	v	ð	z	ʒ	ʑ	ʐ	j	ɣ	ʁ	ʕ	ʢ	ɦ

5.2. 両唇摩擦音と唇歯摩擦音

　両唇摩擦音は、両唇をすぼめて唇の狭めで摩擦を起こします。ろうそくの火を吹き消すように、すぼめた唇から強く息を出したときの音です。**無声両唇摩擦音**はギリシア文字のファイの小文字 [ɸ] で表します。[19] ファイはよく ϕ のように斜めになっていますが、IPA では縦棒を垂直に書きます。**有声両唇摩擦音**は、ギリシア文字のベータの小文字 [β] を使います。これも β のように字体を斜めにせず、縦棒を垂直に引きます。

　[ɸ]

　[β]

　日本語の「フ」の子音は無声両唇摩擦音です。「ファ・フィ・フェ・フォ」は外来語でしか用いませんが、このときの子音も [ɸ] です。有声両唇摩擦 [β] は、スペイン語で両唇破裂音 /b/ が語中で弱化したときなど（例 cabo [kaβo]「岬」）に現れます。日本語でも母音の後のバ行音として聞かれることがあります（例「かぼちゃ」[kabotɕa] ～ [kaβotɕa]）。

　破裂音にはなかった唇歯音（labio-dental）の記号が、摩擦音にはあります。上の前歯の先端と下唇の内側の最上部とのあいだで狭めを作るのが唇歯摩擦音（labio-dental fricative）です。下唇を内側に巻き込んだり、逆に外側に突き出したりする必要はなく、自然に上の前歯を見せて笑顔になるようにすればよいでしょう。このとき前歯が下唇に接触しますが、気流が完全に遮断されるわけではなく、漏れ出る感じで摩擦が生じます。特に有声音の発音の際、隙間を残して気流を保つことに気をつけましょう。英語をはじめとする多くの言語が持つ音で、**無声唇歯摩擦音**は [f] で、**有声唇歯摩擦音**は [v] で表します。日本語ではあまり聞かれませんが、「フ」や「ファ」で両唇摩擦音の代わりに [f] が現れることがあります。

　[f]

　[v]

🔊 37 **スペイン語の例**
　　cabo [kaβo]「岬」　tabaco [taβako]「タバコ」　ave [aβe]「鳥」

🔊 38 **英語の例**
　　fact [fækt]「事実」, coffee [kɔːfiː]「コーヒー」, tough [tʌf]「丈夫な」, vote [voʊt]「投票」, cover [kʌvɚ]「覆う」, cave [keɪv]「洞窟」

---

19) IPA は大文字をそのまま使うことはありませんから、ファイの大文字 Φ ではありませんし、小文字でも字体の違う φ は使いません。また、縦棒の上端と下端の短い横棒は飾りなのでなくてもかまいません。

第 5 章　摩擦音(1)

🔊 39 練習 5-1

1〜12 の発音を聞き、[ɸɯ][fɯ]のいずれかを判断しなさい。なお、[ɯ]は日本語の母音「ウ」の一般的な音を表します。

🔊 40 練習 5-2

1〜12 の発音を聞き、[βa][ba][va]のいずれかを判断しなさい。

5.3. 歯摩擦音

破裂音では歯音(dental)は歯茎音の一変種と扱いました。しかし、摩擦音では歯音と歯茎音は異なる記号で表されます。

歯摩擦音は、摩擦歯音と言うこともあり、舌先が上の前歯に近づいて狭めを作ります。一般的には、上の前歯の裏に舌尖が近づいて、あるいは摩擦が生じる程度の隙間を残して接触することによって作られ、これを歯裏音あるいは後部歯音(post-dental)と呼ぶこともあります。また、上下の前歯のあいだに舌先を軽く挟むようにする歯間音(interdental)で調音されることもあります。どちらの場合も、舌縁は奥歯に接触していて横から息が漏れることはありません。前歯と舌先のあいだからだけ気流が流れるようにします。

図 5-1

[θ] 　**無声摩擦歯音**は、ギリシア文字のシータの小文字 [θ] を使います。数学で使うシータは斜めに書かれる (*θ*) ことがありますが、IPA では垂直に書きます。また、小文字のアルファベット o (オー) に横棒を重ねた [ɵ] という母音を表す IPA もあるので、区別できるように縦長にやや細長く書くようにします。

[ð] 　**有声摩擦歯音**は、[ð] という IPA で表します。これは đ というアイルランド文字に由来します。今は IPA とアイスランド語とフェロー語の正書法で使われ、エズ (eth) と呼ばれます。

英語で th という綴りは多くの場合、[θ][ð] の歯間摩擦音で調音されます。単独で聞くと、英語母語話者には [θ] と [f] が似ていると感じる人が多く、区別が難しい人もいるようです。またイギリス国内には [θ] を [f] で置き換える方言もあります。しかし、日本語を母語にする人は歯茎音の [s] に近い

と感じるようです。thank you [θæŋk ju] を「サンキュー」と聞くのがその例です。[θ] [ð] の音を持たない言語を母語とする人の話す英語では、破裂音 [t] [d] で代替する場合も見られます。

歯裏摩擦音はスペイン語（例：cena [θena]「夕飯」、todo [toðo]「すべて」）やアイスランド語（例：þak [θak][20]「屋根」、faðir [faðɪr]）などで聞かれます。

標準日本語に歯摩擦音はありませんが、土佐方言では「土佐」を [toθa] のように発音することがあるという報告があります。個人の発音の癖としても「サ」を [θa] と発音する人が見受けられます。

🔊 41 英語の例

thick [θɪk]「厚い」　　sick [sɪk]「病気の」　　tick [tɪk]「チクタクする」
thin [θɪn]「薄い」　　sin [sɪn]「（宗教的な）罪」
fin [fɪn]「ひれ」　　tin [tɪn]「錫」
them [ðɛm]「彼ら（目的格）」　　though [ðoʊ]「〜であるが」
bathe [beɪð]「水浴びする」　　gather [gæðɚ]「集まる」

🔊 42 スペイン語の例

cena [θena]「夕飯」　acento [aθento]「アクセント」　todo [toðo]「すべて」

🔊 43 練習 5-3

1〜12 の発音を聞き、[θa]/[sa] のいずれかを判断しなさい。

🔊 44 練習 5-4

1〜12 の発音を聞き、[θa]/[fa] のいずれかを判断しなさい。

🔊 45 練習 5-5

1〜12 の発音を聞き、[ða]/[za] のいずれかを判断しなさい。

練習 5-6

IPA の記号を書く練習をしましょう。順に ① 無声両唇摩擦音、② 有声両唇

---

20) この例にあるアイスランド語の文字 þ を、イェスペルセン（Otto Jespersen）などは、無声歯摩擦音を表すのに使っていました。これは、ゲルマン系の言語で用いられた最古の文字であるルーン文字のソーン（thorn）と呼ばれる文字の小文字ですが、現在は発音記号としてはほとんど使いません。

摩擦音、③ 円唇半狭中舌母音、④ 無声摩擦歯音、⑤ 有声摩擦歯音（練習は①②④⑤のみ）です。

ɸ β θ ð   ɸ β θ ð   ɸ β θ ð   ɸ β θ ð   ɸ β θ ð

5.4. 歯茎摩擦音とその変種

歯茎摩擦音は、多くの言語に見られます。日本語の「サ」の子音も無声の歯茎摩擦音です。**無声歯茎摩擦音**はアルファベットの [s] で表し、**有声歯茎摩擦音**はアルファベットの [z] で表します。摩擦音である [s] は継続音なので、続けて調音できますが、それを途中から有声に変えて [s: z:] とすれば、[z] になります。日本語の「ザ」の子音にも [z] は現れて、「ザ」の子音は破擦音 [dz]（→ 第 7 章）になることも多いので、注意が必要です。

[s]

[z]

図 5-2

歯茎摩擦音は、舌端と歯茎での摩擦であることが多く、歯と舌尖の摩擦を主とする歯摩擦音とは調音する舌の位置も異なります。

🔊 46 英語の例

see [si:]「見える」/ Z [zi:]（文字）　Sue [su:]（人名）/ zoo [zu:]「動物園」
mercy [mɚ:si]「慈悲」　eazy [i:zi]「易しい」　bus [bʌs]「バス」/ buzz [bʌz]「ブンブンと鳴る」

歯茎の後ろのほう（歯茎と上前歯の境から 1.5～2 cm 程奥）の段差のあるあたりを、歯茎後部あるいは後部歯茎と言います。ここを調音位置とする音を後部歯茎音（postalveolar）[21] と言います。後部歯茎摩擦音は、歯茎後部に向かって舌端が持ち上がるようにして狭めを作り、摩擦音を調音します。**無声後部歯茎摩擦音**は、s を縦長に伸ばした [ʃ] で表します。この記号は、エッ

[ʃ]

---

21) 以前は、硬口蓋に近い歯茎ということで、硬口蓋歯茎音（palato-alveolar）とも言いました。

5.4. 歯茎摩擦音とその変種

シュ (esh) と呼ばれます。**有声後部歯茎摩擦音**は [ʒ] で表します。この記号は、古アイルランド語での ʒ (g) に由来するとされ、ヨッホ (yogh) と呼ばれています。[22)]
エッシュとヨッホの代わりに、š や ž (くさび (wedge) 付きの s / z) が用いられることがありますが、これらはIPA にはありません。

英語では s / sc などの綴りで [s] を、sh / sch で [ʃ] を表し、両者は異なる音（＝別の音素）と認識されます。英語などいくつかの言語では、唇が少し前に突き出される形をとります。

[ʒ]

図 5-3

🔊 47 **英語の例**

same [seɪm]「同じ」/ shame [ʃeɪm]「恥」　　seat [siːt]「席」/ sheet [ʃiːt]「シート」　　sort [sɔɚt]「種類・区分」/ short [ʃɔɚt]「短い・不足する」
class [klæs]「クラス」/ clash [klæʃ]「カチンと鳴る」

有声後部歯茎摩擦音 [ʒ] は、摩擦音ですから舌先は歯茎後部に近づきますが、接触はしません。接触すると [dʒ] で表す破擦音（→ 第7章）になります。日本語を母語とする人は [dʒ] と発音してしまうことが多いので注意が必要です。ただ、英語でも [ʒ] は無声の [ʃ] と異なり、原則として語頭には現れず、語頭に現れることのある [dʒ] や [z] とは分布が異なります。[dʒ] と [ʒ] との対立は語中のみで、measure [meɪʒɚ / mɛʒɚ] と major [meɪdʒɚ] のようなペアが観察されます。

🔊 48 **英語の例**

measure [mɛʒɚ]「計測する」/ major [meɪdʒɚ]「主な」
vision [vɪʒən]「視覚」/ poison [pɔɪzn]「毒」

🔊 49 **フランス語の例**

sous [su]「お金（複数形）」/ chou [ʃu]「キャベツ」　zone [zoːn]「地帯」/ jaune [ʒoːn]「黄色い」　chaîne [ʃɛn]「鎖」/ gêne [ʒɛn]「不自由」　tasse [tɑːs]

---

22) 印刷上の都合などで表示できないときは、アラビア数字の 3 で代用することもあります。

「カップ」/ tâche [tɑːʃ]「仕事」　Asie [azi]「アジア」/ agit [aʒi]「行動する（直説法三人称単数現在）」　bouche [buːʃ]「口」/ bouge [buːʒ]「動く（直説法一人称単数現在）」

日本語の「シ」もエッシュを使って [ʃi] と表記することがありますが、細かに見ると日本語の「シ」の子音は、英語の she [ʃiː] の子音ほど鋭い摩擦音ではなく、より柔らかい印象です。これは、日本語の「シ」の子音では、調音位置をさらに奥に下げ、歯茎と硬口蓋の境目あたりで、舌も舌端から前舌のあたりが少し平べったくなって狭めを形成するからです。IPA では、日本語の「シ」の子音などを後
[ɕ]　部歯茎音と区別するために [ɕ] という記号を用意しています。これは c に巻き尻尾 (curly tail) を付けたものです。後部歯茎音と区別して、歯茎硬口蓋音 (alveolar-palatal, alveolo-palatal) と呼ばれます。**無声歯茎硬口蓋摩擦音**
[ʑ]　の [ɕ] に対して、**有声歯茎硬口蓋摩擦音**は z に巻き尻尾を付けた [ʑ] で表します。

図 5-4

歯茎硬口蓋摩擦音 [ɕ] [ʑ] は、IPA の子音表に含めず、「その他の記号」に掲げられています。一方、後部歯茎音 [ʃ] と [ʒ] は子音表に含められます。これは、歯茎硬口蓋音と後部歯茎音が対立する言語があまり見つかっていないために、歯茎硬口蓋摩擦音を後部歯茎摩擦音のバリエーションの 1 つと扱ってもあまり問題が生じないからです。しかし、日本語の音声を記述する際には、「シ」を [ɕi] とするほうがより正確ですから、IPA 子音表では表外にあっても、われわれにとっては重要な IPA だと言えます。日本語のほか、中国語では無声の [ɕ] のみ（アルファベットによる中国語の発音表記であるピンインで x）、ポーランド語では有声・無声ともに用いることが知られています。

なお、東京方言をはじめとする日本の多くの地域では、「ジ」と「ヂ」を区別せず、どちらも [ʑi] と発音することが可能です。なお、[ʑi] の前に閉鎖がついた破擦音 [dʑi] のようになる発音も一般的です (→ 7.6)。

🔊 50　中国語の例

西 (xī) [ɕi]「西」　　謝謝 (xiè xie) [ɕie ɕie]「ありがとう」

5.5. 硬口蓋摩擦音とその変種

🔊 51 練習 5-7
1〜12 の発音を聞き、[sa][ʃa][ɕa] のいずれかを判断しなさい。

🔊 52 練習 5-8
1〜12 の発音を聞き、[za][ʒa][ʑa] のいずれかを判断しなさい。

5.5. 硬口蓋摩擦音とその変種

　IPA の配列では、反り舌摩擦音よりあとに位置していますが、ここでは先に硬口蓋摩擦音を見ることにします。硬口蓋に向かって前舌から中舌がもり上がり、狭めを作る音が硬口蓋摩擦音です。**無声硬口蓋摩擦音**は、[ç] で表します。これは一般にセディーユと呼ばれますが、厳密にはフランス語でのセディーユ (cédille) は c の下に付けるカンマ状の符号のことを指し、セディーユを付けた文字全体 ç を意味するわけではありません。しかし、音声学では無声硬口蓋摩擦音を表す IPA の [ç] そのものを指してセディーユと呼びます。ちなみに、フランス語のセディーユは a, u, o の前で文字 c を [k] でなく [s] と読ませるための符号で、英語でも同じように使うことがあり、セディラ、あるいはシデラなどと呼びます。

　この音はドイツ語の一人称代名詞の単数主格形 *ich* [iç] などで聞かれる（声門閉鎖で始まるのが普通ですが、ここでは省略します）ことがよく知られており、イッヒラウト（イッヒ音）(Ich-laut [ɪç laʊt]) と呼びます。身近なところでは、日本語の一般的な「ヒ」の発音でも聞かれます。「ヒ」と発音したあとに、口の形はそのままに息を吸い込んでみてください。きっと硬口蓋のあたりが冷たく感じるでしょう。そこで摩擦が生じているのです。

　硬口蓋は歯茎などに比べると調音に関わる部分が奥に長いのですが、日本語の「ヒ」も含め、硬口蓋摩擦音は硬口蓋の前部から中部あたりで調音することが多いようです。硬口蓋後部でも摩擦音は調音でき [ç] で表しますが、調音位置が後ろに下がるほど鋭い摩擦の音が出にくくなります。

[ç]

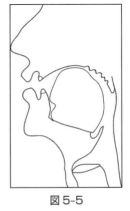

図 5-5

江戸弁の流れを汲む東京下町（＝東京東部）の方言では、「ヒ」が聞かれず、「シ」に合流してしまう現象がありました。これは他の東日本地域でも見られたものですが、今は、標準語同様に区別されるようになっています。逆に西日本では「七(しち)」を「ヒチ」と発音する地域が今でも広く分布しており、「ヒ」と「シ」の混同や逆転は広く見られる現象だと言えます。そして、これらが混同されたり、合流したりするのには、調音位置が非常に近いことも関係しています。「シ」は歯茎硬口蓋摩擦音で、硬口蓋と歯茎の境界付近での摩擦であり、硬口蓋摩擦音である「ヒ」は硬口蓋の前部〜中部で生じる摩擦ですから、「ヒ」の調音位置を少し前にずらせば「シ」になる、という近さなのです。

[ʝ]　**有声硬口蓋摩擦音**は、jの先を巻き尻尾にした [ʝ] で表します。[23)] やはり、硬口蓋の前寄りで摩擦が起こると [ʑ] に近く「ジ」に似た音に聞こえますが、硬口蓋の後ろ寄りで摩擦が起こると軟口蓋摩擦音（→ 6.1）に近く「ギ」に似た音に聞こえます。「ヒ」と発音しながら、子音部分を有声にしていけば出せるのですが、「イ」が濁ったような、「ギ」のような「ジ」のような音になれば、それが [ʝ] です。

　英語のyの綴りやドイツ語のjの綴りで表す音も、この有声硬口蓋摩擦音になることがあります（→ 10.1）。英語の year [ʝɪɚ] と ear [ɪɚ] はこの音の有無で区別します。

🔊 53 〔ドイツ語の例〕
　　ich [ʔɪç]（一人称単数主格代名詞）　　China [çiːna]「中国」　　Japan [jaːpan]「日本」　　Junker [jʊŋkɐː]「地主貴族」

🔊 54 〔英語の例〕
　　year [ʝɪɚ]「年」/ ear [ɪɚ]「耳」　　yeast [ʝiːst]「イースト」/ east [iːst]「東」

　反り舌摩擦音の発音は反り舌破裂音の要領と同じですが、閉鎖ではなく狭めを作って気流を摩擦させます。舌先が上に向かって曲がり、舌尖が後部歯茎〜硬口蓋の前部に近づいた状態で、舌尖と硬口蓋のあいだを気流が通ります。舌縁は奥歯の内側に接触していて、横からは気流が漏れません。

---

23) かつては、硬口蓋接近音の [j] で有声硬口蓋摩擦音も兼用していましたが、今は区別しています。

5.5. 硬口蓋摩擦音とその変種

IPA は、破裂音の場合と同様に、反り舌を表す左右反転した j の形のかぎ (hook) を付けた字体です。**無声反り舌摩擦音**は s にかぎを付けて [ʂ] で表します。中国語 (北京語) では sh のピンインで表すのがこの音にあたります。

有声反り舌摩擦音は、z にかぎを付けた [ʐ] を用います。有声歯茎硬口蓋摩擦音 [ʑ] と紛らわしいので注意を要します。中国語のピンインの r の音価[24]も有声反り舌摩擦音にあたるとされますが、舌が硬口蓋からやや遠ざかって接近音 (→ 第 10 章) に近くなり ([ɻ])、摩擦性が弱まることもあります。

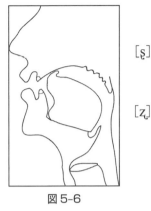

[ʂ]

[ʐ]

図 5-6

🔊 55 〖中国語の例〗

上海 (Shànghǎi) [ʂaŋhaɪ]「上海」　　向上 (xiàngshàng) [ɕiaŋʂaŋ]「向上する」
日本 (Rìběn) [ʐɿ ben]「日本」

🔊 56 〖練習 5-9〗

1〜12 の発音を聞き、[ɕa] [ça] [ʂa] のいずれかを判断しなさい。

🔊 57 〖練習 5-10〗

1〜12 の発音を聞き、[za] [ja] [ʐa] のいずれかを判断しなさい。

〖練習 5-11〗

IPA の記号を書く練習をしましょう。順に ① 無声後部歯茎摩擦音、② 無声反り舌摩擦音、③ 無声歯茎硬口蓋摩擦音、④ 無声硬口蓋摩擦音、⑤ 有声後部歯茎摩擦音、⑥ 有声反り舌摩擦音、⑦ 有声歯茎硬口蓋摩擦音、⑧ 有声硬口蓋摩擦音です。

---

[24]　文字が表す実際の音のことを、音価 (phonetic value) と呼びます。

第6章

摩擦音(2)

6.1. 軟口蓋摩擦音

　軟口蓋破裂音［k］の破裂の直後、できるだけ奥舌をそのままの形に保ったまま息や声を出してみましょう。これが軟口蓋摩擦音（velar fricative）になります。奥舌面が軟口蓋に向かってもり上がり、狭めを作ることで調音されます。舌先が上がらないように注意しましょう。

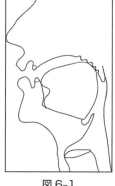

図6-1

[x]　　**無声軟口蓋摩擦音**は、ラテン文字のxの小文字をそのまま用いて［x］と表します。ラテン文字のxは、ギリシア語のカイχに由来しますが、英語では［ks］［gz］（語頭では［z］）の音価にxの綴りをあてているため、関連性が意識されにくいかもしれません。しかし、ギリシア文字とより共通性の高いキリル文字（ロシア語等）では文字xがそのまま無声軟口蓋摩擦音の音価を持ちます。

　ちょうど軟口蓋破裂音［k］の位置で作る摩擦音なので、日本語母語話者にはそれほど発音は難しくありません。「悪法」の「ホ」の子音がこれになる人もいますし、悪態をついて「ケッ！」と言うときに無声軟口蓋破裂音［k］の気息として［x］が出ることもあります。笑い声を無声軟口蓋摩擦音［x］で出す人もいます。

　この無声軟口蓋摩擦音は、中国語・スペイン語・ドイツ語・オランダ語・ポルトガル語・ロシア語などに広く見られますが、無声音だけで対応する有声音を持たない言語も多いのが特徴的です。ドイツ語では、無声硬口蓋摩擦音［ç］をイッヒ・ラウトと呼ぶのに対して、無声軟口蓋摩擦音［x］をアッハラウト（＝アッハ音）(Ach-laut［ax laʊt］)と呼びます。

6.1. 軟口蓋摩擦音

🔊 58 **ドイツ語の例**

Ach! [ax]「ああ！」 Baumkuchen [baʊmkuːxən]「バウムクーヘン」

🔊 59 **スペイン語の例**

jamón [xamɔn]「ハム」 pijama [pixama]「パジャマ」 gimnasia [ximnasja]「体操」 jinete [xinete]「騎手」 jugo [xuɣo]「ジュース」 juguete [xuɣete]「おもちゃ」

🔊 60 **ロシア語の例**

Хабаровск [xabarəfsk]「ハバロフスク」 Находка [naxotkə]「ナホトカ」 казах [kazax]「カザフ人」

　有声軟口蓋摩擦音は、ギリシア文字のガンマの小文字 [ɣ] で表します。[25] [ɣ] 有声軟口蓋摩擦音は、スペイン語では、有声軟口蓋破裂音 /g/ が語中で弱化したときの異音として現れます。日本語でも母音の後ろのガ行音をこれで発音する人が少なくありません（例「仕事」[ɕiɣoto]）。他にも、オランダ語やモンゴル語にあることが知られています。

🔊 61 **スペイン語の例**

pago [paɣo]「支払い」 según [seɣun]「…次第で」 agua [aɣwa]「水」 vulgo [bulɣo]「大衆」 vega [beɣa]「沃野」 Aconcagua [akoŋkaɣwa]「アコンカグワ山」

🔊 62 **練習 6-1**

1～12 の発音を聞き、[xa], [ha] のいずれかを判断しなさい。

🔊 63 **練習 6-2**

1～12 の発音を聞き、[ga], [ɣa] のいずれかを判断しなさい。

---

[25] IPA のガンマは、本来のギリシア文字 γ のような、左右非対称の r に似た字形ではなく、左右対称で v の下に小さいしずくが付いたような字形 [ɣ] を使います。IPA には有声唇歯摩擦音の [v] もありますし、[ɣ] に比べて縦に短い [ʁ] という母音記号もありますから、手書きの際も違いがわかるように字形の特徴に注意してください。

6.2. 口蓋垂摩擦音

　奥舌部分と口蓋垂とで狭めを作り摩擦的噪音を出すことで調音するのが口蓋垂摩擦音（uvular fricative）です。**無声口蓋垂摩擦音**は、オランダ語やモンゴル語（ハルハ方言）[26]で見られます。無声口蓋垂摩擦音の IPA には、ギリシア文字のカイ [χ] を用います。これは無声軟口蓋摩擦音 [x] と聴覚上も調音位置も近いという認識があるためでしょう。[χ] は [x] と区別できるように、下に長く伸び、左上から右下への斜線はひれを付けて、しのように書きます。

[χ]

図 6-2

　[χ] で表す音を有声にした**有声口蓋垂摩擦音**は、r のスモール・キャピタルの R を倒立した [ʁ] で表します。フランス語パリ方言などで /r/ の音として用いられることが知られていますが、実際には無声の [χ] になることもあります。なお、フランス語などでは [ʁ] の摩擦性が弱まってほとんど接近音に近い発音（[ʁ̞]）になることもあります。このときは、奥舌が口蓋垂からやや離れているのですが、口蓋垂接近音を表す専用の IPA は用意されていないので、便宜的に [ʁ] を転用することもあります。

[ʁ]

🔊 64 **モンゴル語の例**
　　xap (xar) [χɑr]「黒い」　　ax (ax) [ɑχ]「兄」

🔊 65 **フランス語の例**
　　regard [ʁəgaʁ]「視線」　　riz [ʁi]「米」　　grâce [gʁɑːs]「優美」

🔊 66 **練習 6-3**
　　1〜12 の発音を聞き、[xa] [χa] のいずれかを判断しなさい。

🔊 67 **練習 6-4**
　　1〜12 の発音を聞き、[ɣa] [ʁa] のいずれかを判断しなさい。

26）モンゴルの首都ウランバートル付近の方言をハルハ方言と言います。中国内の内モンゴル自治区の有力方言（区都フフホト付近）はチャハル方言と言います。

6.3. 咽頭と声門の摩擦音

練習 6-5

IPA を書く練習をしましょう。順に ① 無声軟口蓋摩擦音、② 無声口蓋垂摩擦音、③ 非円唇奥舌半狭母音、④ 有声軟口蓋摩擦音、⑤ 有声口蓋垂摩擦音（練習は ① ② ④ ⑤ のみ）です。

x χ ɣ ʁ　x χ ɣ ʁ　x χ ɣ ʁ

6.3. 咽頭と声門の摩擦音

　舌全体を真後ろに引いて、舌根と咽頭壁のあいだで狭めを作り、摩擦的噪音を調音するのが咽頭摩擦音 (pharyngeal fricative) です。そのうち、**無声咽頭摩擦音**は、アラビア語をはじめアフロアジア系の言語に見られます。IPA は、h の上部に横棒を加えた [ħ] (barred *h*) を用います。日本語で言えば「ハ」の子音に近いのですが、舌根を引くことによって咽頭付近の筋肉が緊張するため、緊張を伴わない「ハ」の子音とは聞いた印象が異なります。

[ħ]

図 6-3

　有声咽頭摩擦音は、声門閉鎖音を表す [ʔ] を左右反転した [ʕ] で表します。これは、有声軟口蓋摩擦音 [ɣ] や有声口蓋垂摩擦音 [ʁ] に近い音に聞こえますが、やはり、咽頭部や舌根付近での筋肉の緊張がある点が違います。

[ʕ]

　アラビア語には咽頭摩擦音に有声と無声の対立があります。

🔊 68　**アラビア語の例**

‘ayn [ʕajn]「目」
sā‘at [saːʕat]「時計」
‘adda [ʕadˤda]「教える」
ḥasan [ħasan]「よい」
wāḥid [waːħid]「1」

　一般的な日本語の「ハ・ヘ・ホ」の子音は、**無声声門摩擦音**です。IPA では [h] を用います。声門摩擦音という名称ですが、実際には声門での摩擦はわずかであり、息が口腔を通って唇から出るまでに生じるさまざまな箇所で

[h]

の摩擦を含めて、口腔の形の影響を受けます。そのため、隣接する母音の構えの違いで [h] の音色も違ってきます。つまり、[ha] と言うときの [h] は [a] の構えの口腔を息が流れてできる [h] です。[he] と言うときの [h] は [e] の構えの口腔を通ってできる [h] です。このため、[h] は母音の無声化したもの（→ 14.3 節）と同質に捉えることもあります。[h] 自体の聞こえはあまり明瞭ではなく、フランス語をはじめロマンス諸語のように消失していることも珍しくありません。

[ɦ]　　[h] を有声化した**有声声門摩擦音**は、気流が声帯をゆるく振動させながらも息として抜けていくことで作られます。濁った [h] という聴覚印象で、アラビア語のほか日本語や英語でも聞かれます。ただし、母音間での /h/ の異音として現れるので、[h] との違いを意識することは少ないでしょう。たとえば、日本語ではぞんざいな発音をした「ごはん」の「は」や「はは（母）」の2番目の「は」の子音として現れることがあります。英語でも ahead, behind など、母音間に現れることがあります。朝鮮語の語中の /h/ としてもよく現れ、脱落してしまうこともあります。これは、有声音である母音に挟まれて出現するため本来は無声の /h/ が前後の有声性の影響を受ける、一種の同化現象（→ 24.3.2）です。IPA は、上かぎ付きの h (hooktop h) と呼ばれる [ɦ] を用います。

🔊 69　**英語の例**
　　ahead [əɦɛd]「前方に」　　behind [bɪɦaɪnd]「〜の後ろに」

🔊 70　**朝鮮語の例**
　　안녕하세요 (annyeonghaseyo)［annjɔŋɦasejo］「こんにちは」　　감사합니다 (gamsa habnida)［kamsaɦamnida］「ありがとう」
　　한국 (hangug)［hanguk˺］「韓国」

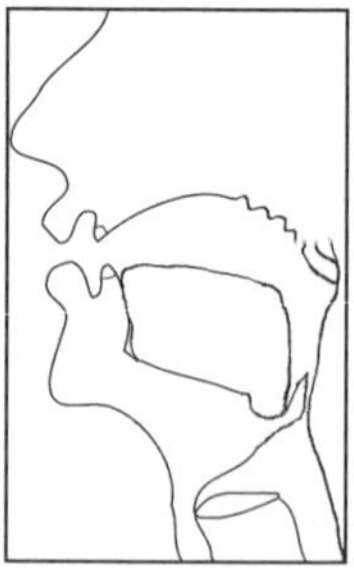

　用いられる頻度は低いですが、そのほかに喉頭蓋摩擦音があります。舌全体を後ろに引くと舌根も喉頭蓋も後ろに下がって、狭めができるので、舌根のさらに下で摩擦を起こすように調音すればこの音になります。カフカス諸語のアグール語やアヴァール語で用いられると報告されています。聴覚的には咽頭摩擦音に似ており、アラビア語の咽頭

図 6-4

摩擦音の変異として扱うことがあります。

　無声喉頭蓋摩擦音は、[ʜ]（スモール・キャピタルの H）で表します。　　　　　　　[ʜ]

　有声喉頭蓋摩擦音は、[ʢ] で表します。これは、有声咽頭摩擦音を表す [ʕ]　　　[ʢ]
にハイフンを重ねたものです。この有声咽頭摩擦音の記号がもともと声門閉
鎖音の記号を左右反転にしたもので、記号の名称として「横棒付きの左右反
転声門閉鎖（barred reversed glottal stop）」と言います。[ʜ][ʢ] は 1989 年
に IPA に公式に加えたものですが、子音表ではなく、「その他の記号」に挙
げています。[ʔ] は声門閉鎖音、[ʡ] は喉頭蓋破裂音、[ʕ] は有声咽頭摩擦音、
[ʢ] は有声喉頭蓋摩擦音というように、似た記号に注意しましょう。

🔊 71 練習 6-6

1〜12 の発音を聞き、[ħa][ʜa][ha] のいずれかを判断しなさい。

🔊 72 練習 6-7

1〜12 の発音を聞き、[ʕa][ʢa][ɦa] のいずれかを判断しなさい。

練習 6-8

IPA を書く練習をしましょう。順に ① 無声咽頭摩擦音、② 無声声門摩擦音、
③ 無声喉頭蓋摩擦音、④ 有声咽頭摩擦音、⑤ 有声声門摩擦音、⑥ 有声喉頭
蓋摩擦音です。

6.4. 咽頭化と軟口蓋化

　アラビア語の強子音（＝強調音、emphatic consonant）では咽頭（または、
軟口蓋、口蓋垂付近）で狭めと緊張が見られます。何らかの子音の調音の際
に舌根と咽頭壁のあいだに狭めができることを、**咽頭化**（pharyngealization）
と言います。咽頭化は二次調音の 1 つです。たとえば、[s] が咽頭化してい
ることを、右肩に有声咽頭摩擦音の小さい記号 [ˤ] を付けて [sˤ] と表します。
アラビア語では摩擦音 [sˤ] [ðˤ] のほか、[tˤ] [dˤ] といった破裂音の咽頭化も
見られます。

　また、アラビア語の強子音は、咽頭より少し上前方の軟口蓋に奥舌が近づ

く軟口蓋化 (velarization) として現れることもあります。軟口蓋化も二次調音の1つです。有声軟口蓋摩擦音の記号を小さくした補助記号 [ˠ] を右肩に付けます。咽頭化と軟口蓋化は聴覚印象が近く、どちらも補助記号 [~] で表すこともあります。この [~] は他の補助記号と違い、文字の真ん中に重ねて、[s̴] のように用います。

ロシア語のш [ʃˠ]、ж [ʒˠ] も軟口蓋化した後部歯茎摩擦音です。

🔊 73 【アラビア語の例】
ṣura [sˤuːra]「写真」 'aẓim [ʕaðˤiːm]「偉大な」

🔊 74 【ロシア語の例】
шаг [ʃˠak]「歩」   шкаф [ʃˠkaf]「棚」   мышь [miʃˠ]「鼠」   Пушкин [puʃˠkʲin]「プーシキン」   жить [ʒˠitʲ]「生きる」   ждать [ʒˠdatʲ]「待つ」   важный [vaʒˠnij]「重要な」

6.5. 日本語のハ行音

これまででわかるように、日本語のハ行には3つの異なる子音があります。標準的な「ハ・ヘ・ホ」の子音は無声声門摩擦音で、ローマ字と同じように IPA でも [ha] [he] [ho] と書けます。「ヒ」は、硬口蓋摩擦音 [çi] です。「フ」は一般に両唇摩擦なので、[ɸɯ] と表します ([ɯ] は標準語の一般的なウ段の母音の IPA です → 13.5)。

ハ行子音はすべて無声の摩擦音ですが、調音位置は、両唇・硬口蓋・声門とばらばらです。「ヒ」の子音で声門摩擦音ではなく、硬口蓋摩擦音が用いら

表6-1　日本語ハ行音の標準的発音

	ア段	イ段	ウ段	エ段	オ段
声門摩擦 [h]	[ha] は	[hi] ひ	[hɯ] ふ	[he] へ	[ho] ほ
硬口蓋摩擦 [ç]	[ça] ひゃ	[çi] ひ	[çɯ] ひゅ	[çe] ヒェ	[ço] ひょ
両唇摩擦 [ɸ]	[ɸa] ファ	[ɸi] フィ	[ɸɯ] ふ	[ɸe] フェ	[ɸo] フォ

6.5. 日本語のハ行音

れるのは、一種の口蓋化と見てもよいでしょう。

　表6–1のうち、ひらがなで表しているものは五十音の音節表に含まれます。カタカナで表しているものは五十音の音節には含まれず、借用語の表記で用いるものです。[hi] と [hɯ] にはかな文字表記がありませんが、これは五十音でも借用語でも使われないからです。音の組み合わせを作っていくと体系上（＝音韻組織上）あるべきところに要素が欠けることがあります。これを「すきま」(gap) と呼びます。表6–1のカタカナも一種のすきまで、すきまはもともと外来語音などを表すときに埋まることが多いのです。しかし、表6–1では [hi] と [hɯ] はすきまが空いたままです。

　2つのすきまが空いている理由はいくつかあります。多くの日本人が練習しなければこの2つを発音できないこと、これらがそれぞれ「ヒ」[çi] と「フ」[ɸɯ] に聴覚印象上よく似ていて区別する必要がないことが、大きな要因でしょう。

　日本語の「ヒ」「フ」と違って、英語の he「彼（代名詞）」は [hiː]、who「誰（疑問代名詞）」は [huː] です[27]から、日本語式に「ヒー」[çiː]、「フー」[ɸɯː] と発音しては違う音になります。実際には、英語の音韻のなかには硬口蓋摩擦音も両唇摩擦音もないので、「ヒー」「フー」でも通じるでしょうが、当然英語らしくない発音になるわけです。

　日本語の音節は、**濁音**（節）と**清音**（節）に分けられます。破裂音や摩擦音、破擦音について言えば前者は有声子音を含む音節、後者は無声子音を含む音節と定義できます。たとえば、ハ行は無声の摩擦音を子音として含むので清音節で、バ行は [b] という有声両唇破裂音を含むので濁音節です。パ行は、半濁音（節）に区分されていますが、半濁音はこの行だけです。音声学的には、[p] は無声の両唇破裂音なので、清音節と同じ種類で、濁音の性質は持ちません。それでも、半濁音と呼ぶのは、ハ行を清音節、バ行を濁音節としたときに、パ行は両者と同系列の行だと捉えるからでしょう。

　ただ、ハ行とバ行は、カ行とガ行のように無声子音を含む清音節と有声音を含む濁音節という対立にはなっていません。無声摩擦音（＝ハ行）と有声破裂音（＝バ行）は調音方法も異なります。これは、ハ行音の歴史的な変化と

---

27) 音が長いことを示す補助記号 [ː] を記していますが、実際には he や who の母音は長いとは限りません。

第6章 摩擦音(2)

関係があります。奈良時代以前のハ行の子音は [p] で、中世には両唇摩擦音 [ɸ] か唇歯摩擦音 [f] に変化し、その後、現在の姿になったと考えられます。一方で、[p] も日本語に部分的に残存し、借用語の表記でも盛んに用いられたため、ハ行だけが3系列の行を持つことになったのです。このため、「杯」が「一杯(いっぱい)」「二杯(にはい)」「三杯(さんばい)」となるように、語中では環境によってハ行、パ行、バ行と分かれて、関係の深い3系列になりました。ただし、語頭では「パス」「バス」などのように対立します。

🔊 75 **練習 6-9**

1〜12の発音を聞き、[çi] [hi] [xi] のいずれかを判断しなさい。

🔊 76 **練習 6-10**

1〜12の発音を聞き、[ɸɯ] [fɯ] [xɯ] [hɯ] のいずれかを判断しなさい。

第 7 章

破擦音

　日本語の「ツ」を発音すると、最初は「トゥ」と言うときと同じような構えで歯茎での閉鎖を作り、次の瞬間は「ス」と近い調音を行ないます。調音位置の閉鎖のあとに摩擦音が続きます。「ツ」の子音のように、破裂音の閉鎖の開放で調音位置のわずかなすきまに気流の摩擦が生じるとき、この閉鎖から摩擦までを**破擦音**(はさつおん)(affricate) と言います。

　一般に、音素に破擦音が認められる言語では、同じ調音位置の破裂音か摩擦音も認められます。たとえば、反り舌破擦音音素が存在すると、反り舌破裂音または反り舌摩擦音の音素も存在します。このように「A が存在すれば B も同時に体系内に存在する」という関係が成り立つことを、「含意原則がある」と言います。

7.1. 破擦音の性質

　一般に破擦音は破裂音と摩擦音が連続してひとまとまりに調音され、同じ調音位置かごく近い調音位置で作られます。単なる音の連続ではなく、**同器官調音的** (homorganic) でなければなりません。また、音韻論的にこの音を破裂音＋摩擦音という 2 つの音素と破擦音という 1 つの音素のどちらとみなすかは、言語ごとに異なります。たとえば、日本語において、「鶴」[tsɯɾɯ] の語頭に現れる [ts] は 1 つの音素とみなします。それに対して、英語 cat の複数形 cats [kæts] の語末の [ts] は、1 音素ではなく、破裂音 /t/ と摩擦音 /s/ が連続したものとみなします。なお、破擦音を破裂音と摩擦音の連続でなく 1 つの音と明示するには、[͜] か [͡] を用いて [t͜s] [t͡ʃ] と表します。[28]

　破擦音のうち、世界の言語で広く分布しているのは、歯茎破擦音と後部歯

---

28) 1 つの音素として、あるいはまとまった音声単位として、破擦音であることを特に表すために、2 つの記号をくっつけた合字 ([ʦ] [ʧ] など) も以前は使われていましたが、現在ではあまり用いられません。

茎破擦音です。次によく知られている破擦音を挙げます。

破擦音のIPAの例

	唇歯	歯	歯茎	後部歯茎	歯茎硬口蓋	反り舌
無声	pf	t̪θ	ts	tʃ	tɕ	tʂ
有声	bv	d̪ð	dz	dʒ	dʑ	dʐ

　日本語のIPA表記では、「シ」を簡略に後部歯茎摩擦音の [ʃi] とする場合は「チ」も後部歯茎摩擦音の [tʃi] と表記しますが、より精密に「シ」を歯茎硬口蓋摩擦音 [ɕ] で表す場合には、「チ」についても歯茎硬口蓋破擦音の記号 [tɕ] を用います。

7.2. 唇歯破擦音

[pf]　　ドイツ語の pf の綴りの発音は、無声両唇閉鎖 [p] と無声唇歯摩擦 [f] の連続による破擦音です。これは**無声唇歯破擦音**と呼ばれて、[pf] で表します。[p] の調音のために上唇と下唇で閉鎖しているあいだに口腔内で [f] の準備がなされると、上唇だけでなく上前歯の先も下唇に軽く触れた状態になります。その状態から先に唇の閉鎖を開放すると、前歯と下唇のすきまから息が流れ出ます。ドイツ語の音韻論ではこれも1つの音素として扱います。

[bv]　　**有声唇歯破擦音**は、有声両唇閉鎖 [b] と有声唇歯摩擦 [v] の連続による破擦音で、[pf] と同様の構えで声を伴って発音します。表記は [bv] を用います。英語などの bv にも対応し、破擦音として発音されますが、英語音韻論では破裂音と摩擦音の音連続とみなします。

🔊 77 【ドイツ語の例】

Pferd [pfeːɐt]「馬」　　Apfel [apfəl]「リンゴ」　　Pflicht [pflıçt]「義務」
Kopf [kɔpf]「頭」

🔊 78 【英語の例】

obvious [ɑbviəs]「明白な」　　obviate [ɑbvieɪt]「除去する」　　subvert [səbvɚːt]「打倒する」　　obvolute [ɑbvəluːt]「内側に曲がった」

7.3. 歯破擦音と歯茎破擦音　　　　　　　　　　　　　　　65

🔊 79 練習 7-1

1〜12 の発音を聞き、[pa] [fa] [pfa] のいずれかを判断しなさい。

7.3. 歯破擦音と歯茎破擦音

　歯破擦音は、一般に歯裏での閉鎖と摩擦が連続して生じます。歯裏の無声閉鎖 [t̪] に無声歯摩擦 [θ] が連続した**無声歯破擦音**は [t̪θ] と表記し、その有声音にあたる**有声歯破擦音**は [d̪ð] と表記します。精密に表記する必要がなければ補助記号 [̪] は省略することもあります。無声は、たとえば英語の eighth [eɪt̪θ] などに見られます（破裂音 [t] が脱落して [eɪθ] となることもあります）。また、英語の they の発音は標準的には [ðeɪ] ですが、ニューヨーク方言などのいくつかの方言では [d̪ðeɪ] となり、このときは有声破擦歯音 [d̪ð] が観察できます。

🔊 80 英語の例

eighth [eɪt̪θ]

　無声歯茎破擦音 [ts] は、無声歯茎閉鎖 [t] と連続して無声歯茎摩擦 [s] を調音することで生じます。日本語の「ツ」の子音にあたります。ドイツ語やイタリア語、ロシア語をはじめさまざまな言語で用いられています。

🔊 81 ドイツ語の例

Zeit [tsaɪt]「時間」　　Katze [katsə]「猫」　　Satz [zats]「文」　　Latz [lats]「ひも」

🔊 82 イタリア語の例

zio [tsiːo]「おじ」　　bellezza [bellettsa]「美しさ」

　日本語やドイツ語などでは [ts] が 1 つの音素に対応し、語頭にも語末にも立ちます。しかし、英語では、[ts] は /t/＋/s/ という 2 つの音素の連続とみなされます。cats のように /t/ で終わる単語に付く複数の /s/ は最初から 'ts' というひとまとまりではありませんし、語中でも /t/ と /s/ が続くときは形態素や音節の切れ目になります（例: sightseeing [saɪt.siː.ɪŋ]、Mozart [moʊt.sɑɚt]）。英語でも借用語のなかに /ts/ で始まるものがありますが、英語本来

の語にはありません。このため語頭の [ts] を苦手とする英語話者も多く、日本語から借用した tsunami も [sʊnɑːmi] と発音されることがあります。

　有声歯茎破擦音 [dz]²⁹⁾ は、有声の歯茎破裂音 [d] と連続して有声歯茎摩擦音 [z] が調音されて生じます。日本語では1つの音素に対応して、「ヅ」「ズ」などの子音として用います（→ 7.6）。英語では beds など主に形態素の切れ目に現れ、2つの音素として扱われます。そのほかにも、多くの言語で観察されます。

🔊 83 英語の例

cats [kæts]「猫（複数形）」　　sightseeing [saɪt.siː.ɪŋ]「観光」　　Mozart [moʊt.sɑɚt]「モーツァルト（人名）」　　tsunami [tsʊnɑːmi]「津波」　cods [kɑdz]「鱈（複数形）」　　beds [bɛdz]「ベッド（複数形）」　　kinds [kaɪndz]「種類（複数形）」　　cards [kɑɚdz]「カード（複数形）」　　cars [kɑɚz]「車（複数形）」　　sides [saɪdz]「側（複数形）」　　size [saɪz]「大きさ」

🔊 84 練習 7-2

1～12 の発音を聞き、破裂音 [d]・摩擦音 [z]・破擦音 [dz] のいずれかに判断しなさい。(1)　[da] [za] [dza]　　(2)　[ad] [az] [adz]

7.4. 後部歯茎と歯茎硬口蓋の破擦音

[tʃ]　　**無声後部歯茎破擦音** [tʃ]³⁰⁾ は、後部歯茎破裂音 [t] と後部歯茎摩擦音 [ʃ] が連続する調音です。英語やイタリア語、ドイツ語など多くの言語に見られます。[ʃ]（→ 5.4）と同様に、唇を前に突き出すように発音されることもあります。

🔊 85 英語の例

chill [tʃɪl]「冷え」　　church [tʃɚːtʃ]「教会」　　achieve [ətʃiːv]「成し遂げる」　　pitch [pɪtʃ]「投げる」

---

29)　[ts] と同様、合字の [ʣ] が用いることもありましたが、今はほとんど使いません。

30)　以前は合字の [ʧ] も用いられていました。

7.4. 後部歯茎と歯茎硬口蓋の破擦音

🔊 86 **イタリア語の例**

cielo [tʃɛːlo]「空」　ciotola [tʃɔːtola]「碗」　camicia [kamiːtʃa]「シャツ」　cece [tʃeːtʃe]「ひよこ豆」

有声後部歯茎破擦音 [dʒ][31)] は、後部歯茎破裂音 [d] と後部歯茎摩擦音 [ʒ][dʒ] が連続する調音です。英語やイタリア語など多くの言語に見られます。無声の場合と同様に、唇を前に突き出すように発音されることがあります。なお、英語の音韻論では、[ts] や [dz] は2つの音素ですが、[tʃ] や [dʒ] は破擦音で1つの音素であり、語頭に立つこともあります。

🔊 87 **英語の例**

Japan [dʒəpæn]「日本」　budget [bʌdʒət]「予算」　ledger [lɛdʒɚ]「台帳」　page [peɪdʒ]「ページ」　pledger [plɛdʒɚ]「誓約書」　pleasure [plɛʒɚ]「喜び」　virgin [vɚːdʒən]「乙女」　version [vɚːʒən]「版」

🔊 88 **イタリア語の例**

Giappone [dʒappoːne]「日本」　magenta [madʒɛnta]「深紅の」

🔊 89 **練習7-3**

1～12の発音を聞き、摩擦音 [ʒ]・破擦音 [dʒ] のいずれかを判断しなさい。
(1) [ʒa][dʒa]　(2) [ʒi][dʒi]

無声歯茎硬口蓋破擦音は日本語の「チ」の子音に用いる音で、歯茎硬口蓋での無声の閉鎖と歯茎硬口蓋摩擦音 [ɕ] を連続して調音する破擦音 [tɕ] です。[tɕ] 閉鎖部分の調音位置は歯茎硬口蓋摩擦音 [ɕ] の調音位置と一致しており、厳密には [t] や [tʲ] を使って [tɕ][tʲɕ] ともできますが、表記が煩瑣なので、必要がない限り [tɕ][32)] で表します。聴覚印象は [tʃ] とよく似ており、日本語では [tʃ] と [tɕ] が対立しないので、簡略に表記する際には後部歯茎破擦音 [tʃ] で代用することもあります。日本語のほか、ポーランド語あるいは中国語（ピンインでj）などにもあります。

---

31) 以前は合字の [ʤ] も用いられていました。
32) 以前は合字 [ʨ] も用いられていました。また、IPA表にはない記号ですが、無声歯茎硬口蓋破裂音を表す ȶ（巻き尻尾付きのt）という記号を用いて [ȶɕ] と表記されることもあります。

第 7 章　破擦音

　　有声歯茎硬口蓋破擦音も、厳密には [d̪][dʲ] と有声歯茎硬口蓋摩擦音 [ʑ][dʑ] が連続して調音される [d̪ʑ][dʲʑ] ですが、一般的には [dʑ]³³⁾ で表します。日本語の「ヂ」「ジ」などの子音（→ 7.6）で用いるほか、ポーランド語などにも現れます。

　　反り舌破擦音は、反り舌閉鎖（[ʈ] / [ɖ]）に反り舌摩擦（[ʂ] / [ʐ]）が連続す [ʈʂ] るもので、**無声反り舌破擦音は** [ʈʂ]、**有声反り舌破擦音は** [ɖʐ] と表記しま [ɖʐ] す。たとえば中国語には、反り舌摩擦音 [ʂ]（ピンインで sh）とともに反り舌破擦音 [ʈʂ]（ピンインで zh）があります。

　　また、接近音（→ 第 10 章）である英語の r 音が、歯茎破裂音 [t][d] の直後でやや摩擦を伴うことから、たとえば tree の下線部が [tɹ] あるいは [tɻ̝]、dream の下線部が [dɹ] や [dɻ̝]（[̝] は気流の通り道が本来より狭いことを示す補助記号）という破擦音になることがあります。これらはそれぞれ、[ʈʂ] [ɖʐ] と近い音です。

　　ところで、日本語の方言のなかに破裂音の「キ」が破擦音の「チ」に置き換わるものがあり、これを口蓋化と呼ぶことがあります。たとえば、「がんばれ」の意の琉球方言「チバリヨ」は「気張れよ」が転じたとみなされ、東北方言の一部では「きのこ」を [tɕinogo]「チノゴ」と言うことがあります。これとよく似た変化は他言語にも見られ、古典ラテン語の ci [ki] はのちの俗ラテン語で [tʃi] と発音されるようになっています（たとえば、古典ラテン語 cīvitās [kiːwitaːs]「市民権、都市」＞ 俗ラテン語を受け継いだイタリア語で città [tʃitta]「都市」）。これは、調音方法まで変化しているという点で、IPA の補助記号 [ʲ] が表す口蓋化（→ 4.4）とは違うことに気をつけてください。

🔊 90 中国語の例

鸡 (jī) [tɕi]「鶏」　　七 (qī) [tɕʰi]「7」
闸 (zhá) [ʈʂa]「ブレーキ」　　茶 (chá) [ʈʂʰa]「お茶」

🔊 91 英語の例

tree [tɹiː]「木」　　dream [dɹiːm]「夢」　　true [tɻ̝uː]「真の」　　chew [tʃuː]「噛む」　　drive [dɻ̝aɪv]「運転する」　　jive [dʒaɪv]「スイングジャズ」

---

33) 無声音同様に、正式な IPA でない [dʐ] を用いたり、[dʒ] で代用することもあります。

7.5. 舌背を用いる破擦音

🔊 92 練習 7-4

1〜12 の発音を聞き、後部歯茎音 [tʃ] [dʒ]・歯茎硬口蓋音 [tɕ] [dʑ]・反り舌音 [tʂ] [dʐ] のいずれかを判断しなさい。
(1) [tʃa] [tɕa] [tʂa]　　(2) [dʒa] [dʑa] [dʐa]

7.5. 舌背を用いる破擦音

　前節までで見た、歯や舌先といった前方の調音器官を用いて接触面積の狭い破擦音は世界の言語に比較的多く見られます。そのほかに、以下のような奥のほうの調音位置で接触面積の広い破擦音も存在します。

　1つは**硬口蓋破擦音**で、硬口蓋閉鎖（[c] [ɟ]）に硬口蓋摩擦（[ç] [ʝ]）が続くもので、[cç] [ɟʝ] と表記します。マジャル語（＝ハンガリー語）の硬口蓋破裂音の異音として現れることが知られています（例：magyar [mɒɟɒr] 〜 [mɒɟʝɒr]「ハンガリーの」）。

　軟口蓋破擦音は軟口蓋閉鎖（[k] [g]）に軟口蓋摩擦（[x] [ɣ]）が連続するもので、[kx] / [gɣ] と表記します。無声有気破裂音を持つ言語では、無声破擦音の [kx] が有気破裂音の [kʰ] と同じ位置で現れることがあります（例：英語 cool [kxuːl] 〜 [kʰuːl]「涼しい」、中国語 kū（枯）[kxu] 〜 [kʰu]「枯れた」）。

練習 7-5

IPA を練習しましょう。順に、① 無声歯茎破擦音、② 有声歯茎破擦音、③ 無声後部歯茎破擦音、④ 有声後部歯茎破擦音、⑤ 無声歯茎硬口蓋破擦音、⑥ 有声歯茎硬口蓋破擦音です。合字として書いても、2 つの IPA の連続として書いても、かまいません。

ts dz tʃ dʒ tɕ dʑ　ts dz tʃ dʒ tɕ dʑ　ts dz tʃ dʒ tɕ dʑ

7.6. 日本語の「ジ」「ヂ」と「ズ」「ヅ」

　首都圏や近畿圏をはじめとする多くの地域では「ジ」と「ヂ」および「ズ」と「ヅ」は全く区別しません（→ 5.4）。このように「ジ・ヂ・ズ・ヅ」の4つのかなの発音を「ジ・ヂ」と「ズ・ヅ」の2つにしか区別しない方言を、

二つ仮名方言と呼びます。それらの地域でも、かつては4つの発音が区別されていたと考えられています。現在もその区別を保持している方言（四つ仮名方言）もあります。

「二つ仮名」である標準語で、清音「シ・チ・ス・ツ」と濁音「ジ・ヂ・ズ・ヅ」の関係を整理すると、表7-1のようになります。清音では摩擦音と破擦音が区別されているのに対し、濁音ではこの区別がなく、破擦音が標準的ですが、摩擦音もよく用いられます。

表7-1　標準語における「シ・チ・ス・ツ」と「ジ・ヂ・ズ・ヅ」の子音

清音	濁音
シ [ɕ]	ジ・ヂ [z]～[dz]
チ [tɕ]	
ス [s]	ズ・ヅ [z]～[dz]
ツ [ts]	

濁音の「ジ」と「ヂ」、「ズ」と「ヅ」の発音上の区別があった時代を反映して、歴史的仮名遣いでは「富士」は「ふじ」、「藤」は「ふぢ」のように書き分けます。この区別は京都では室町時代に崩れはじめたと見られ、やがて区別がつかなくなって合流します。それを反映して、歴史的仮名遣いにあった表記上の区別も、戦後の現代仮名遣いで「ジ」「ズ」に統一されました（「タンチョウヅル」などの複合語を除く）。では、なぜ発音の合流が起きたのでしょうか。一般に、異なる音と認識され、音韻体系のなかで対立するためには、特性の違いがある程度はっきりしている必要があります。ところが、摩擦音の [z] と破擦音の [dz]、摩擦音の [z] と破擦音の [dz] は、それぞれ聴覚的によく似通っており、混同しやすい程度の類似性があったからだと考えられます。実際に、四つ仮名方言でも、[dz]（ヅ）と [z]（ズ）で区別することは少なく、破裂音 [d]（ヅ）と摩擦音 [z]（ズ）で区別するなど、より違いがわかりやすい音同士での対立となっています。たとえば、四つ仮名方言としてよく知られている土佐中村方言では、「水」（歴史的仮名遣では「みづ」）は [mĩdu]（破裂音の始まりが鼻音化している場合に、[˜] を破裂音の記号の前に付けて表すことがあります）、「見ず」は [mizu] といった区別が見られます（若い世代ではこの区別が失われつつあります）。

7.6. 日本語の「ジ」「ヂ」と「ズ」「ヅ」

なお、二つ仮名方言では、「ジ（ヂ）」「ズ（ヅ）」だけではなく、「ザ・ゼ・ゾ」の子音も [dz]〜[z]、拗音節「ジャ・ジュ・ジェ・ジョ」も [dz]〜[z] のように、破擦音でも摩擦音でも発音されます。[za] と [dza] も二つ仮名方言では違う音と認識されないので、多くの人はあまり気をつけて聞き分けることはないでしょう。個人差や状況による違いはありますが、「座布団」のような語頭の「ザ」は破擦音 [dza] となり、「栄螺」など母音の後ろの「ザ」は摩擦音 [za] となることが多いと言われます。破擦音になる場合でも最初の破裂音があまり明瞭でなく、弱い破擦音になることもあります。この弱い破擦音は、d をイタリックにして [dz]、あるいは小さくして [^{d}z] のように表記されることがあります。

🔊 93 練習 7-6

1〜12 の発音を聞き、破裂音 [d]・摩擦音 [z][z]・破擦音 [dz][dz] のいずれかを判断しなさい。

第 8 章

鼻　音

　鼻音(びおん)(nasals)は「鼻から気流が抜けて作られる音」です。これまで見てきた破裂音・摩擦音・破擦音のほか、ほとんどの子音と母音が鼻から気流を抜いて発音できます。この場合、その音は「鼻音性を持つ」と言えます。広い意味では鼻音性を持つ音はすべて鼻音と言い、鼻子音・鼻母音と分類されます。それに対して、鼻から気流が抜けず鼻音性を持たない音は口音または口腔音(orals)と呼ばれます。口音のほうが無標(＝普通)なので、無声摩擦口音というような言い方は通常はしません。

　鼻音性を持つ音は、口音の記号の上に補助記号 [˜] を付けて表せます。この記号を「チルダ」(tilde)と言います(「ティルダ」「ティルデ」「チルド」と呼ぶこともあります)。

　ただし、有声破裂音が鼻音化した有声破裂鼻音は、鼻音性を持つ音で特に多くの言語で用いられ、補助記号なしで独自の記号で表されます。狭い意味で鼻音と言う場合は、この有声破裂鼻音のみを指します。以下、本書では「鼻音」は狭い意味を表します。

8.1. 鼻音の性質

　鼻音は基本的には有声音です。鼻腔に声が送られて共鳴して鼻孔(＝鼻の穴)から出る音です。その調音の際、口蓋帆を下げることで咽頭の上部から鼻腔への気流の通路が開かれます。鼻腔に気流が抜けることで調音されるので、鼻が詰まっているなどで鼻孔から気流が抜けないと、調音位置の同じ有声破裂音のように聞こえることがあります。たとえば、鼻をつまんで「マ」と発音すると、立ち上がりがすっきりせず「バ」がこもったような感じに聞こえるでしょう。

　これは有声破裂鼻音ですから、調音位置での完全接触による口腔気流の阻害があるという点は破裂(口)音と同じです。しかし、破裂音の閉鎖の持続部

8.1. 鼻音の性質

ではどこからも気流が出ないのに対して、鼻音では気流が鼻腔へ流れ、鼻孔が常に開いているため、調音の際に気流が止まることはありません。たとえば、「ム」と発音するときには、まず両唇を閉じて、そのあと開放して母音のウを発音します。両唇を閉じたままで声を出し続けると「ンー」と唸るような感じになります。これが両唇鼻音 [m] の調音です。破裂音は破裂の瞬間だけに音が出るので長くは持続しませんが、鼻音は持続できる音です。持続的という点では、摩擦音と共通しています。

鼻音の重要な性質に、**音節主音性**（syllabicity）を持ちうる点があります。音節主音性とは、音節（→ 15.2）を単独で形成するなど、音節形成の中核になれるという性質です。どの言語でも母音が音節の中核となるのが普通ですが、子音でも音節主音性を持つことがあるのです。[34] 日本語では鼻音は音節主音になりませんが、スワヒリ語（Swahili）などのバンツー系諸語（Bantu）では、鼻音が単独で音節になることがあります。音節主音性を持てるのは、母音以外では鼻音のほか次章以下で扱う接近音や流音などです。この点でそれらの子音は母音に近い性質を持つと言えます。それに対して、これまで扱った破裂音・摩擦音・破擦音などの阻害音は音節主音性を持ちません。

歴史的にも音節主音的な鼻音が母音に転じる言語変化やその逆の語形変化が見られ、両者の近さを確認できます。日本語の「馬」や「梅」は、上代以前に中国語から入ってきた /ma/、/mei/ の [m] が音節主音的に長く発音されて、母音「ウ」に転じて「ウマ」「ウメ」という音になったという説があります。これは語源説の 1 つですが、音声的な鼻音の性質からも、[m] が音節主音性を持ち母音に転じた可能性は考えられます。

鼻音は摩擦音ほど調音位置による音声の対立がなく記号は有声音だけなので、一般に用いられる鼻音は以下の 7 種類だけです。特に必要がなければ、「有声」なしで「両唇鼻音」などと呼びます。

鼻音の IPA

両唇音	唇歯音	歯茎音	反り舌音	硬口蓋音	軟口蓋音	口蓋垂音
m	ɱ	n	ɳ	ɲ	ŋ	N

---

[34] 音節主音性を持つということを、「成節的」であるとも言います。子音が成節的であることを示すには、文字の下に補助記号 [̩] を付けて表記します（→ 15.2）。

8.2. 両唇鼻音と唇歯鼻音

　両唇鼻音は日本語のマ行の子音で、多くの言語が持つ、一般的な言語音と言えます。上唇と下唇が接触して閉鎖を作り、口腔の気流を止めるという点で、両唇破裂[p][b]と調音方法は同じですが、口蓋帆が下がっているため、気流は鼻腔に抜け、鼻音になるわけです。表記には[m]を用います。

[m]

　唇歯鼻音は、一般に[n]や[m]の異音(allophone)として扱われます。表記には[ɱ](右尻尾付きのm)を用います。聴覚印象が両唇鼻音[m]と似ていることもあり、両者を対立的に使っている言語は知られておらず、単独で独立した音素になることはないと考えられます。通常、あとに続く唇歯摩擦音などの影響を受けて起こる同化現象の一種です。これは英語のconvention, comfortable などに見られます。調音方法は、上の前歯と下唇で閉鎖を作り、[m]と同様に鼻から声を出します。[f]や[v]に似た構えをとりますが、摩擦音のように口腔から気流が漏れ続けることのないようにします。

[ɱ]

🔊 94 　英語の例

computer [kəmpju:tɚ]「コンピュータ」　convention [kəɱvɛnʃən]「集会」
comfortable [kʌɱftəbɫ]「快適な」

8.3. 歯茎鼻音・硬口蓋鼻音・反り舌鼻音

　歯茎鼻音は、日本語のナ行の「ナ・ヌ・ネ・ノ」などの子音で用いられます。IPAは[n]を使います。歯裏から歯茎後部までのあたりに舌先が接触して作られる鼻音を、この[n]で表せます。

[n]

　日本語のナ行の「ナ・ヌ・ネ・ノ」では歯茎前部(=歯裏と歯茎にまたがるあたり)に閉鎖を作るのが普通ですが、フランス語など調音位置が歯裏の場合([n̪])もあり、英語などでは歯茎のみに舌先が接触することもあります。このように、調音位置は言語ごとに異なりますが、その言語ごとの分布は歯茎破裂音の場合とだいたい同じです。

　日本語の「ニ」や「ニャ・ニュ・ニョ」の子音は、歯茎鼻音で発音するのが普通です。舌先が歯茎に接触するとともに前舌が硬口蓋に接近して口蓋化します。IPAで表記すると、口蓋化を伴う「ニ」の発音は[nʲi]となります

8.3. 歯茎鼻音・硬口蓋鼻音・反り舌鼻音

が、口蓋化しない [ni] との対立はありません。

🔊 95 　英語の例

knee [niː]「膝」　　nip [nɪp]「つねる」　　new [njuː]「新しい」

　硬口蓋鼻音は、前舌面が持ち上がって硬口蓋と接触することで調音される音です。このとき、舌先は上顎には接触しません。表記には、左尻尾付きの n である [ɲ] を用います。この硬口蓋鼻音は、フランス語やイタリア語やスペイン語などのロマンス系の言語に見られます。フランス語やイタリア語では硬口蓋鼻音を gn とつづり、スペイン語では n にチルダを付して ñ とつづります。スペイン語では ñ は独立したアルファベットとして扱い、硬口蓋鼻音と歯茎鼻音は音韻論的にも区別されます。　　　　　　　　　　[ɲ]

　日本語の「ニ」や「ニャ・ニュ・ニョ」の子音も、人によって、舌先を使わず、前舌と硬口蓋の前部辺りで閉鎖を作って発音する人もいます。この場合は [ɲ̊] とも表せます。

🔊 96 　フランス語の例[35]

signal [siɲal]「合図・信号」　　magnifique [maɲifik]「すばらしい」
signe [siɲ]「記号」　　montagne [mɔ̃taɲ]「山」

🔊 97 　スペイン語の例

caña [kaɲa]「葦」　　uña [uɲa]「爪」　　cañuto [kaɲuto]「告げ口屋」
niño [niɲo]「子ども」　　meñique [meɲike]「小指」
sañudo [saɲuðo]「怒りっぽい」

🔊 98 　練習 8-1

1〜12 の発音を聞き、歯茎鼻音 [n]、口蓋化した歯茎鼻音 [nʲ]、硬口蓋鼻音 [ɲ] のいずれかを判断しなさい。

　舌尖が歯茎後部から硬口蓋付近で反って接触することで調音する鼻音が、

---

[35] 　フランス語では、ほとんどの子音字は単独で 1 つの音を表しますが、2 つ以上の子音字で 1 つの音を表すものがあり、「複子音字」などと呼ばれています。複子音字としては、[ʃ] [k] を表す ch、[f] を表す ph、[r] を表す rh、[t] を表す th と [ɲ] を表す gn があります。

[ɳ] 反り舌鼻音です。表記には、右しっぽ付きの [ɳ] を使います。この記号は軟口蓋鼻音 [ŋ] や硬口蓋鼻音 [ɲ] と紛らわしいので区別が必要です。反り舌鼻音は反り舌破裂音 [ʈ]/[ɖ] と調音法は似ています。舌先が後部歯茎〜硬口蓋前部で反り返って接触し、気流が鼻に抜けることによって反り舌鼻音になります。鼻音に反り舌音を持つ言語は破裂音にも反り舌音があるのが普通で、ヒンディ語に破裂音・鼻音ともに反り舌音があります。

🔊 99 【ヒンディ語の例】

thanda [tʰəɳɖɑː]「冷たい・寒い」

🔊 100 【練習8-2】

1〜12の発音を聞き、反り舌鼻音 [ɳa] と歯茎鼻音 [na] のいずれかを判断しなさい。

8.4. 軟口蓋鼻音と口蓋垂鼻音

軟口蓋鼻音は、日本語のガ行鼻濁音の子音にあたり、[ŋ] で表します。伝統的には、「日本語では語頭で [g]、語中では [ŋ] を用いるのが標準的な発音」とされていますが、実際には、鼻濁音は東京を含む首都圏で衰退しつつあります。かなで表記し分ける場合には、[ga]/[gi]/[gɯ]/[ge]/[go] を「が・ぎ・ぐ・げ・ご」、[ŋa]/[ŋi]/[ŋɯ]/[ŋe]/[ŋo] を「か゜・き゜・く゜・け゜・こ゜」とすることがあります。

調音は、軟口蓋破裂音の [k] や [g] の場合と同じように、軟口蓋で閉鎖を作ればよいので難しくはありません。また、英語など多くの言語で、[k] や [g] といった軟口蓋破裂音の前などで /n/ の異音として現れることがあります。[ŋ] という記号は、n に g の形態的な要素を加えて作ったもので**エング** (eng) と呼びます。英語の現在分詞や動名詞の語尾 -ing は [ɪŋ] で、ng という綴りが軟口蓋鼻音を表します。ng という2文字で1つの音 [ŋ] を表しているのですから、-ing は「イング」というような発音よりも「イグ」「イン」に近いと言えます。

🔊 101 【日本語（規範的発音）の例】

「言語学」[geŋŋoŋakɯ]　「学校が」[gakˀkoːŋa]

8.4. 軟口蓋鼻音と口蓋垂鼻音

🔊 102 英語の例

link [lɪŋk]「輪」　　linguist [lɪŋgwɪst]「言語学者」　　running [ɹʌnɪŋ]「走ること」

🔊 103 中国語の例

半 (bàn) [pan]「半分」　　棒 (bàng) [paŋ]「バトン」
山 (shān) [ʂan]「山」　　伤 (shāng) [ʂaŋ]「怪我」

🔊 104 練習 8-3

1〜12の発音を聞き、有声軟口蓋破裂音 [g]、軟口蓋鼻音 [ŋ] のいずれかを判断しなさい。

　調音位置を [ŋ] の軟口蓋から口蓋垂に少し下げれば、口蓋垂で閉鎖が生じ、**口蓋垂鼻音**になります。聴覚印象は [ŋ] に似ています。IPA では n のスモール・キャピタルを用いて [ɴ] と表記します。口蓋垂破裂音 [q] / [ɢ] と調音位置は同じなので、気流を鼻から抜けば口蓋垂鼻音になります。日本語では語末を丁寧に発音するときや、「ン」をはっきりと示そうとしたときに現れることがあります。たとえば、「本。」を「ン」を明確に発音すると、[hoɴ] のようになるのが普通です。ただし、丁寧に発音しないと [hoũ] のように鼻母音（→ 14.2）になることもあり、語末の「ン」が必ず口蓋垂鼻音で調音されるとは限りません。口蓋垂鼻音は、ジョージア語や、中西部グリーンランドのイヌイットの言語にもあることが知られています。いずれも歯茎鼻音などの異音として現れます。

[ɴ]

🔊 105 練習 8-4

次の1〜12の発音を聞き、軟口蓋鼻音 [ŋ]、口蓋垂鼻音 [ɴ] のいずれかを判断しなさい。

練習 8-5

IPA を書く練習をしましょう。順に、① 唇歯鼻音、② 反り舌鼻音、③ 硬口蓋鼻音、④ 軟口蓋鼻音、⑤ 口蓋垂鼻音です。

ɱ ɳ ɲ ŋ ɴ　ɱ ɳ ɲ ŋ ɴ　ɱ ɳ ɲ ŋ ɴ

8.5. 日本語の「ン」

日本語をローマ字で書くとき、「ン」はほとんど n で表されます。直後に p, b, m が来るときは m に置き換える表記法もありますが、それを除くと n 以外を使うことはないようです。しかし、ローマ字と違って、実際の発音で「ン」が IPA の歯茎鼻音 [n] になるのは一部に限られています。

一般に「ン」の発音は直後の音声によって変わります。直後の音と特徴が同じになったり近くなったりする**同化 (assimilation)** という現象によって、直後の音が閉鎖を持つ場合はそれと同じ調音位置の鼻音になります。さらに、直後の音が閉鎖を持たない場合は、口腔内に閉鎖を持たず鼻から抜ける鼻母音 (→ 14.2) になります。音声学的に見ると、「ン」はおおむね以下のように実現されます。

「ン」の調音	直後の音
両唇鼻音 [m]	パ行・バ行・マ行の音 (両唇破裂音 [p] [b]、両唇鼻音 [m])
歯茎鼻音 [n]	タ行・ダ行・ザ行・ナ行・ラ行の音 (歯茎破裂音 [t] [d]、歯茎破擦音 [tɕ] [dʑ] [ts] [dz]、歯茎鼻音 [n]、歯茎はじき音 [ɾ] 等)
軟口蓋鼻音 [ŋ]	カ行・ガ行の音 (軟口蓋破裂音 [k] [g] [ŋ])
口蓋垂鼻音 [ɴ]	言い切りの場合 (後続音がないとき)
鼻母音 [ĩ 〜 ũ 〜 ã]	サ行・ハ行・ヤ行・ワ行・ア行の音 (摩擦音 [s] [ɕ] [h] [ç] [ɸ]、接近音 [j] [w]、母音 [i] [e] [a] [o] [ɯ])

「ン」は、上述のように、歯茎の破裂音・破擦音・鼻音・ラ行のはじき音が続くときは歯茎鼻音 [n] で発音しますが、両唇の破裂音・鼻音が続くときは両唇鼻音 [m] になり、軟口蓋の破裂音・鼻音が続くときは [ŋ] で調音されます。つまり、同じ調音位置の鼻音として調音するわけです。これらの「ン」として現れる鼻音は、子音としては長めの持続時間を持つため、[mː] (長) あるいは [mˑ] (半長) のように長いことを示す補助記号を付けて、[samːma]「秋刀魚」のように表記し、精密表記では、[taŋʲkʲi]「短期」のように口蓋化の補助記号を付けることもあります。

直後がザ行音および「ヂ」「ヅ」の場合は、丁寧に発音するときにはザ行子音が破擦音となり、「ン」は調音位置の同じ鼻音となりますが、ぞんざいに発

8.5. 日本語の「ン」

音するときにはザ行子音が摩擦音となり、「ン」に鼻母音が用いられることもあります。直後が無声摩擦音や文末の場合は、「ン」が口蓋垂などの位置での鼻音で丁寧に発音されたり、鼻母音で発音されたりします。また、直後に母音や母音に近い子音（＝ヤ行やワ行の子音）が来る場合も、通常、鼻母音で「ン」を調音します。

鼻母音は、母音の気流が口からだけでなく鼻からも抜けるもので、舌がどこにも接することなく、気流の妨げもないまま調音されます。「ン」として用いられるものは、イ [i] やウ [ɯ] を鼻音化した [ĩ] や [ɯ̃] が多いのですが、その中間やもっと舌が下がった鼻母音（ここでは [ə̃] で表しています）が用いられることもあり、舌の位置や性質は丁寧さや前後の音により変化します。

日本語が母語でない人には、ローマ字のままに「ン」をすべて歯茎鼻音 [n] で発音する人があり、そのように発音すると「ン」に母音や「ヤ・ユ・ヨ」が続く場合、ナ行や「ニャ・ニュ・ニョ」のように聞こえる音になってしまいます。たとえば、「本を」が「ホノ」「ホンノ」（[hono]～[honno]）、「婚約」が「コニャク」や「コンニャク」（[konjakɯ]、[konʲnʲakɯ] 等）のように聞こえます。[36] それに対して、日本語母語話者の発音では、「ヤ」の前の「ン」に歯茎鼻音 [n] を使わないので、「コンヤク」を早く発音しても「コンニャク」になることはありません。「婚約」は、通常 [koɯ̃jakɯ] のように「ン」をなんらかの鼻母音で発音しますから、「ニャ」[nʲa] のような音に変わることはないのです。ただし、「ン」に鼻母音を用いる場合、「婚約」を早くぞんざいに言うと「ン」が前の母音に吸収されて「コーヤク」「コヤク」に近い発音（[koə̃jakɯ]～[kõjakɯ]）になることはあります。[37]

一方で、日本語話者が、外国語を発音するときに、/n/ を歯茎鼻音 [n] でなく、鼻母音などで代替する誤りを犯すことがあります。英語の助動詞 can は [kæn / kɑn / kən] のように母音は変異しますが、単独では語末に歯茎鼻音 [n] が必ず来ます。しかし、日本語式のぞんざいな発音では、[kʲaɯ̃] のように鼻母音を代わりに使う発音が聞かれます。発音してみて語末で舌先が歯茎に接していなければ、このような発音になっている可能性が高いと言えます。むしろ「キャン」ではなく、「キャヌ」と発音するくらいに考えた方が、歯茎鼻

---

36) ローマ字では「コンヤク」を konyaku あるいは kon'yaku、「コンニャク」を konnyaku と綴るので、非常に近いように思えます。

37) 「原因」が「ゲーイン」のような発音になることがあるのも、同じ理由です。

音での発音になりやすいのです。

なお、「ン」は日本語学では伝統的に「撥ねる音（＝撥音）」と呼ばれており、他の仮名文字1文字分（＝1拍＝1モーラ→15.1、15.3）の持続があることから、音韻論的特徴からモーラ音素あるいは特殊拍などの一種に分類されています。

🔊 106 日本語のンの発音

乾杯 [kampai]、選抜 [sembatsɯ]、暗幕 [ammakɯ]、本店 [hontɴ]、本棚 [hondana]、僕んち [bokɯntɕi]、さんづくり [sandzɯkɯɾi]、本能 [honno:]、三陸 [sanɾikɯ]、今回 [koŋkai]、円買い [eŋɲai ～ eŋgai]、感情 [kandzo:～kaĩzo:]、完납 [kandzɴ～kaũzẽ]、算数 [saɴsɯ:～saũsɯ:]、今週 [koɴɕɯ:～koũɕɯ:]、功夫 [kaũɸɯ:]、万年筆 [manneĩçitsɯ]、黄金比 [o:ŋoĩçi]、寒北斗 [kaĩhokɯto]、前半 [dzeĩhaɴ]、婚約 [koũjakɯ]、困惑 [koũɯakɯ]、本案 [hoɑ̃ɴ]、真打ち [ɕĩɯtɕi]

🔊 107 練習 8-6

1〜12 の発音を聞き、いずれかを判断しなさい。
(1)　　[aŋ] / [aɴ]　　(2)　　[aŋ] / [aɴ] / [an] / [aũ]

8.6. 鼻音の無声化

継続部の最初で声帯を振動させずに調整すれば無声化した鼻音になります。鼻音は一般に有声で調音するため、IPA には無声の鼻音を表す専用の記号はありませんが、原則としてすべての有声音は無声音にすることが可能であり、鼻音も無声音で調音は可能です。無声であることは、IPA の下に小さく丸を付けて [m̥] と表します。ただし、[ŋ̊] や [n̥] や [ɲ̊] のように下に付けにくいときは、上に付けてもかまいません。

ビルマ語（ミャンマー）では、鼻音に有声と無声の対立が見られます。ただし、ビルマ語の無声鼻音は前半部の声帯振動がないもので、音韻論的には、この無声音は 2 子音の連続 /hm/ /hn/ などと解釈され、アルファベットに転記するときも hm や hn などの表記を用います。

🔊 108 ビルマ語の例

hma. [m̥a]「…から」　　hna: [n̥a]「鼻孔」　　hnya: [ɲ̥a]「思いやりの」
hnga. [ŋ̥a]「借りる」
ma. [ma]「持ち上げる」　　na: [na]「痛み」　　nya: [ɲa]「正しい」　　ngar [ŋa]「魚」

🔊 109 練習 8-7

1〜12 の発音を聞き、有声鼻音 [ma]、無声鼻音 [m̥a] のいずれかを判断しなさい。

8.7. 破裂音の鼻腔開放

英語では、破裂音の後ろに鼻音が続くとき、破裂音と鼻音の調音位置が同じであれば、破裂音の閉鎖の開放がなされないまま鼻音の調音に入ります。つまり、舌や唇の構えを変えることなく、口蓋帆を下げることで破裂音から鼻音に移行するわけです。これを、破裂音の**鼻腔開放**（nasal release）と言います。鼻腔開放は、破裂音＋鼻音の音連続を持つ多くの言語で見られる現象です。破裂の音がないため、破裂音が聞き取りにくくなりがちです。IPA では破裂音の記号に n を上付きにして示しますが、両唇音の鼻腔開放の場合には m を上付きにする記述法も用いられます。

🔊 110 英語の例

Sydney [sɪd^{n}ni]「シドニー（地名）」　　rightness [ɹaɪt^{n}nɪs]「正しさ」
submanager [sʌb^{m}mænɪdʒɚ]「副マネージャー」
topmost [tɔp^{m}moʊst]「一番上の」

🔊 111 練習 8-8

1〜12 の発音を聞き、[n] [d^{n}n] のいずれかを判断しなさい。

第9章

流　　音

　流音（liquid）とは、おおまかに言うと、rで表す音の類（＝R系）と l で表す音の類（＝L系）を便宜的に一括して指す総称です。R系の音は、歯茎ふるえ音の [r] に代表されるふるえ音・はじき音のことであり、L系の音は歯茎側面接近音 [l] に代表される側面音のことです。流音は鼻音と同じように IPA ではすべて有声音の記号ですが、無声音も可能です。また、流音は、鼻音と同じように音節主音性を持ち、言語によっては音節形成の中核になることがあります。その一方で、流音という名称からもわかるように不安定な面があり、環境によって性質が変わったり、失われたりすることもあります。

　日本語ではL系とR系の音を区別せず、使い分けもありません。ラ行子音のローマ字表記にはRを使いますが、必ずしもR系の音ではありません。実際にはさまざまなラ行音があります。それでも音素としては1つです。日本語のように流音を使い分けない言語を、**単式流音**の言語と言います。英語は使い分けがある**複式流音**の言語です。2種類の流音を使い分ける場合は、英語のようにL系とR系が1つずつあるのが普通です。3種類以上を使い分ける言語では、L系やR系のなかにさらに下位の区分があります。このように、「流音」は調音音声学的な分類としてより、音韻論で用いることの多い用語でもあります。

9.1. はじき音とふるえ音

　R系の主な調音に、**はじき音**（flap, tap）と**ふるえ音**（trill）があります。R という文字が表す音は多様であり、同じRでも、英語・スペイン語・フランス語・中国語（＝ピンイン）・日本語（＝ローマ字）のすべてで実際の音は異なります。さらに、はじき音とふるえ音は、聞こえ方が似ていることもあり、調音位置が同じであれば、1つの言語のなかで異音になることも珍しくありません。ただし、スペイン語のように、R系のなかでさらに音韻論的に区別

9.1. はじき音とふるえ音

する言語もあります。

　ふるえ音とはじき音は、破裂音や摩擦音とは異なり、舌先あるいは唇、口蓋垂を振動させて調音します。振動が1回だけのものを**はじき音**あるいは弾音、単顫動音と呼びます。それに対して、複数回（＝2回以上）振動するものを**ふるえ音**、あるいは顫動音、顫音と呼びます。連続していれば回数に制限はありませんが、通常は数回程度です。はじき音は鞭を打つように舌をしなやかに動かす1回性の動きですから、破裂音の破裂と同じように一瞬で終わります。一方、ふるえ音は振動を繰り返しているあいだは調音が持続する継続的な音です。

　はじき音には、厳密に言うと2種類の調音法があります。1つは真正の**はじき音**（flap）で、もう1つは**たたき音**（tap）です。真正のはじき音は、手で机のうえの消しゴムのかすを払うときに指先が机に軽く触れる瞬間のように、舌がある構えから別の構えに移動する途中に歯茎などの調音位置に接触したときに作られます。それに対して、たたき音は調音位置に向かって軽く叩くように、舌が一往復して調音されます。しかし、接触が瞬間的であり、一回だけで繰り返しがないなどの基本的特徴が、両方に共通します。IPAでも区別する記号はなく、両者を区別する言語も知られていません。本書では、はじき音という呼称で両者をまとめて呼ぶことにします。

ふるえ音・はじき音のIPA

	両唇音	唇歯音	歯茎音	反り舌音	口蓋垂音
ふるえ音	B	×	r	×	R
はじき音	×	ѵ	ɾ	ɽ	×

　ふるえ音とはじき音は、有声／無声の対立が通例は見られないため、上述のように、IPAの記号はすべて有声音を表します。無声のふるえ音やはじき音を表すには、無声化の補助記号を用い、文字の下（または上）に ○ を書いて、たとえば [r̥] のようにします。有声のふるえ音ができれば、無声化は難しくなく、聞き分けも難しくありません。

　両唇ふるえ音は、両唇を軽く閉じた状態で、気流を強く外に出すと自然に唇がぶるぶると振動し、調音されます。この音はパプアニューギニアのケレ語（Kele）やチタン語（Titan）などに存在すると報告されていますが、よく知

[ʙ]　られた言語で用いられている例は多くありません。ただし、言語音としてではありませんが、赤ん坊をあやすときなどに用いることがあります。表記には、b のスモール・キャピタル [ʙ] を用います。

[r]　IPA の [r] は歯茎ふるえ音を表します。実際に、r の文字が表す音としても歯茎ふるえ音が一般的です。現在の標準的な発音の日本語や英語などでは通常用いませんが、ロシア語・スペイン語・イタリア語をはじめとするヨーロッパの言語、ズールー語などをはじめとするバンツー系の言語など、広く観察される一般的な音声と言えるでしょう。現在の英語の R 音（→ 10.1）・フランス語パリ方言の R 音（有声口蓋垂摩擦音 [ʁ]）やドイツ語の典型的な R 音（口蓋垂ふるえ音 [ʀ] → 後述）も、歯茎ふるえ音が変化して現在の音になったと言われます。そのため、演劇や強調した言い方、伝統的な発音を要する場合には、今でも歯茎ふるえ音の [r] を使うことがあります。日本語の標準的な発音に歯茎ふるえ音はありませんが、かつての江戸弁や河内弁などではたまに用いられ、俗に「巻き舌」と呼ぶことがあります。「べらぼう」を威勢よく [berabo:] と発音したり、「こら！」[kora] と怒鳴ったりする発音がこれにあたります。ただし、本来の「巻き舌」は威勢のよい話し方のことで、はじき音の場合もあります。そもそも「巻き舌」は音声学用語ではありません。

　日本語母語話者には、この歯茎ふるえ音が苦手な人も多く、発音できるようになるまでかなりの練習を要する人も珍しくありません。初めのうちは、[tra] とか [dra] のように前に歯茎破裂音を付けたほうがやりやすいという人もいますし、早口で「さっぽろラーメン」と繰り返し言っていたらできたという人もいます。息を強くして無声の [r̥] を言うほうが先にできる人もいますし、歯茎音より舌先を後ろに引いた反り舌音の構えのほうがふるえさせる感覚をつかみやすい人もいますから、さまざまなバリエーションを試してまずふるえの感覚をつかむのもよいでしょう。聞き取りは難しくありませんが、言語によっては歯茎ふるえ音が余剰的特徴として摩擦的噪音を伴うことがあり、慣れていないと摩擦音と認識してしまうこともあります。

🔊 112　ロシア語の例

Россия [rasʲijə]「ロシア」　　мир [mʲir]「平和」　　дорога [darogə]「道路」

口蓋垂ふるえ音は、舌ではなく、口蓋垂が振動することで調音される音です。うがいをすると口蓋垂の振動が生じますが、この振動が水なしでできれ

9.1. はじき音とふるえ音

ば口蓋垂のふるえ音になります。習得が難しいと感じる人も多い音ですが、上を向いて言ってみたり、いびきをかくまねをしたりして、自分に合うコツを見つけましょう。奥舌をある程度口蓋垂に近づけて、気流が効率よく口蓋垂に当たるようにするとうまくいきます。最初は [ʀi] よりは [ʀo] や [ʀa] を目指したほうがやりやすいようです。IPA では、スモール・キャピタルの r を使って [ʀ] で表記します。この音は、フランス語の一部の方言やドイツ語に見られます (ドイツ語で Zäpfchen-r)。[38]

[ʀ]

🔊 113 **フランス語の例**

rare [ʀɑːʀ]「珍しい」　　être [εtʀ]「～である」　　marbre [maʀbʀ]「大理石」
marron [maʀõ]「栗」　　cher [ʃεːʀ]「大切な」

🔊 114 **ドイツ語の例**

Rabe [ʀaːbə]「カラス」　　rein [ʀain]「純粋な」　　hören [høːʀən]「聞こえる」

🔊 115 **練習 9-1**

1～12 の発音を聞き、両唇ふるえ音 [ʙa]、歯茎ふるえ音 [ra]、口蓋垂ふるえ音 [ʀa] のいずれかを判断しなさい。

次に、調音器官を接触させて調音するはじき音を見ていきましょう。

唇歯はじき音[39]は 2005 年の IPA の改訂で唯一追加された音で、記号は右かぎ付きの v (right-hook V) [ⱱ] です。下唇を口の中に引き込んで内側に持っていき、それを急速に外側へ戻す際に上歯に当てるという調音方法です。上歯の代わりに上唇を用いる両唇はじき音も同じ記号で表すことがあります。この音はコンゴで話されているモノ語 (Mono) をはじめ、アフリカの 70 以上の言語での使用が報告されています (モノ語の例 [àⱱétòrò]「罠に使う棒」)。

[ⱱ]

歯茎付近に舌先が触れるように舌を一回だけ振動させることによって調音するのが**歯茎はじき音**です。歯茎はじき音は、ちょうど舌尖で歯茎付近を叩

---

[38] ドイツ語でも文体や地域、個人により口蓋垂摩擦音 (Reibe-r) や歯茎ふるえ音 (Zungen-R) での発音も見られます。ふるえ音を使う地域でも、直後に母音のない /r/ は、意識的に明確な発音をするのでない限り、母音に近い発音になるのが一般的です。

[39] はじき音の一種としてここで扱いますが、唇歯はじき音を流音とみなすことはないと考えられます。

[ɾ] くようにすることで調音されます。IPA では、セリフ（＝欧文活字の始点または終点に見られる小突出線やひげ飾り）を除去した、釣り針型の r（fish-hook r）で [ɾ]⁴⁰⁾ と表します。歯茎はじき音は、歯茎ふるえ音の異音として多くの言語に見られますが、スペイン語では、はじき音とふるえ音が弁別的な関係にあり、語中では単独の r の綴りがはじき音 [ɾ] を、rr の綴りがふるえ音 [r] を表す（語頭では r でふるえ音、語中でも流音・鼻音の直後では r でふるえ音）のが原則です。

116

スペイン語の例	[ɾ] はじき音	para「彼は止まる」　cara「顔」　París「パリ」　abril「4月」 Uruguay「ウルグアイ」　crudo「生の」　quiere「彼は愛する」 abren「彼らは開く」　quiero「私は愛する」　carne「肉」　ärbol「木」
	[r] ふるえ音	rabo「尾」　tierra「地面・地球」　río「川」　corrida「走り」 rumbo「方向」　arruga「しわ」　raja「格子」　correr「走る」 rabar「盗む」　cerro「丘」　honra「面目」　alrededor「周囲に」 Israel「イスラエル」

　日本語のラ行子音は、実際にはさまざまな発音がありますが（→ 9.3）、その代表として歯茎はじき音 [ɾ] を取り上げることが多いようです。実際に用いられる歯茎はじき音は、母音間に多く見られ、厳密に言えばたたき音です（例「体」[kaɾada]）。朝鮮語の母音の前の /r/ も [ɾ] であることが多いとされます。イギリス英語の母音間の /r/ もこれに近い音になることがあります（例 very [vɛɾi]）。

　また、アメリカ英語の日常的な発音では、「母音に挟まれた /t/ や /d/ は口語でしばしば歯茎はじき音になる」と説明することがあります。確かに letter が「レラー」のように聞こえることが多いのですが、厳密に言えば、これははじき音と言うより部分的な接触による不完全な閉鎖と言うほうが正確でしょう。⁴¹⁾

40）J のスモール・キャピタルを 180 度回転して代用することもあります

41）一般に、writer で、rider における d と比べて t とその直前の母音にあてる調音時間が短く、接触する部分も小さいとされます（枡矢 (1976: 128ff)）。

🔊 117 朝鮮語の例

요리 [joɾi]「料理」　나라 [naɾa]「国」

🔊 118 イギリス英語の例

very [vɛɾi]「非常に」　marry [mæɾi]「結婚する」

🔊 119 アメリカ英語の例

letter [lɛɾɹ]「手紙」　get out [gɛɾaʊt]「外に出る」　shut up [ʃʌɾʌp]「黙る」　rider [ɻaɪɾɚ]「ライダー」

🔊 120 練習 9-2

1〜12 の発音を聞き、[ra] [ɾa] のいずれかを判断しなさい。

　舌尖が歯茎後部から硬口蓋付近ではじき音となる場合、舌先は自然に反りかえって、反り舌音になります。これが**反り舌はじき音**です。破裂音や摩擦音でもはじき音を持つヒンディ語などに見られます。IPA 表記では、r に反り舌を表す右向きの小さなしっぽ（right tail）をつけた [ɽ] を用います。

🔊 121 ヒンディ語の例

khaṛā [kʰəɽaː]「率直」

🔊 122 練習 9-3

1〜12 の発音を聞き、[ra] [ɾa] [ɽa] のいずれかを判断しなさい。

練習 9-4

IPA を書く練習をしましょう。順に、① 両唇ふるえ音、② 唇歯はじき音、③ 歯茎ふるえ音、④ 歯茎はじき音、⑤ 反り舌はじき音、⑥ 口蓋垂ふるえ音です。

B ⱱ r ɾ ɽ ʀ　　B ⱱ r ɾ ɽ ʀ　　B ⱱ r ɾ ɽ ʀ

9.2. 側面音

　一般に L 音とされる音声は側面音（lateral）で、舌の側面と口腔の内壁のあいだ、つまり、舌の横側（＝舌縁）と頬の裏側のあいだを気流が通ることで調

音します。舌の横は、左と右の一方だけでも両方でも構いませんが、その位置での狭めが小さければ摩擦的噪音が生じて**側面摩擦音**（lateral fricative）となり、狭めが緩やかであれば**側面接近音**（lateral approximant）になります。接近音は原則として有声音なので、IPAの表記では有声・無声の区別がありませんが、R音と同じように無声で発音することは可能です。補助記号 [̥] を付ければ無声音を表せます。一方、摩擦音では有声と無声の区別があり、それぞれの記号が用意されています。

　なお、これまでに見てきた側面音以外の音は、舌の側面ではなく、舌の上（＝表面）の正中線上（＝正面から見たときの、左右方向の中央を通る線上）を気流が通過するので、必要な場合には**中線的**（median）な調音と呼んで区別することがあります。

9.2.1. 側面接近音

　側面接近音は、正中線上で閉鎖を作るという点で破裂音と舌の動きが似ていますが、上で述べたように、舌の側面は開いていて、気流がそこを通ります。調音位置がどこであっても、舌の側面は上の奥歯の内側の歯茎から離れているのです。唇を少し横方向に開き気味にしたうえで、いずれかの側面接近音の構えをし、息を吸ったり吐いたりして気流が舌の側面を通ることを確認してみてください。

側面接近音のIPA

歯茎音	反り舌音	硬口蓋音	軟口蓋音
l	ɭ	ʎ	ʟ

[l]　**歯茎側面接近音**は、いわゆる普通の l̃（エル）の音であり、多くの言語で見られ、IPAもアルファベットそのままの [l] です。[l] の調音位置はそれぞれの言語において歯茎音の系列（/t/ /d/ /n/）と同じであることが多く、実際には歯音から後部歯茎音までの変異が見られます。たとえば、フランス語では /t/ が歯音 [t̪] であるのと同様に、/l/ も舌先は歯（＝上前歯の裏）のみに付き、歯茎には付かない [l̪] で発音することがあります。

　英語には**暗い** l（dark "l"）と**明るい** l（clear "l"）があることが知られていますが、おおまかに言って、母音の前では明るい l を用い、暗い l はそれ以外の位置に現れます。「暗い l」とは厳密には「軟口蓋化（→ 6.4）した歯茎側面

9.2. 側面音

接近音」のことで、舌尖は通常の [l] と同じように歯茎付近に付いているものの、舌の奥が持ち上がり軟口蓋で狭めを作ります。このため、明るい *l*（＝軟口蓋化を伴わない歯茎側面接近音）に比べるとやや不明瞭なこもったような音になり、母音 [u] に似た音色になります。場合によっては、この暗い *l* は歯茎での接触も失って、母音の音質を持つこともあります。フランス語やドイツ語では母音の前でなくても軟口蓋化していない [l] ですが、ロシア語の「硬い（＝口蓋化していない）」л /l/ は軟口蓋化します。軟口蓋化は、6.4 節で見たように補助記号 [ˠ] を用いて、IPA では [lˠ] と表記することができます。ただ、英語の暗い *l* は、「軟口蓋化・咽頭化」を意味する補助記号 [~] をつけた [ɫ] を使うのが慣用です。ちなみに、ポーランド語では文字 ł を [w] に近い子音を表す綴りとして用います。軟口蓋化が強まったために [u] に近い音色になっていると考えれば、感覚的に理解しやすいでしょう。

🔊 123 英語の例

lead [liːd]「率いる」　sleep [sliːp]「眠る」　heel [hiːɫ]「かかと」　field [fiːɫd]「野」

🔊 124 ドイツ語の例

Lied [liːt]「歌」　Schlaf [ʃlaːf]「眠り」　still [ʃtɪl]「静かな」　Feld [fɛlt]「畑」

🔊 125 ロシア語の例

лампа [lˠampə]「ランプ」　лгать [lˠgatʲ]「嘘をつく」　мел [mʲelˠ]「チョーク」

🔊 126 練習 9-5

1〜12 の発音を聞き、軟口蓋化を伴わない歯茎側面接近音 [el] と軟口蓋化した歯茎側面接近音 [elˠ]（[eɫ]）のいずれかを判断しなさい。

　　反り舌側面接近音は、反り舌の破裂音と同じように舌尖が歯茎後部から硬口蓋付近に接触しますが、気流は側面を通過します。IPA では、反り舌であることを示す右向きの小さなしっぽを l につけ、[ɭ] で表記します。タミル語などインドの諸言語では歯茎の [l] と対立しており、独立の音素と認められます。また、フランス語などでは、[ɭ] を /l/ の異音として用います。朝鮮語では唯一の流音音素である /r/ の異音として、母音の後ろに現れます。

[ɭ]

🔊 127 　朝鮮語の例

　　달 [taɭ]「月」　　일본 [iɭbon]「日本」

　　硬口蓋側面接近音は、硬口蓋破裂音と同じように舌の中央が持ち上がって硬口蓋と接触し、開いた舌の側面を気流が通って作られます。舌先と違って側面を開けるのが少々難しいのですが、「イ」と言うときのように口を横に開き気味にすると、側面を開けやすくなります。表記には、倒立したyを用い
[ʎ]　て [ʎ] のようにします。この音はスペイン語・イタリア語・ポルトガル語などラテン系の言語に見られます。それぞれの言語で [l] を表す l の綴りと区別して、スペイン語では ll、イタリア語では gli、ポルトガル語では lh という綴りを用い、音素としても /l/ とは区別されます。ます。ただし、実際には、スペイン語などでは、[j] [ȷ] などの中線的な発音が主流となっています。paella という料理は日本語では「パエーリャ」「パエリヤ」と言うことが多いようですが、「パエーヤ」「パエージャ」など表記の変異も見られます。日本語にはこの種の音はないので、L音に近いと思えば「リャ」、中線的接近音に近ければ「ヤ」、摩擦的噪音を敏感に感じ取れば「ジャ」と、それぞれの表記にも一定の根拠があるのでしょう。

🔊 128 　スペイン語の例

　　paella [paeʎa]「パエーリャ」　　llaga [ʎaɣa]「潰瘍」　　llanura [ʎanura]「平原」

🔊 129 　イタリア語の例

　　gli [ʎi]「彼に」　　figlia [fiʎʎa]「娘」

🔊 130 　ポルトガル語の例

　　Magalhães [mɐɣɐʎɐ̃jʃ]「マガリャンイス (=マゼラン)」　　filha [fiʎɐ]「娘」

　　軟口蓋側面接近音は、舌の奥が持ち上がって軟口蓋と接触し、気流が側面を通ることで調音される音です。「ウ」などの奥舌母音に近い音色に聞こえる
[ʟ]　こともあります。表記にはスモール・キャピタルの l を用い、[ʟ] と表します。パプアニューギニアのワフギ語 (Wahgi) やメルパ語 (Melpa) などで報告されているほか、アメリカの南部方言では、/l/ の異音として存在するとされます (例　milk [mɪʟk]「牛乳」、help [hɛʟp]「助ける」)。普通の英語でも

「暗い l」は軟口蓋化していますが、[lˠ]([ɫ])は舌先が歯茎に接触しているため、軟口蓋化した歯茎側面接近音に分類されます。しかし、歯茎付近の接触が完全になくなり、軟口蓋での接触による調音が主体となると、この[ʟ]として記述します。

🔊 131 練習 9-6

1〜12 の発音を聞き、歯茎側面接近音[la]、反り舌側面接近音[ɭa]、硬口蓋側面接近音[ʎa]、軟口蓋側面接近音[ʟa]のいずれかを判断しなさい。

9.2.2. 側面摩擦音

側面接近音よりも舌の側面部の狭めが強まり、摩擦的噪音が強く出ている音は、**側面摩擦音**(lateral fricative)に分類します。理論的には、反り舌や硬口蓋でも調音可能ですが、一般的な言語音として確認され、IPA が用意されて

側面摩擦音の IPA

側面摩擦音	歯茎音
無声	ɬ
有声	ɮ

いるのは歯茎側面摩擦音だけです。歯茎側面摩擦音は無声と有声それぞれの記号があります。

歯茎側面接近音の[l]と同じように、舌尖が歯茎に接していても、気流が舌の側面を通過する際に摩擦的な噪音が発生すると、後部歯茎摩擦音の[ʃ]や[ʒ]、あるいは硬口蓋摩擦音の[ç]や[j]に近い音になります。側面摩擦は、舌の側面の左右両方で摩擦を起こすのが普通ですが、一方だけの摩擦でも問題ありません。

無声歯茎側面摩擦音の表記には、[ɬ](帯巻きの l (belted "*l*"))を用います。英語の暗い *l* を表す慣用の[ɫ](チルダ付きの l)と紛らわしいので注意しましょう。無声歯茎側面摩擦音は、ウェールズ語やズールー語に見られます。日本語でも、標準的ではありませんが、サ行子音を側音化してこの音で発音する人もいます。

[ɬ]

🔊 132 ウェールズ語の例 (ウェールズ語では ll という綴りが[ɬ]を表します)

llan [ɬan]「教会」　Llangollen [ɬaŋgoɬen]「ランゴレン(地名)」　Llanelli [ɬaneɬi]「ラネリー(地名)」

有声歯茎側面摩擦音は、[l]にヨッホ[ʒ](有声歯茎後部摩擦音を表す)を

くっつけた合字を用い、[ʥ] で表します。モンゴル語などにあることが知ら　[ʥ]
れています。

🔊 133 [モンゴル語の例]
　долоо (doloo)［dɔʥɔː］「7」

🔊 134 [練習 9-7]
　1〜12 の発音を聞き、(1)［ɬi］［çi］、(2)［ʥi］［ʒi］［ji］のいずれかを判断しな
さい。

9.3. 日本のラ行子音

　日本語のラ行の子音は調音がやや独特です。また、個人差も大きく、R系
の音もL系の音も現れます。平均的なラ行子音としては、先に述べたように、
歯茎はじき音の記号［ɾ］で記述するのが一般的ですが、現実には、ラ行子音
を典型的な歯茎はじき音で発音する人は少数派です。

　標準的な日本語のラ行子音は、はじき音というよりはたたき音と見るべき
ですが、日本語で最も近いのはダ行子音の歯茎破裂音［d］です。聴覚印象で
はそれほど近いと感じられないかもしれませんが、ラ行とダ行が混じる方言
が紀伊半島から中四国・九州にかけての一部などに見られる[42]のは、これら
の音が似ているからだと考えられます。ただ、ダ行子音は舌端を用いるのに
対してラ行子音は舌尖的で、ダ行子音に比べて接触時間が短いうえ、接触面
積が小さく、調音位置もやや後ろ寄りである点で異なります。この音の精密
な記述では、歯茎後部に舌尖が接触するたたき音［ɾ̠］とすることが考えられ
ます。

［ɺ］　また、IPA の「その他の記号」に挙げられている**歯茎側面はじき音**［ɺ］も
近いと言えます。この音は側面音ですから舌の接触面積が狭く、瞬間的な接
触によって調音されます。記号は、小文字のlと逆さのrが組み合わさった
形です。しかし、一般的な IPA 記号ではないため、やはり便宜的には歯茎は
じき音［ɾ］で表記することが多くなっています。

---

[42]「うどん」を「ウロン」のように言ったり、「ろうそく」を「ドーソク」のよう
に言ったりする地域があります。

ほかにも、一定の条件下では、反り舌はじき音 [ɽ] や歯茎側面接近音 [l]、歯茎ふるえ音 [r] を使うことがあります。若い世代では、舌先が上に向かって動くものの、少しも接触しない接近音（→第 10 章）も多く見られます。

9.4. 破裂音の側面開放

英語で outlet や deadline などのように、歯茎破裂音 /t/ /d/ の後ろに歯茎側面接近音 /l/ が続くとき、/t/ /d/ と /l/ のあいだで舌先は歯茎から離れません。舌先は歯茎に接触したままで、舌の側面だけが開放されて [l] の構えに移行します。このような開放の仕方を**側面開放**（lateral release）と言います。英語だけでなく、ドイツ語、フランス語、ロシア語など、歯茎破裂音と /l/ が連続する多くの言語でこのような発音が見られます。IPA では破裂音の記号に l を上付きにして示します。

🔊 135 [英語の例]

outlet [aʊtˡlɛt]「出口」　　deadline [dɛdˡlaɪn]「締切」

🔊 136 [練習 9-8]

1〜12 の発音を聞き、[l] [dˡl] のいずれかを判断しなさい。

[練習 9-9]

IPA を書く練習をしましょう。順に、① 歯茎側面接近音、② 反り舌側面接近音、③ 硬口蓋側面接近音、④ 軟口蓋側面接近音、⑤ 無声歯茎側面摩擦音、⑥ 有声歯茎側面摩擦音、⑦ 歯茎側面はじき音です。

第 10 章

接 近 音

　第5章と第6章で見た摩擦音では、気流の通路に狭めが生じて、そこで気流がこすれて摩擦的噪音が作られます。その状態から気流の通路が少し広くなると、摩擦的噪音が生じなくなり、摩擦音ではなくなります。このような、摩擦的噪音が生じない程度の狭めを「緩い狭め」と言い、調音位置でこのような緩い狭めを作って発する音を**接近音**（approximant）と言います。

　「接近」という用語が誤解を招きがちですが、調音位置では、摩擦音よりもやや気流の通路が広くなります。つまり、調音器官の接近の度合いでは摩擦音のほうが接近しており、接近音ではあまり接近していないのです。結果的に、接近音では、気流の妨げが少なく、母音に近い音色になります。摩擦音と接近音は狭めの相対的な大小で分類しているので、いわば連続的な関係にあり、その中間的な音を弱摩擦音と呼ぶこともあります。さらに狭めが緩やかになると、母音になり、接近音と母音の関係も連続的だと言えます。

表 10-1　調音方法の比較

音の種類	破裂音（閉鎖音）	摩擦音	接近音	母音
狭めの程度	完全な閉鎖	かなりの狭窄	緩やかな狭窄	狭窄はほとんどない
気流の妨げ	一旦完全に停止	大きい　←	→　小さい	………ほぼなし

　接近音は、全般に音色が母音に近いので、母音の一変種という扱いを受け、**半母音**（semi-vowel）に分類する言語もあります。また、IPA は有声を表す記号しかなく、無声の接近音を表す専用の記号は存在しませんが、無声の接近音も調音可能です。主な接近音には以下のようなものがあります。

接近音の IPA

唇歯接近音	歯茎接近音	反り舌接近音	硬口蓋接近音	軟口蓋接近音
ʋ	ɹ	ɻ	j	ɰ

なお、第9章で見た側面接近音も接近音の一種ですが、本章で扱うのは側面音でない接近音です。つまり、気流が舌の上側を通る中線的な接近音です。側面接近音以外の接近音はすべて中線的接近音なので、特に必要でないときは「中線的」と断ることはありません。

10.1. 主な接近音

唇歯摩擦音 [v] の調音よりも気流の通り道が広く（＝前歯と下唇の接触が少なく、狭めが緩く）なると**唇歯接近音**として調音されます。筆記体の v (script v) を用いて [ʋ] で表します。オランダ語やスウェーデン語などに見られる音です。

[ʋ]

🔊 137 **オランダ語の例**
wacht [ʋɑxt]「警備」　　wit [ʋɪt]「白い」　　wolf [ʋɔlf]「狼」

英語（特にイギリス英語）の /r/ は**歯茎接近音**とされます。歯茎付近でやや狭めが生じますが、摩擦的噪音はなく、舌先はどこにも接触しないものの、奥舌の側面は上の奥歯に触れます。IPAでは、倒立した r を用いて、[ɹ] で表します。

[ɹ]

🔊 138 **イギリス英語の例**
right [ɹaɪt]「右」　　request [ɹɪkwɛst]「依頼」　　surround [səɹaʊnd]「囲む」
sorry [sɔɹi]「気の毒な」

反り舌接近音は、マラヤーラム語などインドの諸言語に見られます。反り舌接近音の表記には、歯茎接近音の記号 [ɹ] に反り舌を表す右向きの小さなしっぽ (right tail) を付けた [ɻ] を用います。

[ɻ]

アメリカ英語では、特に語頭の /r/ は反り舌接近音で発音されることがよくあります。このとき同時に舌根が咽頭壁に近づく咽頭化が起きるので、精密に書けば [ɻˤ] となります。奥舌の側面は上の奥歯の奥のほうに触れています。さらに、アクセントのある音節の母音の前などでは、唇の丸めを伴う唇音化が生じて [ɻˤʷ] となることもあります。

硬口蓋接近音は、日本語のヤ行の子音などに見られます。後述するように、硬口蓋接近音は母音の [i] に近い音色で、表記には [j] を用います。これは、

[j]

第 10 章　接　近　音

　アルファベットの j（ジェイ）ですが、音声学・音韻論では、ドイツ語での文字名を借りて**ヨット**（Jot）と呼びます。ドイツ語の j の綴りも硬口蓋接近音 [j] で発音しますが、気流の通り道をより狭くし、摩擦的噪音を伴う [j̝] になることもあります。摩擦的噪音を伴うことがあるのは英語の year など y の綴りに相当する音でも同じです（→ 5.5）。

🔊 139　ドイツ語の例
　　Japan [ja:pan]「日本」　　junker [jʊŋkɐ:]「ユンカー」

🔊 140　(アメリカ)英語の例
　　year [jɪɚ]「年」　　yearn [jɚ:n]「切望する」　　yard [jɑɚd]「庭」　　New York [nju:jɔɚk]「ニューヨーク（地名）」　　pure [pjʊɚ]「純粋な」

　日本語の「ワ」の子音に近いのが、**軟口蓋接近音**です。奥舌部分が持ち上がり、軟口蓋に近づきますが、摩擦が生じるほどの狭めにはなりません。後述する日本語の母音「ウ」に似ていますが、接近音では緩やかな狭めが見られます。日本語の「ウ」は非円唇奥舌狭母音 [ɯ]（倒立した m → 13.5）に近い音ですが、これに似た音色の軟口蓋接近音は、この記号の右側の縦線を伸ばして足をつけた [ɰ] で表します。よって、日本語の「ワ」は [ɰa] と表記 [ɰ] することがあります。また、スペイン語では、母音の後ろに /ga/ /go/ /gu/ が来ると、/g/ が有声軟口蓋摩擦音 [ɣ] になると説明されますが、[ɰ] になることもあります。

🔊 141　スペイン語の例
　　amigo [amiɰo]「友人」

　また、アメリカ英語では、/r/ の発音として、軟口蓋の前部あたりに向かって中舌をもり上げて発音する方法（bunched r）が一般的です。この音の調音の際は同時に咽頭化も生じるため、[ɰˤ] のように記述することができます。この場合も、特にアクセントのある音節の母音の前では唇音化して [ɰˤʷ] となります。[ɰˤ] と咽頭化した反り舌 [ɻˤ] は調音位置は異なりますが、音響的にはよく似ています。

🔊 142　アメリカ英語の例
　　right [ɻˤʷaɪt~ɰˤʷaɪt]「右」　　request [ɻˤʷɪkwɛst~ɰˤʷɪkwɛst]「依頼」　　surround

[sɚɰ̊ʷaʊnd~ səɰ̥ʷaʊnd]「囲む」　　sorry [sɔɾɰ̊ʷi~ sɔɰ̥ʷi]「気の毒な」

🔊 143 練習 10-1

1〜12 の発音を聞き、(1) [ɹa] [ɾa]、(2) [ʋa] [ɰa]、(3) [ja] [ʎa] のいずれかを判断しなさい。

10.2. 接近音の二重調音

　[ɰ]で表される軟口蓋接近音に唇の丸めが加わると、[w]で**(円唇化した)[w]両唇軟口蓋接近音**（(rounded) labial-velar approximant) として記述されます。これは軟口蓋と両唇の2か所で接近を作る二重調音です。両唇は上下が接近するだけでなく、前に突き出され、口の開いている部分が丸い形の、円唇化の状態になるのが典型的です。

　この音は英語やフランス語など多くの言語で用いられています。英語のwine などの w の綴りが示す音がこれにあたります。ただし、wood [wʊd] などでは、唇で摩擦的噪音を伴うほどに狭めが強い弱摩擦音となることがあります。この弱摩擦音は、精密には、気流の通路が狭くなることを示す補助記号 [˔] を用いて、[w̝] と表します。

🔊 144 英語の例

warm [wɔɚm]「暖かい」　　week [wi:k]「週」　　woman [wʊmən]　　wood [wʊd]

🔊 145 フランス語の例

oui [wi]「はい」　　huit [ɥit]「8」
Louis [lwi]「ルイ」（人名）　　lui [lɥi]「彼」

　日本語の記述でも、「ワ」を [wa] とすることがあります。一般に日本語の「ワ」は、唇の丸めは非常に弱いものの、丁寧な発音では上下の唇が接近することもあります。この子音記号 [w] が示す典型的な音は、軟口蓋接近音 [ɰ] が円唇化した音ですが、単に両唇と軟口蓋の二箇所で接近する二重調音を示すこともあるので、その意味では [wa] のような「ワ」もあると言えます。また、精密表記として、丸めが弱いことを示す補助記号 [̜] を使って [w̜a] と記述することもあります。

[ɥ] 　硬口蓋接近音 [j] に唇の丸めが加わると、**円唇化した硬口蓋接近音** (labial-palatal approximant, rounded palatal approximant) になります。両唇も接近音の構えになりますから、二重調音としての名称で**両唇硬口蓋接近音**と呼ばれることもあります。IPA では [ɥ] で表します。[43)] この音はフランス語や中国語で用いられています。

🔊 146 中国語の例

　　我（wǒ）[wo]「私」　　月（yuè）[ɥɛ]「月」

[ʍ] 　このほか、有声である [w] が無声化した音を表す IPA 記号 [ʍ]（＝倒立させた w）もあります。これは、**円唇化した無声両唇軟口蓋接近音または摩擦音**（voiceless rounded labial-velar approximant or fricative）と呼ばれます。有声の接近音 [w] に対応する無声音であるという意味では接近音ですが、接近音が無声化すると、狭めの具合や息の強さによって息の音が摩擦的噪音として聞こえることが少なくないのです。この音の記号 [ʍ] は、英語の wh の綴りの音（＝英語の辞書などの発音表記では /hw/）を表すために考案されたものです。現在では、wh- の音を w という綴りと同じように [w] で調音する人が増えていますが、本来は which の /hw/ と witch の /w/ は異なる発音で、その違いは、wh 音は無声音で、ときに摩擦的噪音が加わるという点にあります。また、英語では、アクセントのある音節で /w/ の前に無声破裂音 [t][k] があるときにも、/w/ が無声化して [ʍ] に近くなります。

　　以上の音は、二重調音であることから IPA 表の「その他の記号」に入れられています。

🔊 147 英語の例

　　which [ʍɪtʃ~wɪtʃ]「どれ」　　witch [wɪtʃ]「魔女」　　twelve [tʍɛlv]「12」
　　queen [kʍiːn]「女王」

🔊 148 練習 10-2

　　1〜12 の発音を聞き、(1) [ja][ɥa], (2) [a][wa][ʍa] のいずれかを判断しなさい。

---

43) これは、実質的には倒立した h ですが、同様の構えをとる母音 [y]（→ 10.3）の記号と似せた形になっています。

10.3. 接近音の特性

硬口蓋と軟口蓋の接近音の調音は母音の調音によく似ています。ただし、接近音はある程度狭めがあるのに対し、母音は基本的に接近音以上の広さの気流の通路がある点が違います。この違いは連続的なもので、ある点を超えれば母音で、ある点までが接近音という絶対的な境界は存在しません。[ja]という調音が[ia]と記述されないのは、[j]と[i]の構えの違いよりも、むしろ、[j]には1つの母音としての持続部分がなく、変化し続けるという特徴があるからです。調音器官の構えや音色は母音と同じでも、持続部分がないために自立性が低くて音節の中核にならず、母音としての資質に欠ける接近音を、半母音と呼ぶことがあります。

図10-1　接近音と母音

接近音はどの母音の性質に近いかで区別されます。[j]は硬口蓋に前舌が近づく形で調音されますが、これは母音[i]と同じです。[ɰ]は軟口蓋に奥舌が近づきます。これは日本語の「ウ」に近い[ɯ]と同じです。また、[j]の唇音化した[ɥ]は、[i]に唇の丸めを加えた[y]と同様、[ɰ]の唇音化した[w]は[ɯ]に唇の丸めを加えた母音[u]と同様の構えで作られます。そこで、母音と接近音の対応関係は以下のようにまとめられます。

表10-2　母音と接近音（半母音）の対応関係

	母音		接近音	
	前舌	奥舌	硬口蓋	軟口蓋
唇の丸めあり	y	u	ɥ	w
唇の丸めなし	i	ɯ	j	ɰ

接近音は、わたり音（glide）としてよく現れます。わたり音とは、2つの音の移行域に生じる中間的な音声のことです。たとえば、「ビャ」という音は、前舌が硬口蓋に近づく状態で両唇を閉鎖する[bʲ]から口を開いて舌の下

がる [a] への動きがあります。その過程で口を徐々に開き、舌をだんだんと下げます。その動きを硬口蓋接近音 [j] と捉えることができます。このとき、この接近音がわたり音として現れます。[bʲ] と [a] という 2 つの音のあいだにその過程があるのは当然だと考えて「ビャ」を [bʲa] と記述することもあれば、同じ発音でもその過程の [j] があることを無視せずに [bʲja] と記述することもあります。

わたり音が 1 つの接近音として認識される典型的なケースは、母音と母音のあいだにあるときです。「アラビア」「アラビヤ」のように 2 通りの表記があるのは (ただし、現在は前者が多い)、音声が互いに似ていて、どちらともつかないためだと考えられます。イとアが続くときに中間音のわたりが生じて、それが硬口蓋接近音 [j] に近い音になります。それは、[i] から [a] へと口が開き舌の位置が下がっていく過程の音がわたりの [j] にあたるからです。移行時間が短ければ、「イア」[ia] のような発音でわたり音として意識されませんが、この移行過程に一定の長さがあると接近音が母音間に存在すると認識され、[ija]=「イヤ」と聞こえます。

なお、わたり音について、出わたり (off-glide) と入りわたり (on-glide) の 2 種類を区別することがあります。その途中の音を単音 A から単音 B に移行していくとき、単音 A (から) の出わたり、単音 B (へ) の入りわたりと呼びます。

図10-3 出わたりと入りわたり

練習 10-3

IPA を書く練習をしましょう。順に、① 唇歯接近音、② 歯茎接近音、③ 反り舌接近音、④ 硬口蓋接近音、⑤ 軟口蓋接近音、⑥ 両唇硬口蓋接近音、⑦ 両唇軟口蓋接近音、⑧ 無声両唇軟口蓋接近音です。

ʋ ɹ ɻ j ɰ ɥ w ʍ ʋ ɹ ɻ j ɰ ɥ w ʍ ʋ ɹ ɻ j ɰ ɥ w ʍ

第 11 章

非肺気流子音

　前章までに見た子音（＝破裂音・摩擦音・破擦音・鼻音・流音・接近音）や、IPA 表にある母音は、すべて調音に肺からの気流（＝呼気）を利用します。それに対して、言語音には、口腔内部の圧力を変えて気流を起こし、肺気流を利用せずに調音する子音も存在します。肺気流を用いる子音を**肺気流**（pulmonic）**子音**と呼ぶのに対して、肺気流を用いないものを**非肺気流**（non-pulmonic）**子音**と呼びます。1993 年以降の IPA 一覧では「子音（肺気流）」と「子音（非肺気流）」は別の表に分けられています。非肺気流子音は欧米の主要な言語ではあまり用いられないものの、全世界的に見ると稀とまでは言えません。

11.1. 子音を作る気流

　調音のための気流を作り出す器官と気流の向きという観点から子音を分類すると、次のようになります。

表 11-1　気流の種類による子音の分類

気流の発生 \ 気流の向き	外向き（egressive）	内向き（ingressive）
肺臓による（pulmonic）	IPA の表「子音（肺気流）」「その他の記号」にあるもの	ダミン語に例あり
声門による（glottalic）	放出音（ejective）	入破音（implosive）
軟口蓋を閉じる（velaric）	—	吸着音（click）

　このうち、放出音・入破音・吸着音が IPA（2015 年版）一覧の「子音（非肺気流）」に収められています。
　肺への内向きの気流による発音は、息を吸いながらしゃべってみると容易

[101]

にできるのですが、聞こえにくいためかあまり例がなく、IPA で表記法が定められていません。オーストラリアのモーニングトン島でラディル人（Lardil）が儀礼的に用いる人工的な言語であるダミン語（Damin）で、側面音が肺への内向きの気流であると報告されています。

11.2. 放出音

放出音（ejective）は、喉頭を用いて外向きの気流を起こして調音される子音です。北アメリカ大陸のインディアン諸語、アフリカやコーカサスの言語に多く見られます。日本語の言語音にはありませんが、赤ちゃんをあやすときなどに使うことがあるので、実態がわかれば発音はさほど難しくありません。放出音では、調音の瞬間まで声門が閉じているため、無声音となるのが普通です。IPA では、子音の各記号の右上にアポストロフィ（'）を付けて表します。IPA 表に挙がっているのはアポストロフィを付けたいくつかの例です。実際には、それ以外の破裂音や摩擦音や破擦音も用います。最も一般的なのは破裂音で、単に放出音と言うと、放出破裂音を指すことが多いようです。

まず、**放出破裂音**（ejective plosive）の作り方を見ましょう。いずれかの調音位置と声門を完全に閉じ、鼻腔への通路も閉じると、口腔内は密閉容器のような気密状態になります。密閉容器を外から押すとなかの気圧が高まるのと同じ理屈で、この密閉状態で喉頭を上方に動かし、気密状態にした口腔内の気圧を高めます。そこから一気に調音位置の閉鎖を開放すると、破裂する音とともに外向きの気流が生じます。声門閉鎖の状態にして唇を閉じ、唇の内側に空気の圧力を感じるように口腔内に息を溜めて、声門を閉鎖したまま唇でスイカの種を飛ばすようにプッと息を出すと、意外と簡単に出ます。これが、両唇放出破裂音 [p'] です。同じ要領で唇以外の調音位置でも練習してみましょう。放出破裂音では、肺気流の子音と違って、喉頭から上にあった分の空気だけが出ます。放出破裂音の後ろに母音が続く場合は、喉頭から上の空気が出たあとに声帯振動が始まります。

[p']

放出破裂音の IPA

	両唇音	歯茎音	反り舌音	硬口蓋音	軟口蓋音	口蓋垂音
無声	p'	t'	ʈ'	c'	k'	q'

理論上は、声門閉鎖を除くすべての破裂音が放出音になります。ただし、肺気流による破裂音と比べると多様ではありません。なお、IPA 表には例がありませんが、破擦音を放出音として調音することも可能です。[ts'] [tʃ'] [kx'] が北米、コーカサス、アフリカなどの言語で用いられます。

放出摩擦音 (ejective fricative) の調音は、声門を閉鎖して上方に移動させ、その気圧で摩擦を生じさせます。IPA には**歯茎放出摩擦音** (alveolar ejective fricative) のみが挙げられており、表記法は放出閉鎖音と同じやり方で、アポストロフィを摩擦音の IPA に付けて [s'] とします。理論上は、声門摩擦音以外のすべての無声摩擦音が調音可能で、[ʃ']、[x']、[ɬ'] などが用いられていますが、破裂音ほど一般的ではありません。

🔊 149 練習 11-1

1〜12 の発音を聞き、(1) [pa] [p'a]、(2) [ta] [t'a]、(3) [ka] [k'a] のいずれかを判断しなさい。

11.3. 入破音

入破音 (implosive) は内破音とも言います。[44] 放出破裂音と同様に喉頭を用い、気流が内向きになれば、入破音が調音できます。まず、密閉容器のような口腔で、軽く声門を閉じた喉頭を下方に移動させて気圧を下げます。そのまま調音位置を開くと、その瞬間に体の外から口腔内に向けて気流が生じ、内向きに開放する音がします。その際、声門の閉鎖を軽くしておくことで、入ってきた気流で声帯が振動して有声音になるのが一般的です。そのあとで肺気流の母音が続くときは、気流の向きが内向きから外向きに変化します。

表記には、肺気流の破裂音の IPA に上かぎ (hooktop) を付けて表す独自の記号があります。入破音は、ヴェトナム語などの東南・南アジアの言語やアフリカの言語などに多く観察されます。[45]

放出音と入破音は気流が逆向きです。調音位置での動きは変わらないこと

---

44) ソシュールの言う「内破」（ソシュールは音韻論的に外破と内破という対立概念として用いています）と同じ用語ですが、ここで言うものは音声学における単音の名称であり、異なる概念です。

45) 理論上は無声と有声の調音が可能ですが、無声の記号は 1993 年に廃止されました。

104　第 11 章　非肺気流子音

から、はじめは同じように聞こえることがありますが、慣れれば区別は難しくありません。

[ɓ]
[ɗ]
[ʄ]
[ɠ]
[ʛ]

入破音の IPA

	両唇音	歯茎音	硬口蓋音	軟口蓋音	口蓋垂音
有声	ɓ	ɗ	ʄ	ɠ	ʛ

🔊 150　練習 11-2

1〜12 の発音を聞き、(1) [p'a] [ɓa]、(2) [t'a] [ɠa] のいずれかを判断しなさい。

練習 11-3

IPA を書く練習をしましょう。順に ① 有声両唇入破音、② 有声歯茎入破音、③ 有声硬口蓋入破音、④ 有声軟口蓋入破音、⑤ 有声口蓋垂入破音です。

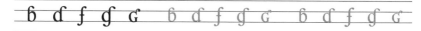

11.4. 吸着音

吸着音（click）は、バントゥー諸語のズールー語やコイサン語族などのアフリカ南部の言語によく用いられます。

放出音と入破音は、口腔内の気圧をコントロールするために喉頭を使いますが、吸着音の調音は奥舌を持ち上げて軟口蓋に閉鎖を作り内向きに気流を発生させます。

近年は、英語の言い方をそのまま借用して**クリック**と言うことが多いのですが、以前は舌打ち音と呼ばれました。吸着音は日本語としては使われませんが、言語音以外でなら使うこともあります。失敗して舌打ちをするときのチッという音が吸着音なので単体で使うのは難しくありませんが、母音が続くと難しく感じるかもしれません。

吸着音は、軟口蓋での閉鎖で密室を作るので、調音位置は軟口蓋よりも前でなければなりません。舌面で調音するもの（＝中線的吸着音）のほかに舌の側面で調音するもの（＝側面吸着音）があり、大きく 2 種類に分けられます。

11.4. 吸着音

　吸着音（＝中線的吸着音）は、両唇・歯・歯茎・硬口蓋歯茎といった調音位置について記号が定められています。いずれも無声音を表しており、軟口蓋での閉鎖があることから、次の表の下段のように [k] との二重調音として記述されることもあります。あとで触れるように有声化や鼻音化も可能で、その場合はそれぞれ [g]、[ŋ] との二重調音として表記することもあります。

吸着音の IPA[46]

	両唇音	歯音	（後部）歯茎音	硬口蓋歯茎音	歯茎側面音
無声	ʘ kʘ	ǀ kǀ	ǃ kǃ	ǂ kǂ	ǁ kǁ

　両唇吸着音の表記には、大文字の O̊（オウ）に中心点を加えた形 [ʘ] を用います。[ʘ] コサ語などのバンツー諸語などに見られ、非言語音としてはキスの音がそうです。作り方としては、次のようになります。

(1) 軟口蓋とともに両唇でも閉鎖を作り、そのあいだの空間を気密状態にする。
(2) ストローで飲み物を吸い込むときのように前舌を下げ、唇の内側が引っ張られるような感覚になる。
(3) 唇を開けば気流が口腔内に流れ込むと同時に音が発生する。母音が続くときは、軟口蓋の閉鎖を開放すると同時に声を出す。

　歯吸着音の表記には、1 本の縦棒 [ǀ][47] を使います。これは舌打ちの音にあ　　[ǀ]
たります。言語音として用いるときは母音が後続し、音連続のなかで発音するので、簡単ではありません。調音の原理は、次のようになります。

(1) 軟口蓋と奥舌の閉鎖を作るとともに、舌先に力を入れて前歯裏から歯茎のあたりに接触させると、舌側面も奥歯に接していて舌と口蓋のあいだに密閉された空間ができる。
(2) 舌の中央部を下げて 2 か所の閉鎖のあいだの空間の気圧を下げる。
(3) 舌先を引くように開放すると、その瞬間に気流が内向きに流れこんで音

---

46) 吸着音の記号は、1989 年版 IPA で大きく改定されました。古い文献を参照する際は特に注意が必要です。
47) 斜めにしてスラッシュ / で代用することもあります。

が発生する。

この音は一般に吸着破裂音として扱いますが、気流が流れ込むときに摩擦的噪音が生じて破擦的な音になるのが普通です。そこで、英語ではこの舌打ちの音を tsk という綴りで表現することがあります。

[!]　**(後部)歯茎吸着音**の IPA 表記には、エクスクラメーション・マーク（＝感嘆符）[!][48]を使います。調音そのものは難しくありません。(1) 軟口蓋と奥舌で閉鎖を作り、反り舌音のように舌尖を立てて歯茎〜歯茎後部に押しつけ、(2) 前舌を下に下げながら舌尖を後ろに引くようにして歯茎後部で開放すると同時に音を発生させます。ビンの栓を抜いたときのようによく響くこともあります。言語音として用いないところでも、動物の気を引こうとしたり追い立てたりするときなどに用いることがあります。

[ǂ]　**硬口蓋歯茎吸着音**（palato-alveolar click）は、硬口蓋吸着音と呼ばれる場合も含めて、IPA の表記では、縦棒と等号を重ね合わせた記号 [ǂ][49] を用いています。調音位置が前寄りの場合と後寄りの場合とで音色は異なりますが、通常、対立はしないので、記号は区別されていません。硬口蓋歯茎という調音位置の名称は、今で言う後部歯茎に対してかつて他の子音についても用いられました。このため、名称からは上記の (後部)歯茎吸着音との違いがわかりにくいのですが、(後部)歯茎吸着音が舌尖を用いるのに対して、この硬口蓋歯茎吸着音は舌端〜前舌を用います。軟口蓋を閉鎖するとともに前舌を持ち上げて後部歯茎〜硬口蓋のあたりに接触させ、舌を下方か斜め後ろに引いて前の閉鎖を開放することで気流を発生させます。

以上の舌の上面を気流が通る中線的な吸着音のほかに、側面吸着音があります。**側面吸着音**の調音は、歯茎吸着音の構え（＝舌先は歯茎と、奥舌は軟口蓋と、舌の側面は奥歯の内側と接触）の状態から、舌の側面を先に開放します。左右どちらかだけの開放でも、両方でも調音可能です。開放時に摩擦的噪音が伴い、破擦的になるのが普通です。厳密に言えば歯茎側面吸着音ですが、側面音はこれだけなので、「歯茎」を付けずに言うこともあります。IPA

---

48) これも、斜めにして！のようにする表記がごくたまに見受けられます。

49) これも縦棒を斜めにして ≠ のようにすることがあります。また、かつては [ʗ]（縦に伸ばした c）を使っていましたが、今では用いません。また、かつて、吸着音では歯音と歯茎音を区別せず、[ʇ]（倒立した t）を用いていたのですが、今は区別しており、[ʇ] も使いません。

11.4. 吸着音

では、2本の縦棒 [ǁ]⁵⁰⁾ を用います。 [ǁ]

🔊 151 ズールー語の例

南アフリカのズールー語 (Zulu) は、吸着音が豊富なことでよく知られています。後部歯茎吸着音と硬口蓋軟口蓋吸着音と側面吸着音の3種類があり、これらが基本的な無声吸着音、有声吸着音、有気吸着音、鼻音化した無声吸着音、鼻音化した有声吸着音として調音され、それぞれが音韻的に区別されているので、全部で15種類の吸着音が存在することになります。ただし、ズールー語の吸着音はいずれも隣接するコイサン諸語からの借入語だと言われています。後部歯茎吸着音は、単に歯茎吸着音と説明することが多く、正書法では c で表します。硬口蓋吸着音は、調音位置がやや後ろ寄りであるため、軟口蓋吸着音と記述され、正書法では q を用います。歯茎側面吸着音は正書法上 x で表します。

	歯茎音	軟口蓋音	側面音
基本吸着音	c : [ǃ] iculo [iǃulo]「歌」	q : [ǂ] qala [ǂala]「始める」	x : [ǁ] ixoxo [iǁoǁo]「蛙」
有気吸着音	ch : [ǃʰ] ukuchitha [ukuǃʰitʰa]「こぼす」	qh : [ǂʰ] qhamuka [ǂʰamuka]「現れる」	xh : [ǁʰ] xhuma [ǁʰuma]「集まる」
鼻音化吸着音	nc : [ǃⁿ] ncika [ǃⁿika]「もたれる」	nq : [ǂⁿ] inqama [iǂⁿama]「羊」	nx : [ǁⁿ] inxeba [iǁⁿeba]「けが」
有声吸着音	gc : [ǃ] ukugcina [ukuǃina]「世話をする」	gq : [ǂ] ukugqiba [ukuǂiba]「埋める」	gx : [ǁ] ukugxila [ukuǁila]「定着する」
鼻音有声吸着音	ngc : [ǃⁿ] ukungcothula [ukuǃⁿotʰula]「引き抜く」	ngq : [ǂⁿ] ukungqongqotha [ukuǂⁿoǂⁿotʰa]「ノックする」	ngx : [ǁⁿ] ukungxepheza [ukuǁⁿepʰeza]「同情する」

---

50) これも、斜めにして二重スラッシュ ∥ を使うこともあります。また、かつては、[ʖ] (倒立した声門閉鎖音の IPA を倒立させた記号) を使っていましたが、今は使いません。

🔊 152 練習 11-4

1〜12 の発音を聞き、［Ɵa］［|a］［!a］のいずれかを判断しなさい。

練習 11-5

IPA を書く練習をしましょう。順に、① 両唇吸着音、② 歯吸着音、③（後部）歯茎吸着音、④ 硬口蓋歯茎吸着音、⑤ 歯茎側面吸着音です。② と ⑤ の記号は基線から上の字形のほかに、基線より下まで伸びる字形も用いられています。

第12章

母音の性質と基本母音

子音が気流の妨げを伴う音であるのに対して、母音は気流の妨げがないままで調音される音です（→1.5）。その中間的なものとして接近音があり、狭めは摩擦が生じるくらい狭いのか、やや気流が通りにくい程度の緩やかな狭めなのかは段階的な変化が想定できます。

母音は破裂音のように舌がどこかに接触することがなく、明確な調音位置はありません。その代わりに、連続的な舌の位置をいくつかに区別して捉えていくことが必要です。

12.1. 母音の生成と音響的特性

母音（vowel）は、喉頭で作られた声が声道を通る際に、口腔で共鳴することで形成される音です。声を音響音声学的に見ると、異なる周波数[51]を持つ複数の音が合わさって形成された複合音であり、そのなかでも声の高さに相当する基本周波数にその倍音（＝基本周波数の整数倍の周波数を持つ音）が重なっている、複合周期音です（→21.1）。アやイなどの母音の音色の違いは、その声に含まれるさまざまな周波数の音のうち、どれが強められるかという共鳴の違いです。共鳴が変わるのは、声が通過する声道の形状（＝舌の形や口の開き）が変わるからです。この点で、接近音・側面接近音・鼻音の性質は母音と同じで、音響音声学的観点からまとめて共鳴音

図12-1

---

51) 周波数は、1秒間に1周期の振幅を持つ場合、1Hz（ヘルツ）とするので、xHzとは1秒間にx回の振幅周期があることを示します。

[109]

(sonorant) と呼ばれます。

　人間の音声器官は、舌の奥の咽頭と舌の上の口腔という 2 つの空間（＝共鳴室→図 12–1 グレー部）があることで、母音を安定的に調音できると考えらます。このような共鳴室は類人猿にはなく、旧人であるネアンデルタール人にもなかったことから、これが言語音を現生人類が細かく調整する土台になっていると考えられます。

12.2. 母音の分類基準

　母音には最初から最後まで音色がほとんど変わらない単母音（monophthong）と、途中で音色の変わる母音（二重母音（diphthong）など）に分けられます（→ 14.6）。ここでは単母音の分類を見ます。

　単母音は、主に次の (1) (2) (3) の 3 点で分類しますが、(4) が母音の分類に必要な言語もあります。

(1) 舌の高低位置
(2) 舌の前後位置
(3) 唇の形（＝円唇性）
(4) 鼻音性

　(1) の舌の**高低位置**から見ていきましょう。母音に関して舌の位置と言うときは、舌の最も高い部分の位置を指します。舌の最高部が高ければ、舌面全体も硬口蓋・軟口蓋などに近いことになります。とは言え、母音は子音と異なり舌が歯茎や口蓋に接触することはありませんから、近いと言っても口蓋に舌面が近づくだけで狭めにならない程度の距離があります。

　舌の位置が高いときは、口は少し開けるだけでよく、大きく開ける必要はありませんし、逆に口を大きく開くと下あごが下がるのに連動して自然に舌も低くなります。このため、舌の高低位置は、一般には口の開き具合（＝開口度）と対応させて捉えることが多く、母音の名称も開口度を使うのが普通です。おおむね開口度は表 12–1 のよ

表 12-1　開口度による母音の分類

母音名	舌の位置	開口度
狭母音	高い	狭い
半狭母音	半ば高い	半ば狭い
半広母音	半ば低い	半ば広い
広母音	低い	広い

うに4段階に分かれ、対応する母音も4段階に分類されます。舌の高低を用いて、高母音（high vowel）・低母音（low vowel）などと表すこともありますが、狭母音（close vowel）・広母音（open vowel）などと言うほうが一般的です。また、狭母音と広母音のあいだを英語では close mid vowel、open mid vowel と言い、「狭中母音」「広中母音」と訳すほうが適切だと思われますが、日本語では「半狭母音」「半広母音」のように呼ぶのが一般的になっています。また、開口度が小さいことを狭口、大きいことを広口ということもあります。

（2）の舌の**前後位置**は、前方と後方とその中間の3つに分けるのが一般的です。**前舌母音**（front vowel）は、舌全体が前方に位置します。前舌のあたりが舌の最高部となり、硬口蓋前部に向かってやや持ち上がるため、そのあたりで声道が比較的狭くなる一方で、咽頭は広く開いています。前舌母音と言っても、舌先が口から外に出るほど前に出すことはありません。音読みで前舌母音と呼ぶこともあります。

中舌母音（central vowel）は、舌は前に出るわけでも後ろに引くわけでもなく中程の位置で、硬口蓋後部から軟口蓋のあたりにかけて中舌部がやや持ち上がることによって、声道が多少狭まります。音読みで中舌母音と言ってもかまいません。

奥舌母音（back vowel）は、舌全体を後ろに引き加減にし、後舌部が軟口蓋から口蓋垂に向かってやや持ち上がります。そのため、軟口蓋から咽頭のあたりが比較的狭くなります。後舌母音、後舌母音という呼び方も一般的です。

舌の位置として、高低が4段階と前後が3段階あるので、単純に考えると

表12-2　舌の位置による母音の分類

		舌の前後		
		前	中	奥
舌の高低	狭	前舌狭母音	中舌狭母音	奥舌狭母音
	半狭	前舌半狭母音	中舌半狭母音	奥舌半狭母音
	半広	前舌半広母音	中舌半広母音	奥舌半広母音
	広	前舌広母音	中舌広母音	奥舌広母音

12種類に区別できます。さらに細かい区分をする場合もありますが、基本的には、表12-2のように、縦に高低を、横に前後をとって、二次元的に捉えます。

加えて重要なのが調音時に唇が丸くなる (3) の円唇性(えんしん)(roundedness)です。円唇性のある母音を**円唇母音**(rounded vowel)と呼び、円唇性がない（＝唇が丸まらない）母音を**非円唇母音**(unrounded vowel)と呼びます。丸まった唇の開口度が小さい狭母音～半狭母音は、縦の開きと横の開きを同じくらいにして、顔の前方に少し唇を突き出します。開口度が大きい半広母音～広母音は、丸めるというより縦に開くというイメージで口を開き、唇の上下に開いて内側の湿っている部分を外にさらすように唇を突き出します。唇を突き出すと声道がその分長く、出口が狭くなるので共鳴に影響します。なお、非円唇母音で唇が左右に引かれて平らになっている状態を**平唇**(へいしん)と呼ぶことがあります。下あごを下げて口を大きく開けると、唇を左右に引いて平らにできないので、平唇は狭母音や半狭母音のときの特徴です。

母音は (1)～(3) の3つの特徴で区別でき、母音の名称もこれらを組み合わせて示します。ただし、(3) (2) (1) の順番に並べるのが一般的です。[i]は非円唇前舌狭母音、[o]は円唇奥舌半狭母音が正式名称です。この3つの特徴によって、理論上は24種類の母音を区別できることになります。

それ以外に、(4) の鼻音性で分類されることがあります。鼻音性を持つ母音を**鼻母音**(nasal vowel)と言い（→ 14.2）、鼻音性のない母音を口腔母音あるいは**口母音**(oral vowel)と言います。鼻音性のある母音の比率は一般に低くなっています。

12.3. 母音の調音空間とその区分

舌の高さ（＝開口度）と舌の前後位置で母音の区分を行なうと、図12-2のように母音は長方形の体系である印象を受けますが、舌が現実に長方形の範囲で動くわけではありません。発音時の舌の動きを観察すると、前舌のほうが舌を上下に大きく動かせること、奥舌母音のうち狭い母音は広い母音に比べて舌の位置が前寄りになることなどがわかります。そこで、実際に舌の

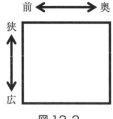

図12-2

12.3. 母音の調音空間とその区分

最高部がとりうる位置の範囲を図で表すと、図12–3のように前舌狭母音が突出した、歪んだ四角形になります。これを「母音の不等辺四辺形」と呼びます。

先述したように、子音と比べると、母音は調音位置のような明確な手がかりがなく、説明がわかりやすくありません。そこで、調音上の手がかりとして、まず4つの母音を基準とします。

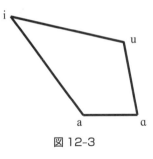

図12-3

1つめは、非円唇前舌狭母音の [i] です。これは硬口蓋接近音 [j] と同様に、硬口蓋に向かって前舌を近づけます。このとき、摩擦的噪音が生じない、ぎりぎりのところに舌を構え、唇を横に強く引いて発音します。これにより、舌の位置が最も前方で最も高い母音 [i] が作られます。

2つめは、非円唇奥舌広母音の [ɑ] です。これは、口を開き、咽頭摩擦音を出すときのように舌全体を後ろにできるだけ引いて、かつ摩擦的噪音の出ないぎりぎりのところで舌を構えます。こうすると、舌の位置が最も後方で最も低い母音 [ɑ] が作られます。

3つめは、母音四角形の右上の角にある円唇奥舌狭母音 [u] です。唇を丸めて、軟口蓋摩擦音を出すときのように奥舌を軟口蓋に近づけ、摩擦的噪音が出ないぎりぎりの構えで発音します。

4つめは、母音四角形の左下の角にある非円唇前舌広母音 [a] です。口を大きく開いてできるだけ舌を低く前にして発音します。これは摩擦的噪音が出るか出ないかという位置ではありませんから、鏡を見ながらやってみましょう。

図12–3に示されたのが、この4つの母音です。これらは母音として発音できるぎりぎりで調音されるので、母音の外枠になります。この4つ以外の母音は、記号を充てるため聴覚的に等間隔に区切られます。まず、非円唇前舌狭母音 [i] と非円唇前舌広母音 [a] を結ぶ前舌母音の線上を、聴覚的な距離が同じになるように3等分します。その2つの切れ目が半狭母音 [e] と半広母音 [ɛ] です。次に、非円唇奥舌広母音 [ɑ] と円唇奥舌狭母音 [u] を結ぶ後舌母音の線上を聴覚的に3等分します。その切れ目には円唇の半広母音 [ɔ] と半狭母音 [o] を置きます。さらに、前舌と奥舌の距離があるところには、その中間に中舌母音を置きます。

第 12 章　母音の性質と基本母音

ここで、母音を表す IPA をまとめましょう。全体を非円唇母音と円唇母音に分け、枠の中の縦軸に舌の高さ（＝開口度）、横軸に舌の前後位置をとると、表 12–3 のようになります。この表では、上で求めた枠の基準となる舌の 4 段階の高さのほかに、より細かい区分が設けられています。

表 12-3　母音の IPA

円唇性 前後 高低	非円唇母音			円唇母音		
	前舌	中舌	奥舌	前舌	中舌	奥舌
狭	i	ɨ	ɯ	y	ʉ	u
やや狭	ɪ			ʏ		ʊ
半狭	e	ɘ	ɤ	ø	ɵ	o
中		ə				
半広	ɛ	ɜ	ʌ	œ	ɞ	ɔ
やや広	æ	ɐ				
広	a		ɑ	ɶ		ɒ

記述の目的によって必要な精密さが異なるため、その必要性に応じて様々な方針が立てられます。以下に 3 例示します。

(1) [ɛ] や [ɐ] のような特別な記号をなるべく用いず、[e] や [a] などのアルファベットと同じ字形の記号を優先的に使って簡略表記をする。
(2) できる限り実際の音に近い記号を選んで表記する。
(3) 実際の音をできる限り正確に表せるように、各記号に補助記号を加えて精密表記する。

子音に比べると母音は連続性が顕著なので、同じ記号が同じ範囲の音声を表すとは限らないことに注意してください。

なお、舌の高低位置が「やや狭（near-close, semi-close）」の 3 つの母音は、記号の位置が中央寄りです。これらは、「狭」ほどの狭さではなく、前舌の度合い（[ɪ] [ʏ]）も後舌の度合い（[ʊ]）も極端ではなく、それだけ舌の緊張が弱いということになります。舌と同時に、唇の張り（[ɪ]）や丸め（[ʏ] [ʊ]）も弱まった音を記述する際に用いられることが多い記号です。それに対して、

[i] とその円唇である [y]、それに [u] は、舌にも唇にも極端に緊張します。

このように**緊張度** (tenseness) を母音の分類に用いることがあります。唇や舌に力を入れた状態で発音する母音を**張り母音**あるいは**緊張母音** (tense vowel)、力を抜いて緩ませた状態で発音される母音を**緩み母音**あるいは**弛緩母音** (lax vowel) と言います。英語のままテンス、ラックスと言うことも多く、唇のみに関する言い方で張唇母音、弛唇母音と言うこともあります。英語の eat の母音は張り母音、it の母音は緩み母音です。

🔊 153 [英語の例]

eat [iːt〜it]「食べる」 it [ɪt〜ɪːt]「それ」（母音の長さは強調などで変わりうる）

12.4. 基本母音

表 12–3 には 28 の母音 IPA が含まれますが、実際にこれほど多くの母音を区別して使う言語はありません。また母音のなかでもよく使われる一般的なものと、あまり使うことのないものがあります。多くの言語を観察して一般性の高い母音の体系を理論的に想定して重要な母音を体系的に整理したものが、**基本母音** (cardinal vowels) です。

現在、最もよく知られている基本母音は、イギリスの音声学者ダニエル・ジョーンズ (Daniel Jones) によるものです。言語音としての重要度からまず 8 つの基本母音（→ 表 12–3 の IPA のうち、太枠で囲まれた白いセル）を想定し、**第一次基本母音** (primary cardinal vowels) と呼び、それに準ずると考えてよい**第二次基本母音** (secondary cardinal vowels) の 10 の母音（→ 表 12–3 の IPA のうち、太枠で囲まれたグレーのセル）を合わせた 18 の母音が基本母音です。第一次基本母音は、5 つの非円唇母音と 3 つの円唇母音からなる 8 母音であり、第二次基本母音は第一次基本母音の円唇性を反転させたものに中舌狭母音の 2 つを加えたものです。

第一次基本母音は、いずれも多くの言語で用いられるものですが、第二次基本母音は、それほど一般性の高くないものも含まれています。特に円唇前舌広母音 [œ] などは実際に用いる言語がほとんどなく、円唇性の有無・舌の前後位置・4 段階の開口度という体系の一貫性に基づいて定められており、こ

こだけ記号が欠けてしまうことの不自然さを考慮して、基本母音に含めます。なお、基本母音が1〜18の番号で示されることがあります。この番号は、個別の言語記述ではそれほど使われませんが、基本母音を整理して理解する上では有効です。次章の解説で番号にも触れます。

　第一次基本母音と第二次基本母音に属する母音を比較すると、その表の中での分布がアンバランスに見えます。第二次基本母音のみに中舌母音があり、後舌の3つだけが第一次基本母音において円唇である点などが気になります。これは、次のような理由によると考えられます。

(1) 前舌と後舌の違いが最も音色の差が大きく弁別に有利なため、中舌母音の分布が前舌や後舌ほど多くない。
(2) 円唇にすると生理的に自然と舌が後ろに引かれがちで後舌の構えになりやすく、多くの言語で用いられる円唇母音が後舌に分布している。
(3) 広母音では顎の上下の開きが大きいため唇を前に出して円唇にするゆとりが少なく、円唇にしても音色の変化が少ないため、円唇広母音の分布が少ない。

　理論上の基本母音は各基本母音が唯一の構えを持ちますが（→ 12.3）、実際に母音記号が用いられるときには、一定の領域を指します。国際音声学協会は基本母音および中央の [ə] の領域を図12-4のように規定し、実際の言語の記述の際に各領域に属する母音をこれらの記号で表すことを勧めています。また、必要に応じて、基本母音と [ə] 以外の母音記号も認めています。

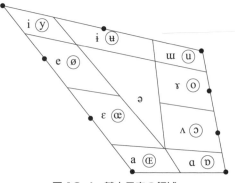

図 12-4　基本母音の領域
（○で囲んだものは円唇母音）

12.5. 母音の構えに関する補助記号

　母音記号が示す領域を細分化して精密に記述する場合には、補助記号を用

12.5. 母音の構えに関する補助記号

います。

　舌の位置の高低に関しては、[̞]（[˕]）、[̝]（[˔]）の2つの記号があります。これは、母音記号の下か右に付けます（例　[e̝]または[e˔]）。[̝]（[˔]）はその母音の領域のうちで舌が高い位置に、[̞]（[˕]）は低い位置にあることを表します。子音記号に付く場合は、[̞]が摩擦音の記号について弱摩擦音を示したり、[̝]が接近音に付いて摩擦音を示したりします。

　舌の位置の前後に関しては、[̟][̠]の2つの記号があります。[̟]は舌の位置が前寄りに、[̠]は奥寄りにあることを表し、母音や子音の記号の下に付けます（例：[e̟]）。

　また、前舌母音と中舌母音、後舌母音と中舌母音のあいだの位置は、それぞれ前舌・後舌の位置からは中舌寄りです。中舌寄りの母音は、ドイツ語のウムラウトのような2つの点の補助記号[¨]を、前舌あるいは後舌の母音記号の上に付けて示すこともできます（例：[ĕ]）。

　さらに、表そうとする音が基本母音などの本来の位置よりも母音四角形の中央に寄っている場合（＝前舌狭の基本母音[i]よりも奥寄りかつ低め（[i̽]）であったり、後舌半広の基本母音よりも前寄りかつやや高め（[ɔ̽]）であるような場合）、中央寄りであることを示す補助記号[×]で表せます。この補助記号を用いると、[i̠]は[i̽]、[ɔ̟]は[ɔ̽]となります。

　円唇性については、強い円唇（more rounded）を示す補助記号[̹]と弱い円唇（less rounded）を示す[̜]があります。母音も子音も下に付けますが、母音では、円唇母音を示す記号に付いて円唇性の程度を示すほか、[̜]が非円唇母音の記号に付いて、やや円唇化していることを表すこともあります。

第 13 章

さまざまな母音

本章では、母音の IPA を 1 つずつ見ていきます。日本語の母音を出発点にできるだけ直感的にわかるように説明します。また、基本母音番号も示すので、なるべく覚えてください。

13.1. イの緩みと張り

[i]　英語 seat の母音は**非円唇前舌狭母音**に属します。IPA 表記は小文字の i をそのまま用いる [i] です（基本母音 No. 1）。緊張度で対比する場合は、12.3 節で見たように「張り母音」「緊張母音」「テンス (tense)」の「イ」や、唇の横への張りがあることから「張唇（または 張 唇）のイ」などと呼びます。

[ɪ]　英語 sit の母音は**非円唇やや前舌やや狭母音** (near-close near-front unrounded vowel) と記述され、表記にはスモール・キャピタルの i を用いて [ɪ] と表します。[52)] [i] では舌が緊張して、母音として調音できるぎりぎりの位置であるのに対して、[ɪ] では緊張が緩み舌の位置が中央寄りです。唇の横への張りが小さいので、張唇母音と対比する場合は「弛唇（または弛唇）」や「緩み母音」「弛緩母音」「ラックス (lax)」のイと言います。

日本の学習英和辞書では seat と sit は母音の長さに対立があるとみなして [siːt] と [sit] と、英語圏の辞書では対立が音色にあることから seat [sit] と sit [sɪt] と表すことが多いようです。実際に音を長く出すと筋肉が緊張しやすく音色も変わります。ただ、日本語母語話者は長さの違いのほうが理解しやすいので、教育的配慮から考えれば日本式が不適切だとは言えません。eat と it を [iːt] と [ɪt] のような、母音の長さと音価の違いの双方を取り込んだ表記も 1 つの便法でしょう。

---

52) 奥舌の緩み母音 [ʊ] でギリシア文字を使うのに合わせて、ギリシア文字のイオタの小文字ιを使うこともあります。

13.1. イの緩みと張り

また、緊張度を単に張りと緩みの2段階に考えることにも問題があります。実際は連続的です。緊張度を平均的に高い順に並べれば、次のようになります。

ドイツ語 sie ＞英語 seat ＞日本語「イ」＞ドイツ語 ich ＞英語 sit

日本語の「イ」は厳密には [i] より [ɪ] に近いとされたり、精密表記で [i̞] とされることもあります。しかし、日本語のように張唇と弛唇の対立がない言語では、[i] で代表させて表す簡略表記が一般的です。

[i] は非円唇ですが、そのままの舌の構えで唇をすぼめて前に突き出すように丸めると、**円唇前舌狭母音**になります。これは小文字の [y] で表します（基本母音 No. 9）。英語の you などの綴りから [y] を子音 ([j]) と誤解しがちですが、[y] は円唇前舌狭母音という母音の IPA です。また、[i] と [ɪ] のような緊張度の対比が円唇母音にもあり、[y] が張り母音であるのに対して、**円唇やや前舌やや狭母音** (near-close near-front rounded vowel) は緩み母音であり、IPA はスモール・キャピタルの [ʏ] を用います。ドイツ語には、主に ü (u-ウムラウト) の綴りに対応する音として、この2つの母音 [y] [ʏ] があります。伝統的な尾張方言では、ウ段音と「イ」が相互同化 (→ 24.4) し、たとえば「安い」が [jasyː] のように発音されます。

[y]

[ʏ]

154 ドイツ語の例

Miete [miːtə]「家賃」　Mitte [mɪtə]「中心」　hüte [hyːtə]「世話をする（一人称単数現在）」　Hütte [hʏtə]「小屋」

155 練習 13-1

1〜12 の発音を聞き、[mi] [mɪ] のいずれかを判断しなさい。

156 練習 13-2

1〜12 の発音を聞き、[mi] [my] のいずれかを判断しなさい。

練習 13-3

IPA を書く練習をしましょう。順に ① 非円唇前舌狭母音、② 非円唇やや前舌やや狭母音、③ 円唇前舌狭母音、④ 円唇やや前舌やや狭母音です。

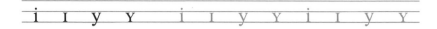

13.2. 広いエと狭いエ

　日本語のエは1種類ですが、フランス語のように複数のエ（に似た音）を使い分ける言語は珍しくありません。使い分ける場合に多いのが、開口度による2種類のエで、それぞれ「狭いエ」あるいは「狭口のエ」、「広いエ」あるいは「広口のエ」と呼ばれる区分です。母音図では、狭いエは**非円唇前舌半狭母音**（基本母音 No. 2）にあたり、小文字の [e] で表されます。広いエは**非円唇前舌半広母音**（基本母音 No. 3）にあたり、IPA 表記にはギリシア文字のイプシロン [ɛ] を用います。

[e]

[ɛ]

　フランス語では、狭いエと広いエが対立します。été [ete]「夏」の2つの母音はいずれも「狭いエ」、bête [bɛt]「動物」の母音は広いエです。朝鮮語では、もともと狭いエ [e] と広いエ [ɛ] が対立していましたが、まずは語中から対立が失われ、その後、語頭でも対立を失って中和した状況にあります。

　日本語のようにエが1種類だけで広狭の対立がない場合は、開口度が基本母音 No. 2 の [e] よりは広く、基本母音 No. 3 の [ɛ] よりやや狭いのが普通です。より精密に表記するには、舌の位置の高低に関する補助記号 [˔] や [˕] を使います。[e] と [ɛ] の中間なら [e̞]（e よりやや広い）とするか [ɛ̝]（ɛ よりやや狭い）として表します。簡略表記でよい場合は、より一般性の高い [e] で表します。英語の egg の母音は広いエに近く、やや狭い [ɛ̝] と表せますが、辞書などの簡略表記では [e] を用いることもあります。

　非円唇前舌半狭母音 [e] を舌の位置はそのままに唇を丸めて発音すると、**円唇前舌半狭母音**（基本母音 No. 10）になります。IPA では、小文字の o にスラッシュ (/) を重ねた [ø][53] で表します。円唇前舌半狭母音は、ドイツ語（ö: o ウムラウト）やフランス語（eu の綴りの音）などでも用いられます。たとえば、フランス語の Europe [øʁɔp]「ヨーロッパ」、jeu [ʒø]「遊び」や、ドイツ語の Ökonomie [økonomiː]「経済」、schön [ʃøːn]「美しい」で聞かれます。伝統的な尾張方言では、オ段音と「イ」が相互同化することがあり、

[ø]

---

53) デンマーク語などの正書法でも用いられる文字ですが、o に横棒の ɵ（これも母音の IPA）のほか 0 を使う記号と紛らわしいので注意が必要です。

たとえば「遅い」が [osø:] のように発音されます。

　非円唇前舌半広母音（広口のエ）[ɛ] を円唇化したものが、**円唇前舌半広母音**（基本母音 No. 11）です。これは o と e の合字 [œ] を使って表します。フランス語で o と e が綴りの上で連続するときはこの合字を使うことがあります。この音も、独仏語で用いられ、フランス語 oeuf [œf]「卵」、œuvre [œvʁ]「仕事」や、ドイツ語 zwölf [tsvœlf]「12」などで聞かれます。

🔊 157 　フランス語の例

été [ete]「夏」　esprit [ɛspʁi]「精神」　bête [bɛt]「動物」　Europe [øʁɔp]「ヨーロッパ」　jeu [ʒø]「遊び」　œuf [œf]「卵」　œuvre [œvʁ]「仕事」

🔊 158 　ドイツ語の例

essen [ɛsən]「食べる」　edel [e:dəl]「高貴な」　Ökonomie [økonomi:]「経済」　schön [ʃø:n]「美しい」　zwölf [tsvœlf]「12」

🔊 159 　練習 13-4

1〜12 の発音を聞き、[me][mɛ] のいずれかを判断しなさい。

🔊 160 　練習 13-5

1〜12 の発音を聞き、[me][mø] のいずれかを判断しなさい。

練習 13-6

IPA を書く練習をしましょう。順に、① 非円唇前舌半狭母音、② 非円唇前舌半広母音、③ 円唇前舌半狭母音、④ 円唇前舌半広母音です。

e　ɛ　ø　œ　　e　ɛ　ø　œ　　e　ɛ　ø　œ

13.3. さまざまなア

　一般に開口度が大きいほど舌の前後位置や唇の形状を変えるのが難しくなり、音色の違いも不明確になります。このため、狭母音に比べると広母音は対立が少ない傾向があります。日本語も広母音では対立がなく、「ア」の 1 種類だけです。しかし、理論的には舌の前後位置などの対立が想定され、実際に複数の広母音を持つ言語もあります。

　　　　　　　　　　第13章　さまざまな母音

　　　　　非円唇前舌広母音（基本母音 No. 4）は、活字体の小文字 a を使って表します。フランス語の patte [pat]「脚」の母音はこれに近いとされます。
[a]　　非円唇前舌広母音 [a] と非円唇前舌半広母音 [ɛ] の中間に舌が位置する場合、**非円唇前舌やや広母音**（not quite fully open, front unrounded vowel）と
[æ]　　言い、a と e の合字 [æ] で表します。古英語の正書法に由来するこの記号は「アッシュ」（æsc）と呼ぶことがあります。前舌やや広母音の記号はこの非円唇母音 [æ] だけが設定され、円唇母音の記号はありません。この音は、英語の cat [kæt] やロシア語の пять [pʲætʲ] などに見られます。また、伝統的な尾張方言ではア段の母音と「イ」が相互同化したときに聞かれ、「高い」は [takæː] あるいは [takæə]、[takɛæ] と発音されます。

　　　　　非円唇前舌広母音 [a] を円唇化したものが、**円唇前舌広母音**（基本母音
[œ]　　No. 12）で、o と e のスモール・キャピタルを合字にした [œ] で表します。これを母音として用いるという確実な報告のある言語はないのですが、基本母音の体系をわかりやすくするためだと考えればよいでしょう。

　　　　　非円唇の前舌母音 [a] の構えから可能な限り舌を後ろに引いて発音すると、**非円唇奥舌広母音**（基本母音 No. 5）になります。これは a の筆記体と呼ばれ
[ɑ]　　る字形 [ɑ] で表します。フランス語などで用いられ、フランス語 pas [pɑ]「歩み」の母音は非円唇奥舌母音とされますが、英語でもたとえば father [fɑːðɚ] などにおいて聞かれます。また、class はアメリカ英語では [klæs] ですが、標準的なイギリス英語では [klɑːs] に近いとされます。また、綴り字 o を短母音としてアクセントのある音節で発音するとき、イギリス英語では円唇奥舌半広母音 [ɔ] ですが、アメリカ英語ではやや口の開きが大きくなり、円唇性が弱まって [ɑ] とするべき音になります。たとえば、イギリス英語の cod [kɔd]「鱈」、pod [pɔd]「莢」、topic [tɔpɪk]「話題」などは、アメリカ英語では [kɑd] [pɑd] [tɑpɪk] と記述するのが普通です。

　　　　　非円唇奥舌広母音 [ɑ] に対する円唇母音が**円唇奥舌広母音**（基本母音
[ɒ]　　No. 13）で、ɑ を倒立させた [ɒ] で表します。英国南部方言などでは o の綴りの短母音が広めに発音されることがあり、その場合円唇奥舌半広母音 [ɔ] よりも広い円唇奥舌広母音 [ɒ] で記述することがあります。

　　　　　前舌広母音と奥舌広母音の中間にあたる「中舌広母音」の IPA は設定されていませんが、**非円唇中舌やや広母音**として活字体の a（非円唇前舌広母音）
[ɐ]　　を倒立させた [ɐ] という IPA が設定されています。この舌の位置での円唇母

13.3. さまざまなア

音の記号はありません。「やや広」ですから、前舌の [æ] から舌を後ろに引いて中舌としたところにあたります。イギリス英語の luck などの母音が [ɐ] に近いとされますし、ドイツ語の Butter「butɐ」「バター」、hart [haɐt]「硬い」などにも現れます。英語などで強勢のない場合にも現れ、たとえば英語の sofa は [soufə] と記述するのが一般的ですが、第 2 音節の母音が中央の [ə]（→ 13.6）よりも広めに発音される傾向があり、その点を精密に [soufɐ] と記述することがあります。

日本語の「ア」は、単独で発音すれば [a] ほど前ではなく、[ɑ] ほど奥でもなく、両者の中間で、また開口度も大きくない非円唇母音なので、精密に記述するなら [ɐ] とするのが妥当でしょう。ただし、日本語は「ア」は一種類だけで対立はないので、簡略に [a] で記述するのが普通です。

🔊 161 **フランス語の例**
patte [pat]「脚」　pas [pɑ]「歩み」　tache [taʃ]「しみ」　tâche [tɑːʃ]「任務」

🔊 162 **アメリカ英語の例**
cod [kɑd]「鱈」、pod [pɑd]「莢」、topic [tɑpɪk]「話題」　sofa [soufɐ]

🔊 163 **イギリス英語の例**
cod [kɔd]「鱈」、pod [pɔd]「莢」、topic [tɔpɪk]「話題」　luck [lɐk]

🔊 164 **ドイツ語の例**
Butter [butɐ]「バター」、hart [haɐt]「硬い」

🔊 165 **練習 13-7**
1～12 の発音を聞き、[ma]、[mɑ] のいずれかを判断しなさい。

練習 13-8
IPA を書く練習をしましょう。順に、① 非円唇前舌やや広母音、② 非円唇前舌広母音、③ 円唇前舌広母音、④ 非円唇奥舌広母音、⑤ 円唇奥舌広母音、非円唇中舌やや広母音です。

æ a ɶ ɑ ɒ ɐ　　æ a ɶ ɑ ɒ ɐ　　æ a ɶ ɑ ɒ ɐ

13.4. 丸いオと丸くないオ

「エ」の類の母音と同様に、「オ」にも広狭の2種類があり、円唇と非円唇の区別もあります。

[ɔ]　「広いオ」は、**円唇奥舌半広母音**（基本母音 No. 6）で、IPA 表記には o の左側が切れた形（活字上は c を左右反転させたもの）の [ɔ] を使います。「狭
[o]　いオ」は、**円唇奥舌半狭母音**（基本母音 No. 7）で活字体の小文字の [o][54] を使います。ドイツ語やフランス語ではこの広いオと狭いオを区別しています。

前舌の「エ」の場合と同じように、日本語では、奥舌の「オ」も [o] と [ɔ] の中間の位置ですが、[ɔ] よりは [o] に近く、円唇性が弱い [o̜] が多く聞かれます。日本語には「オ」は1種類しかないので、多くの場合、簡略に [o] だけで表します。

円唇 [o] と [ɔ] は第一次基本母音ですが、これらをそれぞれ非円唇母音にすると第二次基本母音になります。「広いオ」[ɔ] を非円唇にしたものが**非円
[ʌ]　唇奥舌半広母音**（基本母音 No. 14）で、[ʌ] で表します。これはスモール・キャピタルの A の横棒を取ったものとみられますが、活字としては倒立した小文字の v を使います。[55] この非円唇奥舌半広母音の記号は、英語の luck [lʌk] などの母音を表すのによく用いられますが、アメリカ英語では舌がやや前寄りの位置の [ʌ̈] になることが多いとされています。

「狭いオ」を非円唇にしたものが、**非円唇奥舌半狭母音**（基本母音 No. 15）で、[ɤ] を使って表します。この IPA は「羊の角」(ram's horn) と呼ばれ、以前は「小さいガンマ」(baby gamma) だった記号を修正したものです。縦
[ɤ]　長の普通のガンマ [ɣ] と違って、縦に短く基本線の上に収まるように書きます。普通のガンマ [ɣ] は有声軟口蓋摩擦音を表す子音の IPA ですから、区別してください。[ɤ] は中国語の「歌」(kē) [kɤ] の母音などに見られます。

🔊 166 ドイツ語の例

offen [ɔfən]「開いている」　Ofen [oːfən]「暖炉」

---

54) 大文字の O やアラビア数字の 0 は紛らわしいため、IPA としては使いません。円状の記号はみな小文字の o だと考えて差し支えありません（両唇吸着音 [ʘ] を除く）。

55) なお、形状は似ていますが、ギリシア文字のラムダ Λ や、楔形 (wedge) あるいは挿入記号 (caret)（˰ または ʌ）とは異なります。

13.5. 奥舌狭母音のウから中舌へ

🔊 167 フランス語の例
omelette [ɔmlɛt]「オムレツ」 aube [o:b]「曙」 pot-au-feu [pɔtofø]「ポトフ」

🔊 168 アメリカ英語の例
luck [lʌk]「運」

🔊 169 中国語の例
歌（gē）[kɤ]「歌」

🔊 170 練習 13-9
1〜12 の発音を聞き、[mo][mɔ] のいずれかを判断しなさい。

🔊 171 練習 13-10
1〜12 の発音を聞き、[mɔ][mʌ] のいずれかを判断しなさい。

練習 13-11
IPA を書く練習をしましょう。順に、① 円唇奥舌半広母音、② 円唇奥舌半狭母音、③ 非円唇奥舌半広母音、④ 有声軟口蓋摩擦音、⑤ 非円唇奥舌半狭母音（練習は ①、②、③、⑤ のみ）です。

ɔ o ʌ ɤ　　ɔ o ʌ ɤ　　ɔ o ʌ ɤ

13.5. 奥舌狭母音のウから中舌へ

「狭いオ」[o] の開口度を狭め、後舌と軟口蓋のあいだで摩擦が起こらないぎりぎりまで舌の位置高くすると、**円唇奥舌狭母音**（基本母音 No. 8）になります。これは小文字の [u] で表します。「ウ」音のなかでも世界的に見て一般的な音が [u] です。日本語の「ウ」よりも唇をすぼめて突き出すだけでなく、舌の側面が上の奥歯やその歯茎に触れないことに注意しましょう。　　[u]

さらに、これを非円唇にすると、**非円唇奥舌狭母音**（基本母音 No. 16）になります。この母音は、倒立した小文字の m を使って、[ɯ] と表しますが、鼻音の [m] とは特に関係なく、u の変形したものとして用いられています。　　[ɯ]
日本語（東京方言をはじめとする多くの方言）では、「ウ」の発音として非円

唇の [u] で記述します（簡略表記では [u] とする場合もあります）が、実際には少し前寄り（[u̟]）で発音されます。

　「イ」音に張り母音と緩み母音の記号が設けられているように、同じ狭母音の「ウ」音でも張りと緩みを区別することがあります。区別する場合、[u] を張り母音として、緩み母音を [ʊ] で表します。[ʊ] は、ギリシア文字のユプシロン υ の小文字からできています。唇歯接近音を表す [ʋ] のほうが本来のギリシア文字の形に似ています。形が紛らわしいのですが、区別して書きましょう。[u] と [ʊ] の発音の関係はちょうど、[i] と [ɪ] の関係に相当しますから、[u] で表す円唇奥舌狭母音に対して、緩み母音 [ʊ] は、舌の位置で言えば**円唇やや奥舌やや狭母音**（near-close near-back rounded vowel）となります。[56]

　日本の英語教育では、moon は母音が長く put は母音が短いと説明されることが多いのですが、英米では緊張度を含めて音質が異なることを重視して、moon を緊張母音で [mun]、put を弛唇母音で [pʊt] と記述することもあります。両方の特徴を取り入れて、moon [muːn]、put [pʊt] と表し分ける方法もあります。

🔊 172 〖英語の例〗

　　moon [muːn]「月」　　put [pʊt]「置く」

　朝鮮語は円唇の [u] と非円唇の [ɯ] に対立があり、非円唇の [ɯ] は平唇で発音されます。これに対して、日本語（＝特に東日本）の「ウ」は、円唇性がほとんどない [ɯ] ですが、はっきりした平唇でもなく、唇の緊張度が低いのが普通です。日本語の「ウ」では、舌の位置も、実際には奥舌母音と言うほど調音点は後ろではなく、かなり緊張度も低いのです。[u] に対する [ʊ] のように、[ɯ] に対する緩み母音の IPA があればちょうどよいのですが、残念ながらありません。

🔊 173 〖朝鮮語の例〗

　　운 [un]「運」　　은 [ɯn]「銀」

　56）弛唇の円唇やや前舌やや狭母音 [ɪ] に合わせてユプシロン [ʊ] の代わりに u のスモール・キャピタル [ᴜ] を使うこともあります（以前は、ギリシア文字のオメガ ω を上閉じにした ɷ を使っていました）。

13.5. 奥舌狭母音のウから中舌へ

[i] も [ɯ] も狭母音です。両者の中間の位置で発音される母音に中舌狭母音があります。非円唇母音の場合は、前舌の [i] と奥舌の [ɯ] の中間を捉えるように、舌を往復させながら位置を確認しましょう。**非円唇中舌狭母音**(基本母音 No. 17) として、小文字の i に横棒を重ねた [ɨ] (棒付きの i) で表します。日本語の東北方言などでもこの音が用いられます。ロシア語では、口蓋化した子音の後には非円唇前舌狭母音 [i]、口蓋化していない子音のあとには非円唇中舌狭母音 [ɨ] という分布が見られます。

[ɨ]

🔊 174 **日本語山形方言の例**
[tɕinoŋo]「きのこ」　[ɸeĩbɨ]「蛇」

🔊 175 **ロシア語の例**
бить [bʲitʲ]「打つ」　быть [bitʲ]「存在する」
мисс [mʲis]「ミス・嬢」　мыс [mɨs]「岬」

[ɨ] が円唇化された母音、つまり円唇の [y] と [u] の中間の位置で発音される中舌母音として、**円唇中舌狭母音** (基本母音 No. 18) があり、小文字の u に横棒を重ねた [ʉ] (棒付きの u) で表します。ノルウェー語に見られる (hus [hʉːs]「家」など) とされます。英語でも、唇の丸めが弱めながら、today [tʉdeɪ] などのように、アクセントのない音節で現れることがあります。オーストラリア英語では、イギリスやアメリカの標準的な英語発音で [u] と発音するところでこの [ʉː] を用いると言われています (例　who'd [hʉːd])

[ʉ]

🔊 176 **ノルウェー語の例**
hus [hʉːs]「家」

🔊 177 **英語の例**
today [tʉdeɪ]「今日」

なお、前舌や奥舌の母音が中舌寄りになることを示す中舌化は、補助記号 [¨] を母音記号の上に付して表しますから、この場合、連続的に、[i]〜[ɪ]〜[ɨ]〜[ü]〜[ɯ] (非円唇)、[y]〜[ÿ]〜[ʉ]〜[ü]〜[u] (円唇) と変化していくと考えてよいでしょう。日本語の東北方言を中心とした発音の特徴として、「シ」と「ス」、「ジ」と「ズ」などの区別がないズーズー弁と呼ばれるものがありますが、これはどちらの母音も中舌化して近くなる、あるいは同じにな

るものです。このうち東北の南東部では少し奥寄りで [ü]、北西部では前寄りで [ï] とされます。標準語の母音「ウ」が [ɯ] よりは前寄りであることも、[ü] または [ɯ̈] と表すことができます。とりわけ、「ス」「ツ」「ズ」「ヌ」などの母音は、歯茎音の構えに影響を受けていっそう前寄りになるため、そのことを明示するために、「ス」は [sü] のように表すのに対して、歯茎音ではない「ク」などは補助記号なしで [kɯ] のように区別して記述することがあります。

🔊 178 練習 13-12

1〜12 の発音を聞き、[mu]、[mɯ] のいずれかを判断しなさい。

🔊 179 練習 13-13

1〜12 の発音を聞き、[mi]、[mɨ] のいずれかを判断しなさい。

練習 13-14

IPA を書く練習をしましょう。順に ① 円唇奥舌狭母音、② 非円唇奥舌狭母音、③ 円唇やや奥舌やや狭母音、④ 唇歯接近音です。

| u | ɯ | ʊ | ʋ | u | ɯ | ʊ | ʋ | u | ɯ | ʊ | ʋ |

13.6. あいまい母音なるもの

[ə]　　IPA の母音図の中央にある記号 [ə] は、**非円唇中舌中母音**を表します。「中母音」とは、半狭と半広の中間に位置する母音ということであり、この [ə] の記号のみが定められています。中央の母音ですから、前舌性や奥舌性、狭さや広さといった特徴がないためにあいまいな聞こえの印象があり、「あいまい母音」と呼ばれることがあります。ヘブライ語の補助記号の名称を転用し、この記号および音を**シュワー**（schwa, shwa）とも呼びます。字形は小文字の e を 180 度回転したものです。イギリス英語（RP）において fur は [fəː] のように、この母音が用いられます。

　　シュワーの周辺には、さらにいくつかの記号が定められています。

[ɘ]　　基本母音 No. 2 の [e]（狭いエ）を中舌にすると、**非円唇中舌半狭母音**の [ɘ] になります。[ɘ] はシュワーと似ていますが、e を左右反転したものです。基

13.6. あいまい母音なるもの

本母音 No. 3 の [ɛ] (広いエ) を中舌にしたものが**非円唇中舌半広母音**で、イプシロン [ɛ] を左右反転させた [ɜ] で表します。

さらに、[ə] を円唇化した**円唇中舌半狭母音**は [ɵ][57] で表します。この記号は円唇奥舌半狭母音 (基本母音 No. 7) の [o] に横棒を重ねたものです。[o] を中舌化すると [ɵ] にな

	前舌		中舌		奥舌	
	非円唇	円唇	非円唇	円唇	非円唇	円唇
半狭	e	ø			ɤ	o
中			/	/		
半広	ɛ	œ			ʌ	ɔ
やや広	æ		ɐ			

[ɜ]

[ɵ]

[ɞ]

ることから記号も関連づけていますが、[ə] の左側を閉じたような形でもあります。[ɜ] を円唇化すると**円唇中舌半広母音**になります。これは左右反転のイプシロン [ɜ] の左側を閉じた [ɞ] で表します。ここでの母音記号は紛らわしいので、表に書き込んで整理しましょう (表中で斜線があるところは対応する IPA が定められていないところです)。

これらの中舌母音は、前舌・後舌の基本母音と続けて発音しながら練習するといいでしょう。非円唇前舌半狭母音 [e] から非円唇奥舌半狭母音 [ɤ] へ、唇を動かさずに舌の位置だけを前後させて往復し、その中間の音を非円唇中舌半狭母音 [ɘ] とします。円唇母音、半広母音も同様にして練習します。

なお、モンゴル語[58]などを除くと、半狭中舌母音や半広中舌母音の記号は、かなり精密な表記のときにしか用いられない傾向にあります。簡略に表す場合には [ə] で代表させることが多いのです。

このことは、特に強勢のない音節において顕著です。英語のようなストレスアクセントを持つ言語では、強勢のない母音が弱化 (reduction) することが知られています。ここで言う弱化とは、基本母音のように母音として発音できるギリギリのところで筋肉の緊張を伴って発音されるというのとは逆に、弛緩して、多少なりとも母音図の中央に近づいた位置で発音されるということです。たとえば、「テレビ」の意の television は 4 つの音節からなります

---

57) [ɵ] は小文字の [o] に横棒を重ねているのでほぼ真円に近い丸形をしていますから、無声摩擦歯音を表すギリシア文字のシータ θ のように縦長の楕円とは異なります。

58) モンゴル語では、[ɵ] が /o/ や /e/ などとは別の独立した音素 /ɵ/ として用いられ、綴りとしても文字 ө が用いられます。

が、第 1 音節と第 3 音節に強勢が置かれ、tél-e-vì-sion [tɛlə͵vɪʒən] のように発音されます。このとき、強勢のない第 2 音節と第 4 音節は母音が弱化しています。このような弱化した母音は、一般に**弱化母音**あるいは**弱母音**と言い、[ə] の周辺の音質の場合もまとめて [ə] で表されることが多くあります。上述の sofa [soʊfɐ]、today [tʉˈdeɪ] も、より簡略的な記述方式では [soʊfə] [təˈdeɪ] とされます。[59)]

ただし、「弱化したこと」を表す音韻論的な簡略表記としての用法では、どの母音が弱化したのか、どの音韻体系（＝言語）における弱化かなどによって、音そのものが異なるので、[ə] で表される音価はさまざまです。英語では、[ə] は音色の近い /ʌ/ をはじめ、/æ/、/ɑ/ ないし /ɔ/、/eɪ/ などさまざまな母音の弱化した音の記述に用いられます。たとえば、形容詞 suspect [sʌspekt] では強勢のある第 1 音節で [ʌ] が用いられるのに対して、第 1 音節に強勢のない動詞の suspect [səsˈpekt] では [ə] が用いられていますし、face [feɪs] の強母音 [eɪ] に対して surface [sɚːfəs] では [ə] と記述されます。このとき、実際の発音は、動詞の suspect [səsˈpekt] では [ə] の本来の位置に近いのですが、surface [sɚːfəs] の [ə] はより狭い [ɘ] や [ɪ] に近いことがあるといった違いがあり、さらに発話のスタイルなどによっても左右されながら、弱化母音としてまとめられているということです。一方、ドイツ語の弱化母音 [ə] は /e/ の弱化したものであり、精密には音質も [e] に近い [ĕ]～[ə] となります。フランス語の記述で用いられる [ə] は [ø]～[œ] に近い円唇性と前舌性があり、精密には [ø̆]～[ɞ̆] のように表せます。このように、同じ [ə] という記号を使っていても、特に弱化母音としての用法ではさまざまな音価があることに注意が必要です。

このように、シュワーの使い方には、IPA の非円唇中舌中母音としての用法と、弱化した母音をおおまかに表す用法との、大きく分けて 2 種類があります。

🔊 180 英語の例

television [tɛlə͵vɪʒən]「テレビ」　　suspect（形容詞）[sʌspekt]「疑わしい」
suspect（動詞）[səsˈpekt]「疑う」　　surface [sɚːfəs～ˈsɚːfəs]「表面」

---

59) くだけたスタイルでの発音では、音そのものが today [təˈdeɪ] に近くなるとされます。

13.6. あいまい母音なるもの

🔊 181 **ドイツ語の例**
Bitte! [bɪtə]（[ˈbɪteˑ]）「どうぞ」

🔊 182 **フランス語の例**
une petit fille [yn pətit ˈfij]（[yn pø̆tit ˈfij]）「少女」　appartement [apaʁtə ˈmã]（[apaʁtø̆ ˈmã]）「アパート」

第14章

母音の体系と変異

　実際の言語で用いられている母音には、分布の仕方にある程度の傾向が見られます。ここではそうしたいくつかの母音の体系と、舌の位置と唇の形状だけでは記述できない母音の変異について見ていきます。

14.1. 母音の体系

　母音の記号は 28 あります。実際の言語では母音がどのように分布しているか、その一般的なあり方を見ていきましょう。

　12.3 で見たように、調音可能な母音の空間は不等辺四角形（図 12–3）になっています。広母音では狭母音に比べて舌の位置が前後に動きにくいといった特徴から、実際の言語でも、狭母音の前後では細かな対立が生じやすく、逆に広母音の前後では対立が生じにくいと言えます。

　広母音で舌の前後の対立がないと、「ア」にあたる音が 2 つに分かれることがなくなり、比較的狭い母音のみ前後の対立を持つようになって、図 14–1 のような逆向きの**三角体系**になります。世界の言語で多数派なのは、この三角体系です。三角体系の場合、頂点には必ず「イ」「ウ」「ア」の 3 種類に近い音が来ます（ただし、円唇性はこのとおりでないこともあり

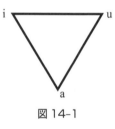

図 14-1

ます）。したがって、三角体系で、かつ、母音が 3 つしかないときは /i/ /u/ /a/ に確定します。アラビア語や日本語の琉球首里方言などがこれにあたります。このような言語では、イ音だけでなくエ音も /i/ の異音として扱ったり、ウ音だけでなくオ音も /u/ の異音として扱ったりすることがあります。つまり、母音の音素が少なければ、広い範囲の音が 1 つの音素として捉えられることになるのです。

　世界の言語で最も多いのは 5 母音体系とされています。5 母音の場合は、

14.1. 母音の体系

三角形の頂点にあたる /a/ /i/ /u/ に2つ加わるのですが、/i/ と /a/ を結ぶ辺上に /e/ が、/u/ と /a/ を結ぶ辺上に /o/ が加わって、右のようになるのが一般的です。このときの音素表記 /e/ /o/ が表す音はそれぞれ半狭母音 [e] [o] に限定される（半広母音の [ɛ] [ɔ] を含まない）わけではなく、中間的な開口度の母音を代表しています。スペイン語の5母音は図14–2のようになっており、日本語の5母音も（「ウ」は非円唇の [ɯ] ですが）基本的に同じです。

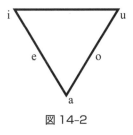

図 14-2

7母音の場合は、一般にそれぞれ /i/ と /a/ を結ぶ辺上、/u/ と /a/ を結ぶ辺上に2つずつ加わります。このとき、エに近い音とオに近い音が2種類あって、対立するような体系になっています。対立する [e] と [ɛ] を、狭口の（狭い）エ (/e/)、広口の（広い）エ (/ɛ/) のように呼び分けます。[o] と [ɔ] も同様に、狭口の（狭い）オ (/o/)、広口の（広い）オ (/ɔ/) と言います。イタリア語などは図14–3のような7母音です。興味深いのは、/i/ と /u/ を結ぶ辺上に中舌母音が

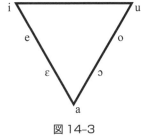

図 14-3

配置されるケースが少ないことです。中舌母音は日本語の方言をはじめ多くの言語で用いられてはいるものの、これまでに見た7つの母音ほど一般的ではありません。

さらに、広母音で前後の対立が見られる四角体系の例としてはフランス語があります（図14–4）。フランス語では縦に3系列ありますが、これは前舌で円唇と非円唇の対立があるためで、基本的には前後と狭広による四角体系です。これ以外に鼻母音が4種類あるとされ、合計すると16の母音があることになります。鼻母音は、すでに右図にある口腔母音の一部を鼻音化したもので、特に別の母音が用いられているわけではありませんが、5母音の言語から見ると3倍以上の母音があることになります（実際には、一部の対立が失われて、実質の母音の数はもっと少なくなっています）。

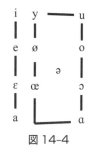

図 14-4

母音の体系のなかには、三角体系と四角体系のほかに、直線体系（＝線条

体系）が知られています。これは、舌の上下（＝開口度）だけで対立しているもので、コーカサスのアディゲ語など限られた言語でしか見られません。直線と言っても舌の上下位置の対立が普通で、舌の前後位置だけで対立する言語は知られていません。

なお、言語のなかに、母音調和（vowel harmony / vocalic harmony）が見られる言語があります。母音調和は1つの単語のなかでは異なる系列の母音を混ぜて用いないという制約が起こる現象です。いずれの系列とも共存できる中性的な母音がある場合を除き、1単語には特定の母音系列だけが用いるという規則だと言ってもいいでしょう。たとえばトルコ語・モンゴル語では、原則として1つの単語（＝語幹や形態素）には前舌母音か奥舌母音だけが用いられ、両者が混じることはないという制約があります。古代日本語にも母音調和があったとする考えもありますが、これは母音全体ではなく局所的な制約なので、一般的な母音調和とは異なります。

図 14-5

14.2. 鼻母音

ここまでで説明した母音はいずれも気流が口からのみ出る**口腔母音**（または**口母音**）ですが、母音はいずれの言語でも肺気流が口腔から外へ出るのが普通ですから、特に区別する必要があるとき以外は、わざわざ「口腔母音」とはしません。

また、どの母音も口蓋帆を下げて調音すれば鼻腔での共鳴を伴う音となり、鼻音化が生じます。鼻音化した母音を**鼻母音**（nasal vowel）と言います。鼻母音専用の IPA はなく、母音記号の上に鼻音化の補助記号［˜］（チルダ → 8.3）を付けて鼻音性を表します。たとえば、[e] が鼻母音になると [ẽ] のようにします。鼻母音を口腔母音から独立した音素として用いる言語もありますが、口腔母音と鼻母音が1つの音素の異音の関係になっている言語もあります。

鼻母音ではすべての呼気を鼻から出すわけではありません。口からも出すし、気流の量は一般に口腔のほうが多いと言われています。しかし、鼻母音は、通常の（口腔）母音に比べて籠もったような音色で明瞭さに欠けます。このため、鼻母音と口腔母音の両方を使う言語でも、不明瞭で区別しにくい

14.2. 鼻母音

　鼻母音は音素の数が少なくなる傾向があります。たとえば、フランス語（→図14-6）には、12の口腔母音音素がありますが、そのうち対応する鼻母音があるのは4つだけです。その4つのなかでも部分的に区別が失われ（[œ̃] が [ɛ̃] に合流）、現在は3つを区別するだけだとされています。

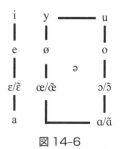

図14-6

　また、日本語話者にとっては、鼻母音を含むフランス語からの借用語が Lupin [lypɛ̃]「ルパン」、lundi [lœ̃di]〜[lɛ̃di]「ランディ」、croissant [kʁwasɑ̃]「クロワッサン」と表記されることから推定できるように、[ɛ̃] / [œ̃] / [ɑ̃] はいずれもア段＋「ン」と認識されて、区別しにくいことがわかります。ただし、[ɔ̃] は crayon を「クレヨン」として借用するように、オ段＋「ン」と捉えています。

◀)) 183 フランス語の例

lendemain [lɑ̃dmɛ̃]「翌日」　　longtemps [lɔ̃tɑ̃]「長いあいだ」
lundi [lœ̃di〜lɛ̃di]「月曜日」
Lupin [lypɛ̃]「ルパン」　　crayon [kʁɛjɔ̃]「鉛筆・クレヨン」
croissant [kʁwasɑ̃]「三日月・クロワッサン」

　英語でも母音音素の異音として、鼻母音が現れることがあります。特に /æ/ などで、鼻子音の直前の部分（＝母音の後半）のわたりとして鼻音化が観察されます。日本語でも、撥音「ン」（→8.5）として鼻母音が使われていますが、多くの日本語話者は鼻母音であるという意識がありません。また日本語でも英語と同様に鼻音の隣の母音が鼻音化することがあります。

◀)) 184 英語の例

man [mæ̃n]「人」　　hand [hæ̃nd]「手」　　some [sʌ̃m]「多少の」　　pen [pɛ̃n]「ペン」　　point [pɔĩnt]「点」

◀)) 185 日本語の例

繊維 [seĩi]　　半音 [hau̯õɴ]　　長い [nãŋai]

◀)) 186 練習 14-1

1〜12の発音を聞き、[mɛ̃] [mɑ̃] のいずれかを判断しなさい。

🔊 187 練習 14-2

1～12 の発音を聞き、[mĩ][mũ] のいずれかを判断しなさい。

14.3. 母音の無声化

　母音は原則としてすべて声帯の振動を伴う有声音ですが、声帯を振動させずに発音することも可能です。声帯が振動しない母音の調音を**母音の無声化** (vowel devoicing) と言います。標準語や東京方言などの方言では、前後に無声子音があるとき、一定の条件下で、/i/ と /u/ の母音が無声化する現象が見られます。これは、前後の無声子音に影響を受けた同化 (→ 24.3.2) 現象と考えられます。たとえば、「菊」では、前後に無声子音 [k] のある [i] が無声化します。無声化は [̥] を付けるので [ki̥kɯ] とします。また、「秋。」と言って黙る場合 (＝無声子音と休止のあいだに狭母音がある場合) にも、この狭母音が無声化して [aki̥] となります。それに対して、「着る」[kirɯ] は直後の子音が有声なので、母音は無声化しないのが普通です。

　/i/ や /u/ の無声化ほど頻繁ではありませんが、語頭の「カ」「コ」「ハ」「ホ」などの母音 /a/ や /o/ が、無声子音の前でアクセントの低いときに無声化すると指摘されています (例えば「価格」[kḁkakɯ]、「他」[ho̥ka] など)。

　母音の無声化が起こる方言では、たとえば「下」の「シ」、「そうです」の「ス」のように、摩擦のあとで母音が無声化すると、母音の構えをする時間がなく [ɕːta][soːdesː] のようになり、実質的に母音が脱落することがあります。その場合も、音韻論的な配慮から母音の無声化として [ɕi̥ta] や [soːdesɯ̥] のような記述が見られます。

　母音の無声化は、関東・北陸・東北南部・九州などでは見られるものの、そのほかの母音の無声化が起きない地域の人たちには決して聞き取りやすくはないようです。たとえば、無声化しない方言の人にとっては、東京方言で「節」を [ɸɯ̥ɕi] のように発音されると、語頭の「フ」が聞き取りにくく感じます。反対に、無声化する方言の話者が、無声化しない言い方をくどく感じる傾向もあります。無声化する地域でも、「節くれ」で [ɸɯ̥ɕikɯre] のような無声化の連続は避けられることが多いのですが、[ɸɯɕi̥kɯre] か [ɸɯ̥ɕikɯre] かはゆれがあります。なお、首都圏では若者を中心に母音の無声化の減少傾向が見られるそうです。

🔊 188 日本語の例

「菊」[kik̥ɯ]　「秋」[aki̥]　「価格」[kak̥akɯ]、「他」[hok̥a]　「下」[ɕ̥:ta]
「そうです。」[so:des̥:]　「節」[ɸɯ̥ɕi]　「節くれ」[ɸɯ̥ɕikɯɾe][ɸɯɕi̥kɯɾe]

🔊 189 練習 14-3

1～12 の発音を聞き、母音の無声化の有無を判断しなさい。
([kɯtɕi] / [kɯ̥tɕi])（[ɕita] / [ɕi̥ta])（[koko] / [kok̥o]）

14.4. R音化

　イギリス英語（RP）で fur は [fəː] のように発音されますが、アメリカ英語の標準的発音（GA）では、母音に /r/ の音色が加わります。この母音を、IPA ではシュワー [ə] に補助記号 [˞] を付けて [ɚ] と表示します。この補助記号は「R音化（rhotacization, r-coloration)」を表します。R音化は母音が r 的な音色を伴うことです。英語の発音記号として、右フック付きシュワー（right-hook schwa）の [ɚ] を用いることもあります。

　アメリカ英語の /r/ には、中舌のもり上げによる接近音 [ɰ] に近い音と反り舌接近音 [ɻ] との2通りの調音がありますが（→ 10.1)、母音のR音化にもこの2つが用いられ、特に中舌のもり上げがよく用いられます。子音としての /r/ は音節主音にならないのに対し、R音化母音は音節主音になるという点が異なるだけで、構え方は同様とされます。つまり、中舌が単なる [ə] よりもり上がる（＝もり上がり舌）[60] か、舌先が硬口蓋前部に向かって反り上がり（＝反り舌）、同時に舌根が咽頭壁に近づいて奥舌に縦のくぼみができる構えです。

　たとえば、fur の母音 [ɚː] は、もともと [əɻ] のような2つの音が1つのR音化母音に融合したものです。同様に、r色を帯びた [ɑ] や [ɔ] を表すには [ɑ˞] や [ɔ˞] を用い、far [fɑ˞ː] や four [fɔ˞ː] とすることもあります。これらの母音は後半でR音化の性質が強まるため、[fɑɚ] や [fɔɚ] のようにR音化したシュワーを添えた二重母音としての記述や、後半を接近音とする [fɑɻ] や [fɔɻ]、さらに [fɑr] や [fɔr] のように簡略表記されることもあります。

---

60) 舌根が咽頭に近づくことから、咽頭化の補助記号を用いて [ɚˤ] と精密表記することもあります。

なお、中国語の反り舌によるR音化「児化（儿化, érhuà）」には、意味や品詞を変える機能があります。また、zhī（知）[tʂɨ]「知る」など反り舌子音の後ろの /i/ の発音記述で母音がR音化の補助記号を伴うことがありますが、これも母音が反り舌になっていることを表しています。[61]

🔊 190 　アメリカ英語の例

panda [pændə]「パンダ」　pander [pændɚ]「悪事の仲介者」　her [hɚː]「彼女が」　hurt [hɚːt]「傷つける」　heart [hɑɚt]「心・心臓」　horse [hɔɚs]「馬」

🔊 191 　中国語の例

那儿 nàr [nɐ˞]「そこ」　花儿 huār [χʊɑ˞]「花」　知 zhī [tʂɨ]「知る」

　練習 14-4

IPAを書く練習をしましょう。順に、① 非円唇中舌中央母音、② 非円唇中舌半狭母音、③ 非円唇中舌半広母音、④ 円唇中舌半狭母音、⑤ 無声歯摩擦音、⑥ 円唇中舌半広母音、⑦ R音化した非円唇中舌中央母音、⑧ R音化した非円唇中舌半広母音です。

　ə　ɛ　ɜ　θ　ɞ　ɚ　ɝ　　　　　　　　　　　　　　

14.5. 舌根の位置

　母音の記述には主に舌の最高部の位置が用いられますが、これに加えて舌根の位置が関わる場合があります。舌根が普通の状態より前に位置し、咽頭が広い状態を ATR（advanced tongue root）あるいは ＋ATR と言います。それに対して、そうなっていない通常の状態や、通常より舌根が後ろにあって咽頭が狭くなった状態を RTR（retracted tongue root）、あるいは －ATR と言います。普通より舌根が後ろに引かれるという意味での RTR は、咽頭化（→ 6.4）と同じ方向の変化です。IPA では ATR を [̟]、RTR を [̠] という

---

61) 中国語学ではこの母音を表すのに [ɿ] という記号をよく使います。ただし、実際には摩擦を伴うことがある子音的な調音であることから、IPA では [tsz̩] [tsɹ̩] のように記述することもあります。

補助記号を下に付けて示します。

クラシックの声楽では、声の共鳴のために咽頭を広く開けることが多く、歌唱中に常にATRが見られます。言語音としては、ナイジェリアで話されているイグボ語では、ATRであるかどうかが弁別的要素となります。

アメリカ英語のfurなどの母音（→ 14.4）は、舌根が咽頭壁に向かって近づきますから、RTRの特徴があると言えます。

14.6. 二重母音と母音連続

ここまで扱ってきた母音は、基本的に最初から最後まで音色が変わらないことを前提とした単母音（monophthong）です（14.4節のR音化母音 [ɑɚ] [ɔɚ] を除く）。しかし、実際には途中で音色の変わる二重母音、三重母音といったものがあります。

二重母音（diphthong）とは、英語のfive [faɪ̯v] の [aɪ̯] のように始めと終わりで音色の変わる母音です。[̯] は、それが付いた音が音節副音だと示す補助記号で、その部分が母音の音色を持ちながら音節主音にならないことを示します。補助記号 [̯] が付かない音節主音の音色を持った部分を主母音、音節副音の音色の部分を副母音と呼ぶこともあります。二重母音は母音を表す2つのIPA記号で書かれ、[̯] や連結線 [‿] が省略されることもあります。英語の /aɪ/ のように音韻論で二重母音音素とみなされるものは、/a/ + /i/ のような2つの音素としてでなく、/aɪ/ で1つの音素として扱われることがあります。

これに対し、たとえば英語naïve [nɑːiːv] の [ɑːiː] の部分は、単に2つの母音が隣接しているだけです。これを**母音連続**（＝連母音、ヒアトゥス（hiatus））と呼び、音韻論的に二重母音とは区別します。母音連続は、別個の母音同士が偶発的に隣り合うだけなので、さまざまな母音の組み合わせがありえます。個別言語で二重母音音素とみなされるものは、前半と後半の音色の組み合わせが一定数に限られます。

母音連続と二重母音は、基本的には音韻論的な概念の違いですが、音声面での違いもあります。典型的には、母音連続では2つのそれぞれ異なる母音の持続時間があり、その境目では短時間に急激に音色が変化するのに対し、二重母音では少なくとも副母音の部分の音色の持続時間がごく短く、音色が

徐々に変化していくという違いです。副母音は接近音とみなされて、[a͡ɪ] が [aj] のように記述されることもあります。また、[ɔ͡i] のように記述されていても、後半が必ずしも [i] の位置に到達するとは限らず、[i] に向かう途中の [ə] のあたりで終わってしまう場合もあります。とはいえ、音色の変化のスピードやそれぞれの音色の明瞭さだけで、二重母音音素かどうかは判定できません。音素は音韻論において体系を見て判断します。

　二重母音のうち、主母音が前に来る場合と後ろに来る場合があります。主母音＋副母音の順のものを下降二重母音（falling diphthong）、副母音＋主母音の順のものを上昇二重母音（rising diphthong）と言います。中国語では /ia/ のような上昇二重母音も、/ai/ のような下降二重母音もあります。英語には [a͡ɪ] /aɪ/ などの下降二重母音はありますが、上昇二重母音の音素は認めておらず、yacht [jɑt] の [jɑ] /jɑ/ は接近音＋母音とみなされるというように、言語によってどちらか一方しか音韻論的に認められない場合があります。

　日本語では一般的に二重母音音素を認めていませんが、母音連続が二重母音的に発音されることはよくあります。たとえば、「入る」の /ai/、「帰る」の /ae/、「遅い」の /oi/、「払う」の /au/ などの 2 つ目の母音が、日常会話のなかで比較的ぞんざいに発音される場合などです。なかでも「映画」「メイン（main）」などの漢語や外来語においてエ段＋イで表記される音は、二重母音的な [eɪ] から音色の変わらない長母音 [eː] までのさまざまな発音があります。

　アメリカ英語では [a͡ɪ] /aɪ/ などの二重母音音素があります。さらに、fire [faɪɚ] の [aɪɚ] などを三重母音（triphthong）と呼ぶこともありますが、これは音素としては二重母音音素 /aɪ/＋単母音 /ɚ/（もしくは接近音 /r/）とみなされます。中国語では主母音の前の副母音（＝介音）と主母音の後ろの副母音（＝尾音）を持つ、/iao/ などの三重母音があります。三重母音は、音色の変化の方向が一直線でなく、途中で変化の向きを変えるものだと言えます。

　なお、音素として単母音とみなされている母音でも、実際に最初から最後まで同じ音色であるとは限りません。たとえば、[mɨ] と記述されるロシア語の мы「私たち」などは、細かく見ると [mɨj] のように途中で音色が変わることが指摘されています。さらに、単語のなかで隣接する音の影響も考えれば、多くの母音が途中で音色を変えていると言えます。たとえば、アメリカ英語の merry /mɛri/ では、母音音素 /ɛ/ のあとに /r/ に向かう途中のわたり音

14.6. 二重母音と母音連続

として母音 [ɚ] の音色が入り、二重母音 [ɛɚ] を持つ Mary と同じようになることがあります。

🔊 192 **英語の例**

二重母音　five [faɪ̯v]　rear [ɹɪɚ̯]　boy [bɔɪ̯]
母音連続　naïve [nɑːiːv]　reaction [ɹiækʃən]
単母音の音色の変化　merry [mɛᵊɹi]（[mɛɚ·i]）

🔊 193 **中国語の例**

上昇二重母音　虾 (xiā) [ɕi̯a˥]「エビ」　靴 (xuē) [ɕy̯e˥]「ブーツ」
下降二重母音　哀 (āi) [a̯i˥]「悲しむ」　都 (dōu) [to̯u˥]「すべて」
三重母音　消 (xiāo) [ɕi̯a̯o˥]「消える」　衰 (shuāi) [ʂu̯a̯i˥]「衰える」

🔊 194 **ロシア語の例**

мы [mi]（[mi͡i]）「私たち」

第 15 章

拍と音節

　これまでの章では、子音や母音といった個々の音（分節音）について学んできました。しかし、日本語を母語とする人はたいてい「ラ」の子音だけ発音するように言われてもできません。実際にことばとして発するときには、分節音はいくつかがまとまって使われます。そこでは、どう配列されるか、どのようなまとまりや単位をなすかが重要なのです。

15.1. 日本語の拍

　東京方言を含む多くの方言では、単語を最小単位で区切ろうとすると、「さ・か・な」「お・か・あ・さ・ん」のように、仮名文字1字ずつにするのが普通です。それだけでは発音できない促音「っ」や、2文字で1単位の音になる拗音「しゃ」は区切れませんが、次の俳句の例からは、引き音（＝長母音の後半部分）や撥音や促音も1つとして数えることがわかります。

🔊 195 　日本語の例
　柿食へば (5) 鐘が鳴るなり (7) 法隆寺 (5) （正岡子規）
　寒月や (5) 門なき寺の (7) 天高し (5) （与謝蕪村）
　梅が香に (5) のつと日の出る (7) 山路かな (5) （松尾芭蕉）

　このような日本語の音の単位を**拍**と呼びます。また、拍は**自立拍**と**特殊拍**に分けられ、自立拍には、1子音＋1母音から、あるいは、母音1つのみからなる直音と、「キャ」など小書きの「ゃ・ゅ・ょ」を添え書きする拗音があります。特殊拍は通常それだけでは発音されない、①撥音「ン」、②促音「ッ」、③長い母音の後半部「ー」の引き音、という3種類があります。特殊拍はそれぞれが1拍分の長さを持つものの、音声としては直音や拗音のあとに付属して現れ、音声の実質と言うよりも日本語の音韻体系上存在を認められる音素なので、特殊音素とも言います。日本語音韻論では、特殊音素であ

る撥音を /N/、促音を /Q/（あるいは /T/）、引き音を /R/ のように大文字で表すのが慣例です。

　日本語について母語としての直観があれば、拍はどれも同じくらいの時間幅があると感じられます。このため、拍は等時的単位（timing unit）とされ、拍の数を揃えることで定型詩や標語などに必要なリズムを整えます。ただし、実際に測ってみると、必ずしも完全に同じではなく、母音が無声化した拍や撥音の時間は自立拍の時間よりも短いことが多く、それ以外でも長さにばらつきがあります。それでも、単語や句のなかで調整され、全体としては同じ拍数ならば同じくらいの長さで発音される傾向が見られます。また、自立拍では、たとえば摩擦音のように時間がかかる子音の後ろでは母音を短く、はじき音のように一瞬で終わる子音の後ろでは母音を長めに発音するなど、無意識のうちに拍の長さがある程度揃うように調整して発音されます。

　日本語の拍はアクセントとも深く関わります。日本語の標準語や多くの方言で、拍の切れ目がアクセントによる声の高さの変わり目になっています（→ 第 17 章）。

🔊 196　日本語の例

さ・か・な	パ・ン・ダ	お・か・あ・さ・ん
低 高 高	高 低 低	低 高 低 低 低

　拍に関する IPA の記号はありませんが、引き音を伴う母音や撥音・促音となる子音が長めに発音されることから、長さに関する補助記号 [ː] [ˑ] を用いることがあります。たとえば、「お母さん」[okaːsanˑ]、「雑誌」[dzaɕːi]、「作家」[sakːa]（[sakˑka]）、「一通」[itːsuː]（[itˑtsuː]）などのように使います。ただ、この補助記号は、長いけれども相対的にそれほど長くないときに「やや長め」の [ˑ] を使い、相対的にかなり長いときに「長め」の [ː] を使うもので、日本語の拍のように長さが揃っていることを意味するわけではありません。

練習 15-1

次の語の拍数を数えなさい。
トマト　えんどう　きゅうり　アスパラガス　ほうれんそう　ブロッコリー

15.2. 音節

15.2.1. 音節とは

拍と似たものに、**音節**（syllable）があります。英語の syllable は「まとまり」を意味するギリシア語に由来し、1 つ以上の分節音が連続して成すまとまりを音節と言います。音節は、基本的に母音を中心としたまとまりなので（→ 1.5）、語には母音の数だけ音節があると考えることができます。母音のように音節の中心になる役割を持つ音を**音節主音**、その前後にあっていっしょに音節を構成する音を**音節副音**と言います。

日本語の「胃」「木」「茶」などは自立拍が 1 拍で 1 音節です。しかし、特殊拍は 1 拍で 1 音節になりません。たとえば「案」「塔」という語は「自立拍＋特殊拍」の 2 拍で 1 音節です。「法被」は 3 拍 2 音節ですが、「はっ」の部分は 2 拍で 1 音節になっています。

英語の音声では拍という概念を用いることがなく、音節だけで記述します。sun も soup も straight も gold も 1 母音で 1 音節です。このとき、[eɪ] [oʊ] や [ɔː] などの二重母音や長母音も 1 母音とみなします。Sunday は 2 音節、Saturday は 3 音節で、日本語の「サンデー」「サタデー」もそれぞれ 2 音節と 3 音節ですが、日本語としてはどちらも 4 拍になります。

子音はふつう音節主音にはなりませんが、流音や鼻音や接近音など音節主音になれる子音もあります。英語では母音に隣接しない位置に /l/ /m/ /n/ があるときには、これらを主音として音節を数える場合があります。たとえば angle /æŋgl/ は母音 /æ/ に加えて /l/ も音節主音になるため、2 音節です。音節主音になっている子音を「音節を成す子音」という意味で**成節子音**（syllabic consonant）と言います。成節子音であることを表す IPA の補助記号は下に付ける [̩] で、音節の境界は補助記号 [.] で示すので、上の例 angle は [æŋ.gl̩] と表せます。

2 つ以上の音節から成る単語をできるだけ区切って発音するときは音節境界で区切るのが普通です。英語では、Sunday /sʌn.deɪ/ は /sʌn/ と /deɪ/ に分けられます。日本語の場合、たとえば「引っ込んだ」は音節で「ひっ」/hiQ/ と「こん」/koN/ と「だ」/da/ に分けます。このうち、特殊拍である促音「っ」は単独で発音できませんし、撥音「ん」は単独だと発音しにくいと感じる人が多いでしょう。

単語を分節音の羅列ではなく音節というまとまりに見ることで、うまく説明のつく音声の現象がたくさんあります。たとえば、ドイツ語では、音節の末尾の b, d, g の文字は無声音 [p] [t] [k] と発音されるという決まりがあります。これを音節という概念を用いずに説明しようとすると、前後の分節音の配列や語構造について面倒な記述が必要です。

🔊 197 ドイツ語の例

d を [t] と発音する例　　Lied [liːt]「歌」　　Gold [gɔlt]「金」　　Gold.ring [gɔlt.ʀɪŋ]「金の指輪」　　Mäd.chen [mɛːt.çən]「少女」
d を [d] と発音する例　　Le.der [leː.dɐ]「皮革」　　gol.den [gɔl.dən]「金の」　　Hy.dra [hyː.dʀa]「ヒドラ」

15.2.2. 聞こえの階層

音節を細かく見ると言語ごとにそのあり方が異なり、すべての言語に共通する普遍的な定義は立てられません。しかし、共通する特性について説明することは可能です。よく知られているのは、**聞こえ**（sonority）に基づく説明です。

「聞こえ」とは、音声学の用語で、同じ条件で発音された個々の音の相対的な大きさを指します。聞こえが高ければ遠くからでも聞き取りやすく、聞こえが低ければ聞き取りにくくなります。聞こえにはおよそ次のような階層があるとされています。

　　　　聞こえの階層（ソノリティ・スケール）:
　　　　広母音＞…＞狭母音＞流音＞鼻音＞摩擦音＞破裂音

摩擦音と破裂音については、有声音のほうが無声音より聞こえが高くなります。言語によっては、無声摩擦音が有声破裂音より下に置かれることもあります。また、母音の広さによる区分が適用できないことや、流音のなかで震え音と側面接近音の聞こえに差があるケースなど言語による違いも見られ、上記の階層と若干異なるものも提案されています。また、聞こえの低い摩擦音と破裂音を阻害音（obstruent）、聞こえの高い接近音・流音・鼻音を共鳴音（sonorant）としておおまかに分けることもあり、この場合は、母音＞共鳴音＞阻害音、となります。聞こえを用いて音節を定義すると、「聞こえの高い音

を中心とした音のまとまり」となります。

　聞こえの階層を縦軸に、横軸に音素の連鎖を対応させたグラフが図15–1です。ここでは山の頂点の数だけ音節があることになります。日本語の「さかな」は3音節、「パンダ」は2音節、「お母さん」は3音節、英語のprintは1音節、shampooとangleは各2音節であることは、グラフからも確かめられます。printの図からは、多数の分節音から成る音節も聞こえの階層が低い音から徐々に高い音へ、そして頂上から徐々に低い音へと、きれいな山型を成しているとわかります。音節の形が山型であることから、shampooの図から音節が/ʃæ.mpuː/でなく/ʃæm.puː/と分けることに説明がつきます。angleの図からは、/l/の聞こえが子音としては高く、直前・直後にこれより聞こえ

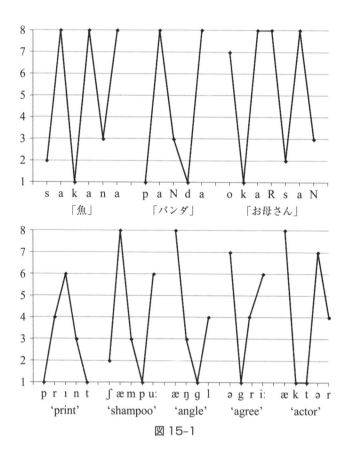

図15–1

15.2. 音節

の高い音がない山の頂上になるために、/l/ が成節子音になることがわかります。

しかし、聞こえで音節のすべてが説明できるわけではありません。同じような音連続でも、ある言語では成節子音になり、別の言語では成節子音にならないことがあります。たとえば、英語の feminism [fɛm.ə.nɪz.m̩] は語末の [m] が成節子音になり、語全体で4音節と数えますが、ロシア語には成節子音がなく、феминизм [fʲɪ.mʲi.nʲizm]「フェミニズム」は母音の数と同じで3音節です。

このように、成節子音になる音や音節の境界は言語によって異なりますが、「破裂音のように聞こえが低いものが成節子音になり、流音のように聞こえが高いものが成節子音にならない言語はない」といった点で、普遍性があります。

練習 15-2
次の語の音節数を数えなさい。
トマト　えんどう　きゅうり　アスパラガス　ほうれんそう　ブロッコリー

練習 15-3
ドイツ語の例について、「音節」という用語を用いずにどのような場合に文字 d が無声音として読まれるかを説明しなさい。

15.2.3. 音節の構造

音節は母音か母音に近い子音を核にして形成され、音節形成の中心になる音を、**音節主音**または**音節核**（nucleus, peak）と呼びます。母音の前にある子音を**音節頭子音**（onset）、母音の後ろにある子音を**音節尾子音**（coda）と呼び

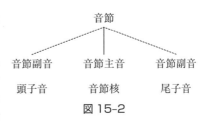

図 15-2

ますが、これらはいずれも音節副音に分類されます。すべての音節が音節核を持ちますが、頭子音や尾子音は言語によって必須とは限らないこともあります。また頭子音と尾子音のどちらがより音節核と緊密な関係を持つかも言語によって異なります。

日本語では音節は自立拍のみか、自立拍＋特殊拍という構成です。まず、頭子音と音節核（＝母音）がひとまとまりで自立拍を成し、そこへ特殊拍が付きます。特殊拍のうち撥音と促音は尾子音に位置づけられ、引き音は自立拍に含まれる母音と合わさって1つの音節核母音を成します。

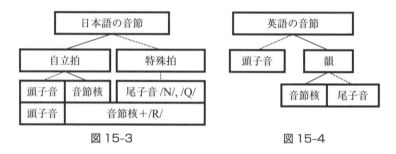

図 15-3　　　　　　　　図 15-4

英語では音節主音と尾子音が1つのまとまりを成します。このまとまりを**韻**（rhyme）と呼びます。この韻に頭子音が付きます。韻文やキャッチコピーなどでは、しばしば頭子音は頭韻（alliteration）を、韻は脚韻（rhyme）を踏むように揃えられます。音節主音が頭子音よりも尾子音と強く結びつくことは混成語の構造からもわかります。

尾子音を持つ音節を**閉音節**（closed syllable）、尾子音を持たない音節を**開音節**（open syllable）と区分しますが、声道に顕著な狭めがなく開いた状態で終わるのが開音節、声道に子音を調音するための狭めがあってある程度閉じている状態で終わるのが閉音節に相当します。日本語は開音節の割合が高いので、開音節言語と呼びます。

閉音節を持たない言語は存在しますが、開音節を持たない言語は存在しません。また、頭子音を持たない言語は存在しませんが、尾子音のある音節を持たない言語は存在します。このことから、頭子音はあるのが無標、尾子音はないのが無標という見方があります。

練習 15-4

次の英語の混成語の例において、元となった2つの単語とできあがった混成語を構成する音を頭子音と韻に分け、その境界を比較しなさい。

sp(oon)＋(f)ork → spork　　sm(oke)＋(f)og → smog

br(eakfast)＋(l)unch → brunch

15.2.4. 音節の境界

　1つの単語に2つの音節があり、それぞれの音節主音のあいだに複数の子音があるときなど、どこに音節の切れ目があるかがわかりにくいことがあります。また、2つの母音が並んでいるように見えても、それぞれ別の音節主音なのか、それとも1つの二重母音なのかという点にも注意しなければなりません。音節の境目は個別言語ごとに異なるとらえ方もありますが、以下のような普遍的な原則があります。

(1) 母音連続はそのあいだに音節境界があり、二重母音は1つの音節に属する。
(2) その言語において語頭に現れない子音（連続）は語中で音節頭子音にならない。
(3) その言語において語末に現れない子音（連続）は語中で音節尾子音にならない。
(4) ほかの条件を満たす限り、母音間の子音連続は頭子音を最大にするように分割される。

　(1) の母音連続とは、英語 naïve [nɑː.iːv] の [ɑː.iː] の部分のように、単に2つの母音が隣接していることです (→ 14.6)。それに対して、二重母音は、five [faɪ̯v] の [aɪ̯] のように、始めと終わりで音色の変わる1つの母音です。個別言語において1つの音素とされている二重母音は、その途中に音節境界が入ることはありません。補助記号 [̯] が付く母音記号が表す音は音節副音です。five [faɪ̯v] では音節主音となる母音は1つであって、この単語は1音節語ということになります。

　なお、日本語には二重母音音素はありませんが、母音連続が二重母音的に発音されることはよくあります。音韻論では、連続する母音音素の2つめが /i/ で二重母音的になる場合、この /i/ を特殊拍 /J/ として1つ目の母音とともに1つの音節を成すとする見方があります（例:「貝」/kaJ/）。

　(2) の例として、英語では [ŋ] は語頭に現れないという現象があります。singer [sɪŋɚ] において [ŋ] が頭子音となる [sɪ.ŋɚ] という音節分割は不可能で、[sɪŋ.ɚ] となります。また、英語では語頭に [kt] という子音連続がないことから、cocktail を [kɑ.kteɪl] という分割するのは不可能で、実際は [kɑk.teɪl] となります。

(3) の例として、英語では語末に [b] 単独では現れます (lob, cab など) が、[bs] [bst] は現れないことから、lobster は [lɑb.stɚ] と分割されます。

(4) は、他の条件を満たす範囲で、頭子音の数がなるべく多くなるように音節分割されるという原則です。たとえば、respect は (2) と (3) から [ɹɪsp.ɛkt] でも [ɹɪs.pɛkt] でもよいはずですが、実際には [ɹɪ.spɛkt] と分割され、後ろの音節の頭子音がなくなるのを避けています。

ただし、言語によって、アクセントが音節境界に関与する場合や音節境界があいまいな場合もあります。たとえば、英語 runner [ɹʌnɚ] の母音間の子音 [n] は、前の母音とも後ろの母音とも同じ音節に属する両音節的 (ambisyllabic) だとされます。なお、IPA でそのような音節を記述する方法は確立されていません。

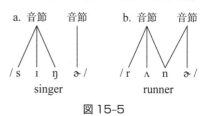

図 15-5

15.3. モーラ

15.1 節で見た拍は、日本語におけるリズムを支配する単位ですが、他の言語でも長さに関わる単位として、モーラ (mora) という概念を持つものがあります。モーラとは「遅れ、引き延ばし」という意味のラテン語に由来し、韻文のリズム (＝韻律) についての用語です。ラテン語では o は短母音なのでそのままなら「モラ」とすべきところですが、mora が英語に借用されたときに o が長母音になり、日本語はそれを借用したので「モーラ」としています。日本語の拍もモーラの一種ですが、他の言語の持つモーラが日本語の拍と同じだとは限りません。日本語の拍 (＝モーラ) は少なくとも意識上は同じ時間をかけて発音する音のまとまりですが、他の言語のモーラはそうとは限らないのです。

たとえば、ラテン語では、長母音と短母音および二重母音があり、長母音と二重母音は 2 モーラ、短母音は 1 モーラに数えます。頭子音はモーラを数えませんが、尾子音は 1 モーラと数えます。つまり、短母音と尾子音を持つ音節は 2 モーラの音節ということになります。そこで 1 モーラの音節は「短音節」、2 モーラ以上の音節は「長音節」と呼ばれ、この長音節／短音節の配

置とアクセントの配置が定型詩のリズムを形成するという意味で、モーラは長さに関わっています。しかし、1 モーラだから短母音と尾子音が同じ持続時間を持つというわけではないのです。

ラテン語の音節のモーラ数はアクセントとも関係があり、単語のアクセントの位置は次のような規則によっています。

【ラテン語アクセント規則】　語末から 2 番目の音節が長音節ならその音節に、短音節なら語末から 3 番目の音節にアクセントがある。

たとえば、fortūna [for.tu:.na]「幸運」では、語末から 2 番目の音節 [tu:] の母音が長い（母音字の上にある横線は長音符（マクロン）と呼ばれ、長母音であることを示します）ので、この音節が長音節であり、Augustus [au̯.gus.tus]（人名）は語末から 2 番目の音節 [gus] に尾子音 [s] があるのでこの音節が長音節で、ともに語末から 2 番目の音節にアクセントが置かれます。一方、Cicerō [ki.ke.ro:]（人名）は語末から 2 番目の音節 [ke] の母音が短く、この音節には尾子音もないため短音節であり、アクセントは語末から 3 番目の音節 [ki] に置かれます。

このようなアクセントの傾向は英語にも見られます。英語の母音は heat などに含まれる母音 [i] は長母音、hit などに含まれる母音 [ɪ] は短母音と呼ばれることがありますが、長母音・短母音と言っても実際の物理的な長さを必ずしも表していません。しかし、いわゆる長母音や二重母音はラテン語と同様にそれぞれ 2 モーラ、短母音と音節末子音はそれぞれ 1 モーラの扱いとなり、3 音節以上の多くの名詞のアクセントがラテン語と同じ規則に従っています。また、英語には 1 音節の単語がたくさんありますが、1 モーラの単語は冠詞以外に存在しないという、最少モーラ数による単語の長さの制約があります。

ただし、英語の場合、長音節／短音節という言い方は一般的ではありません。英語を含むさまざまな言語の音韻論的分析において、モーラの数に関係する音節の性質を音節量（syllable weight）と呼び、音節の下位分類の呼称の関係は表 15–1 のようなものが多く用いられています。この表では、V̆ が短母音を、V̄ が長母音および二重母音、V が母音一般を表しています。1 モーラ音節を軽音節（light syllable）、2 モーラ以上の音節を重音節（heavy syllable）とします。3 モーラ以上となる音節も、重音節の一種ではありますが、

超重音節（superheavy syllable）として区別されることがあります。しかし、尾子音がどんな場合でもすべて1子音＝1モーラと数えられるわけではなく、モーラの数え方は言語によって異なるので、注意が必要です。

表15-1　音節の種類と音節量

開音節	閉音節		
…V̌	…V̄	…V̌C	…V̄C, …VCC
1モーラ	2モーラ		3モーラ以上
軽音節	重音節		超重音節

練習 15-6

次のラテン語の単語でアクセントを持つ音節を丸で囲みなさい。
Ovīdius [o.wiː.di.us]（人名）　Catullus [ka.tul.lus]（人名）
imperātor [im.pe.raː.tor]「皇帝」

15.4.　モーラ言語と音節言語

　これまで見てきたように、標準日本語やラテン語などは、音節をさらに区分するモーラの概念が分析上必要となる言語で、トルベツコイ（Nikolai Trubetzkoy）はこのような言語を「**モーラを数える言語**（**モーラ言語**；mora-counting language）」と呼びました。一方、ロシア語は母音の長短の区別がなく、音節尾子音の有無がアクセントの位置などに関わることもないため、モーラ数が意味を持ちません。このように音節をモーラに細分する必要のない言語は「**音節を数える言語**（**音節言語**；syllable-counting language）」と呼ばれます。

　このように、用語としてはモーラ言語／音節言語の2つに分けますが、モーラ／音節の重要度によって言語を分類するとすれば、実際にはその中間段階も存在します。ラテン語ではモーラがアクセントの位置を決めるうえで重要ですが、アクセントが置かれるのはモーラではなく音節ですから、モーラの役割は標準日本語ほど大きくはありません。英語でもラテン語と同様の規則に従ってアクセントの位置が決まる単語がたくさんあり、モーラの働きはあると言えますが、それですべての単語のアクセントが決まるわけではありま

せん。ラテン語に比べればモーラの役割が小さいのです。標準日本語では、アクセントはモーラの単位で与えられます。たとえば「おかあさん」の「カー」という音節のうち、「カ」のモーラだけがアクセントによって高くなります。これに対して、ラテン語はモーラ数でアクセント位置を決めても、アクセントを与えられるのは長母音を含む音節全体と考えます。

　日本語の方言にも、モーラの役割が大きい方言と小さい方言があります。前者をモーラ方言（mora dialect）、後者をシラビーム方言（syllabeme dialect）と呼びます。東京方言や大阪方言など多くの方言がモーラ方言です。シラビーム方言には東北や九州の一部の方言などが含まれ、典型的には、母音の長さの区別がない、特殊音素が自立拍音素に比べて特に短い、閉音節が比較的多いなどの特徴があります。さらに、アクセントに規則性がある場合、その位置が、たとえば「語末の拍」ではなく「語末音節」であるとか、「語末から2音節目」のように音節で数えることで効率よく記述されるという特徴があります。

第16章

さまざまな超分節要素と強調

　母音や子音などの個々の音を分節音（segmental）と言います。分節音は単独で使うこともありますが、ほとんどの語はいくつかの分節音が連なって作られています。分節音のまとまりがモーラや音節を形成し、さらに単語を作り、句や文といった単位を成すと、それぞれの要素の相対的な強さ・高さ・長さといった特徴が意味の違いと結びつくことがあります。こういった分節音の連続にまたがって生じる要素を**超分節要素**（suprasegmentals）、あるいは**かぶせ音素**、**プロソディ**（prosody）、**韻律的特徴**（prosodic feature）などと呼びますが、以下では主に超分節要素を用います。

　超分節要素のうち、単語の意味に関わるものに、アクセント（→ 16.2）や声調などがあります。また、単語の意味ではなく発話上の意味に変異を与えるものとしては、イントネーション（→ 16.2）やプロミネンス（→ 16.5）があります。

　ただし、こういった特徴をすべて超分節要素として用いるわけではなく、言語によっては、こうした特徴を意味の違いと結びつけないこともあります。それでも、その特徴が単語や文に特徴を与え、その言語らしさをもたらすことはよくあります。たとえば、フランス語で常に句末に現れるアクセントや、日本語の拍の等時性（＝リズム）（→ 16.3）などがそれにあたります。

　さらに、超分節要素はさらに話す速さやポーズ（＝休止）（→ 16.4）や声質なども含むことがあります。こうした特徴には、言語や方言による違い、話し手の世代差や個人的な習慣・心身の状態に基づく無意識的な違いもあります。また、話し手が聞き手の理解度を推定しながら意識的に調節することや、あとで述べるプロミネンスの手段として用いることもあります。

16.1. 声の強さと高さ

　超分節要素の物理的な実体である強さ・高さ・長さのうち、ここでは強さと高さについてその調節の仕方を見ておきましょう。

16.1. 声の強さと高さ

通常の肺からの呼気による声は、2.4 節で見たように、呼気が声帯を振動させて作られます。強い声すなわち大きい声を出すときには、声帯の開閉の際、閉じているときにはしっかりと閉じ、それが肺から呼気の強い圧力に押されて開くのを繰り返しますが、小さい声では呼気の圧力が小さく、声帯の動きも小さくなります。呼気が強くても息もれ声のように声帯のあいだが大きく開いていると大きい声になりません。大きい声を出すには、声帯を効率よく振動させなければなりませ

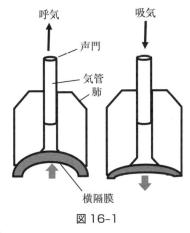

図 16-1

ん。声の大きさをコントロールするには、呼気量の調節と声帯の締め具合の調整が必要になります。このうち、呼気量の調節は、胸郭の動きを伴って肺の容量を調節する胸式呼吸によっても行なえますが、肺の下にある横隔膜を腹部の筋肉で調節する腹式呼吸（図 16–1）のほうが、大量の呼気をより持続的にコントロールできます。一方、声帯の締め具合の調節は、主に声帯の後ろ（＝背中側）に結びついている左右の披裂軟骨の角度を、周囲の筋肉の働きで調整して行ないます。さらに、声の通り（＝響き）のよさは、舌の構えなど声道の形によって決まる共鳴にも左右されます。

声の高さは、声帯振動の速さ（＝振動の頻度）によって決まり、速いほど高い声となります。100Hz の高さの声を出すときには、声帯が 1 秒間に約 100 回開閉します。長いゴムひもと短いゴムひもを同じ張り具合にして弾いてみると、短いゴムひものほうが速く振動します。同様に、声帯振動の速さは、声帯の長さに左右され、短いほうが速く、声が高くなります。成人では一般に女性の声帯（15 mm 前後）は男性の声帯（20 mm 前後）より短いので、速く振動し、高い声となります。しかし、個人の同じ声帯でもその張り具合によってある程度の幅で振動数を調節することは可能です。1 本のゴムひもを緩んだ状態で弾くのと、ぴんと張った状態で弾くのとでは、張った状態のほうが速く振動します。声帯が緩んでいればゆっくり振動して低い声に、前後に引き伸ばされて緊張した状態なら速く振動して高い声になります。調節のしくみを 1 つ挙げると、甲状軟骨と輪状軟骨を体の前側でつなぐ輪状甲状筋

が収縮すると、甲状軟骨が前に傾き、輪状軟骨の後ろに接合する披裂軟骨との距離が長くなることで、声帯が引き伸ばされ、ぴんと張って高い声が出る状態になります。また、声帯の下からの呼気の圧力も、声帯振動の速さに影響を与えます。

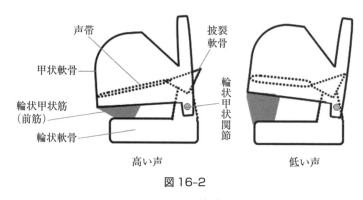

図 16-2

特に高い声を出そうとすると裏声（falsetto〔ファルセット〕）になることがあります。裏声にもさまざまなタイプがありますが、低い声のときの地声とは声帯の使い方が異なっており、高さの調節方法も異なります（→ 2.4）。

16.2. アクセントとイントネーション

アクセントとイントネーションは一般に混用されることがありますが、専門的には区別されます。まず、単語や句のなかで、いずれかの音節・モーラにおいて声を高くしたり強めたりするという形で現れる超分節要素を**アクセント**（accent）と言います。語レベルのアクセントなので厳密に語アクセント（word accent）と言うこともあります。アクセントは、高さの配置による**ピッチアクセント**（pitch accent）と主として、強さの配置による**ストレスアクセント**（stress accent）に大別できます（→ 第 17〜19 章）。なお、英語では accent という単語を「訛り」や「方言」「強調」といった意味でも使いますが、これは専門的な定義に基づく用語ではないので、本書ではこれらの意味では用いません。

これに対して、**イントネーション**（intonation）は、文や句の全体にかかる、声の高さの変化のことを指します（→ 第 20 章）。アクセントは、語句のレベ

16.2. アクセントとイントネーション

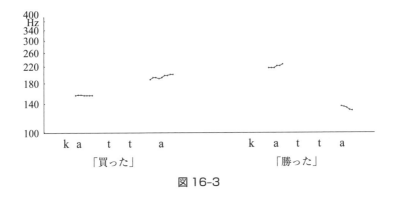

図 16-3

ルである程度固定しているか、系統だった手順で決められるものですが、イントネーションは、文や節などを発話に用いる際に意図を明示したり、解釈を効率的に伝えたりするために用いるほか感情によって変化することもあります。言語学的な手順としては、アクセントが先に決まっていて、それにイントネーションがさらに重なり、最終的に発話の高さの動きが確定すると考えます。

同じ「高さ」に関する概念であるピッチアクセントとイントネーションの比較のために、例を見てみましょう。標準日本語では、[katˈta]という同じ分節音の連続が、声の高さの配置によって「買った」と「勝った」という2つの異なる意味を表します。この2つの単語を特に何の感情も込めずに発音した際の、高さの変化の例を示したのが図 16-3 の**ピッチ曲線**（pitch contour）です。[k]と[t]は無声音であり、声の高さがありませんから、有声音である母音 [a] の高さを比較すると、「買った」は1つ目の [a] より2つ目の [a] が低くなっていますが、「勝った」は逆になっています。人によって声の高さは異なりますが、このような単語内部の高さの関係が単語ごとに決まっており、これをピッチアクセントとして捉えます。

これに対し、イントネーションは、たとえば「貴子が勝った。」と断定する場合と「貴子が勝った？」と人に尋ねる場合との違いに現れる、文や句にわたる高さの配置を言います（図 16-4）。こうしたイントネーションによる高さの配置は、返答なのか質問なのかといった文の役割（＝発話の意図）や文の構造、プロミネンス（＝強調する部分 → 16.5）などによって左右されます。上昇や下降といったピッチ変化のパターン（＝イントネーションの型）のみに

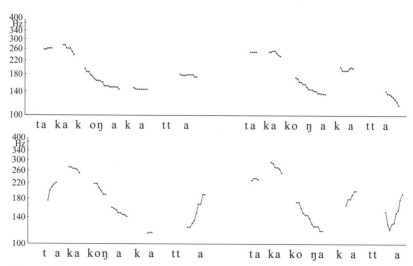

図16-4(上段・下段ともに「貴子が買った」「貴子が勝った」。上段は叙述文、下段は疑問文。)

注目することもあれば、文全体のピッチの変動の大きさや上昇開始の位置などのさまざまな要素を含めて扱うこともあります。

　また、イントネーションとアクセントは密接に関係します。実際の発話でどのような高さの配置になるかは、ピッチアクセント言語でもアクセントだけでは決まらず、イントネーションを左右する諸要素と合わせてはじめて文全体の高さの配置が決まります。また、英語などのストレスアクセント言語でも、イントネーションの型とアクセントの位置が絡み合って全体の高さの配置が決まります。

🔊 198 練習 16-1

2通りの発話を聞いて、アクセントの違いかイントネーションの違いかを答えなさい。

a. サクラ(＝植物)の写真を撮りました。／サクラ(＝人名)の写真を撮りました。
b. 来週行きます。／来週行きます？
c. コップに名前を書いておいてください。／コップに名前を書いて、置いてください。

d. 先週、アメリカから送ってもらった荷物が届きました。／先週アメリカから送ってもらった荷物が届きました。

16.3. 持続時間とリズム

16.3.1. 持続時間

　IPA で分節音の持続時間を表すには、次の 3 つの補助記号を使います。後ろに付けて長い (long) ことを示す [ː] と、やや長い (半長；half-long) ことを示す [ˑ]、上に付けて特に短い (extra-short) ことを示す [̆] です。普通の長さの母音が長母音との対比で「短母音」と呼ばれることもありますが、長さについて特に明示する必要がなければ、補助記号を付けないのが一般的です。しかし、補助記号がないなら同じ長さというわけではありません。子音も、摩擦音のように持続的に発音されるものもあれば、はじき音のように一瞬で終わる性質のものもあり、調音法で長さが変わることがあります。さらに、同じ破裂音でも無声音のほうが有声音より長めになることが多いという違いも見られます。

　音節構造や隣接する音との関係で長さが変わることもあり、たとえば、英語では、同じ母音でも、開音節や有声子音で終わる音節の母音のほうが無声子音で終わる音節の母音よりも持続時間が長くなる傾向があります。後続する子音などの違いで、長母音とされる beat の [iː] よりも短母音と呼ばれる bad の [æ] のほうが長くなることもあるのです。

🔊 199 英語の例

bee [iː]—bead [iː]—beat [iˑ]—bid [ɪˑ]—bit [ɪ]
rye [aːɪ]—rise [aːɪ]—rice [aɪ]

16.3.2. リズム

　リズム (rhythm) は、時間的に等間隔に何かが配置される現象です。言語によって等間隔に生じる単位は異なり、それが音声上のその言語らしさを形成します。たとえば、日本語は拍がほぼ等間隔で現れてリズムを構成する**モーラリズム**を持つ言語ですが、フランス語は音節がほぼ等間隔で発音される、**音節リズム**を持っています。こうしたリズム自体はどの単語や文でも共通し

ており、意味の違いをもたらすものではありません。

〈モーラリズムと音節リズム〉

🔊 200 日本語　　その日本語学校はとても人気がある。
/so no ni ho N go ga Q ko R wa to te mo ni N ki ga a ru/
[so no ni ho ŋ ŋo ga kʼko ː ɯa to te mo ni ŋ ki ŋa a ɾɯ]
● ● ● ● ● ● ● ● ● ● ● ● ● ● ● ● ● ● ● ●

🔊 201 フランス語の例
Cette école japonaise est très populaire.
[se.te.kɔl. ʒa.po.nɛz. ɛ.tʁɛ. pɔ.py.lɛʁ]

　モーラ言語である日本語には母音・子音とも長短の区別があり、「琴」[koto]と「コート」[koːto]、「差し」[saɕi]と「察し」[saɕːi]は、分節音の持続時間で意味が区別されます。これは、引き音や促音といった特殊拍が入ることでモーラの数が異なっているのであり、モーラのリズム自体が変化するのではありません。これに対し、たとえば「とにかくすごい」というのを、最初の拍を長めにして[toːnikakɯsɯŋoi]のように言う場合は、基本のリズムは強調のためにあえて崩されています。

　日本語とフランス語にはないリズムの要素に、英語などで見られるストレスアクセントがあります。ストレスアクセントが置かれる音節を強勢音節と言い、強勢音節は等間隔に現れるのです。このようなリズムを**強勢リズム**あるいは**強勢拍リズム**（stress-timed rhythm）と言います。この強勢音節を1つ含むまとまりを**フット**（foot; 脚）と言います。IPAではフットの境界を[|]で表します。

　英語は音節言語ですが、音節が等間隔に発音されるのではなく、文のなかで強勢音節ができるだけ等間隔になるように発音してリズムを作ります。通常、英語で強勢音節を含むのは名詞・動詞・形容詞・疑問詞などの実質的な意味を持つ単語で、強勢音節の位置は単語ごとにアクセントとして決まっています。当然ながら、強勢音節から強勢音節までの音節数は文によって異なります。両者のあいだに多数の音節があると、その部分が非常に早口になって音の脱落が起きることがあります。また、強勢音節が隣り合っているときは単語の強勢（第1強勢）の位置を変えて、リズムが保ちやすいようにアクセントの配置を変える現象も見られます。たとえば、the（・）Japanese（●・●）、language（●・）の3語が並んだthe Japanese languageという句は、こ

16.3. 持続時間とリズム

のままだと第 1 強勢 (●) のある音節が連続し、この部分を文中の他の強勢と等間隔に発音すると間延びしてしまいます。なお、強勢のない音節では、母音の弱化が生じることがあります。強勢の連続でリズムが壊れるのをさけるために、第 1 強勢 (●) に次いで強い第 2 強勢 (●) の置かれる Japanese の第 1 音節に第 1 強勢を移し、第 1 強勢と第 2 強勢を入れ替えることで、発音しやすく、整ったリズムになります。

🔊 202　The Japanese　language is spoken in Japan.

🔊 203　練習 16-2

英語の文を、第 1 強勢が等間隔になるように発音してみましょう。

John believes the house remains.
●　・●　・●　・●

Mary believes her report has been cancelled.
●・　●・　・●　・・●

The winner was presented with a medal.
・●　・・　・●・　・●・

John thought Mary had been present at the meeting.
●　●　●・・　・●・・・●・

　なお、日本語についてフットという用語を使う場合、強勢リズムを持つ英語とは意味が異なります。日本語では原則として 2 拍で 1 フットのまとまりとし、たとえば「2.3」をニテンサンでなく | ニー | テン | サン | と読んだり、「宇さん」という人をウサンでなく | ウー | サン | と呼んだり、「女王」をジョオーでなく | ジョー | オー | と読むことがあるように、自立拍を先頭とする 2 拍フットでリズムになることがあります。このフットという単位は、略語が形成される場合などにも働いていると考えられます。たとえば「木村拓哉」（人名）の愛称は、姓と名から 1 フットずつ取って | キム | タク | です。2 フットから成る 4 拍のまとまりを持つ語は、こういった略語に限らず非常に多く存在します。このフットとという概念に近いものにビートやリズムユニットという用語が提案されており、日本語教育にも活かされています（→ 第 23

章)。

16.4. ポーズ

　長い発話では必ずどこかに途切れる箇所があります。これを**ポーズ**（pause; 休止）と言います。呼気を用いて話している限り息継ぎが必要ですから、必然的にポーズが挿入されることになります。また、メリハリをつけたり強調（→16.5節）したりするために意図的にポーズを挿入することもあります。このほか、ことばを思い出したり適切な言い回しを工夫したりするのに時間がかかってポーズができてしまう場合もあれば、そこで「えー」「んー」などの、意味のない音声を発することもあります。この「えー」などは、間を埋めるものという意味で**フィラー**（filler）と呼ばれます。

　適度なポーズがあると、聞き手が発話を理解する助けになることが指摘されています。表情やしぐさなどとともに、ポーズやフィラーも言語外コミュニケーションの手段とみなされることがあります。

16.5. プロミネンス

　プロミネンス（prominence）は、文中で最も伝えたい部分を音声的手段により際立たせることを意味します。文中で特に伝えるべき情報は、情報構造上の**焦点**（focus）にあたることが多いのですが、文において特定の語句に強勢を配置することにもなるので、文強勢あるいは文アクセント（sentence accent）と呼ばれることもあります。たとえば、次の文 a〜c において下線部が焦点である場合、どのように言うでしょうか。

🔊 204
a.（男子は教室でよいから）<u>女子が</u>更衣室でジャージに着替えなさい。
b.（教室に男子がいるから）女子は<u>更衣室で</u>ジャージに着替えなさい。
c.（男子は柔道着に着替えるが）女子は更衣室で<u>ジャージに</u>着替えなさい。

　焦点を表すのにはさまざまな音声的手段があります。焦点部分の分節音を明瞭に調音するほか、超分節的要素による方法として次のようなものがあります。

(1) 焦点となる部分の声の大きさを変える。
(2) 焦点となる部分を高く、他を低く発音する。(イントネーション)
(3) 焦点となる部分のアクセントによる声の高低差を大きくする。
(日本語では強調する語のあとの助詞や活用語尾などを特に高くすることもある。)
(4) 焦点となる部分をゆっくり発音する。
(5) 焦点となる部分の前後あるいはそのどちらかににポーズを入れる。

　これらは単独でも組み合わせても用いられて、さまざまな言語で類似した方法が広く用いられます。文中のどこに焦点が置かれるかは文脈によって、また発話の意図によって求められている重要な情報の選択によって変わりますが、次のような要素には一般に焦点が置かれやすいと言えます。

① 相手の質問の答えの中心になる語
　　例)(「明日は誰が担当ですか。」と聞かれて)「明日は山根さんの番です。」
② 対比や限定などの意味合いを込めたことば(日本語では、ハや、モ・サエ・デモ・コソ・シカなどの係助詞・副助詞が付く語)
　　例)「お盆に帰省しなかったから正月は帰るよ。」「これなら子供でも解ける。」
③ 「すごく」「とても」「絶対」「ずっと」「全然」などのような強意の副詞
　　例)「この店のグラタンはすごくおいしいよ。」
④ 「誰が」「いつ」「なぜ」などの疑問詞
　　例)「どうしてあの計画、潰れたんですか。」
⑤ 否定や禁止の意味を持つ述語
　　例)「あの雑誌が見つからない。」「ここに入っちゃダメですよ。」

　プロミネンスは日本語では単に「卓立」と訳すほかに、「卓立強調」あるいは「対比強調」と言うこともあります。文中の要素との対比でその要素を際立たせるプロミネンスに対して、他の要素は無関係に語句の意味を強めるタイプの強調を**インテンシティ**(intensity; 強度強調、誇張の強調)と呼びます。インテンシティの実現には、プロミネンスと同様の手段に加えて、ほかにもさまざまな手段があります。たとえば、「いたーい(痛い)」のように音を伸ばしたり、日本語では「のどがカラッカラだ」「ひっろーい(広い)」「すんご

い混雑」と促音や撥音を挿入することがあります。

🔊 205 日本語の例
「ずーーーっと待ってたんだよ」

🔊 206 英語の例
'vvvvery good!' [vːːːɛɹi gʊd]'

🔊 207 練習 16-3
発音を聞いて、プロミネンスの位置を指摘しなさい。
a. 正樹たちが名古屋でテレビに出るんだって。
b. 正樹たちが名古屋でテレビに出るんだって。
c. 雅美さんが大阪で焼鳥屋をやってるらしい。
d. 雅美さんが大阪で焼鳥屋をやってるらしい。

第 17 章

アクセントの類型

アクセントには、どのようなタイプがあるのか、どのような機能を持っているのかについて、前章に続いて考えていきましょう。

17.1. アクセントとは

前章で見たように、アクセントは「語における強さや高さの配置」のことで、大きく分けると「強さによるアクセント」と「高さによるアクセント」の2つがあります。ただし、実際には、それぞれ音の強さ・高さだけでアクセントが成立するわけではありません。特に「強さ」と言うと、大声を出して発音するような印象を持ちがちですが、声の大きさは必須の要素ではないのです。強さによるアクセントと言っても、分節音の調音の明瞭さや声の高さの変化を伴うことも多いため、以下では「強さ」でなく「強勢」や「ストレス」という用語を用います。たとえば、「America という単語は第2音節に強勢がある」という言い方をします。

強勢の配置によるアクセントをストレスアクセントや強勢アクセントと呼びます。また、高さの配置によるアクセントには、ピッチアクセントのほか、声調 (tone) と呼ぶタイプがあります。声調はトーン、ピッチアクセントは高さアクセントとも呼びます。また、ストレスアクセントとピッチアクセントを合わせて、声調を含まない狭い意味でアクセントと言うこともあります。以下、本書では広義と断らない限り、アクセントを狭い意味で用います。

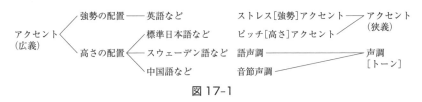

図 17-1

第 17 章　アクセントの類型

声調は単語や音節がどの高さのパターン（＝高・低・上昇・下降など）にあたるかで記述しますが、ピッチアクセントは単語のなかのどの音節・モーラが高いか、あるいは高さの変わり目になるかで違いを記述します。ここでは広義のアクセントの4つのタイプについて、その違いを見ていきましょう。

17.2. ストレスアクセントの特徴

ストレスアクセントの典型は、強勢が置かれた音節（＝強勢音節）が強く発音されることです。「強く発音される」と言っても、上述のとおり声が大きくなるとは限らず、特徴は言語ごとに異なります。英語を例とすると、通常、強勢音節は強勢のない音節に比べて長く発音され、単語を単独で言うと高く発音されることが多くなります。文中でもイントネーションと絡んで強勢音節が高さの変化の起点となります。分節音にも強勢の影響があり、強勢のない音節の母音は中央母音に近づいてあいまいになる（→ 13.6）のに対し、強勢音節では明瞭に発音されて、強勢音節の最初の頭子音が無声破裂音の場合は有気音になります。フランス語やイタリア語も「ストレスアクセント言語」と呼ぶことがありますが、これらの言語では強勢が分節音に与える影響は小さく、強勢音節の特徴は長さや高さの変化が中心です。

🔊 208 ［ロシア語の例］

ロシア語　Около кола колокола. [ˈoˑkələ kaˈɬaˑ kələkaˈɬaˑ]「杭の周りに鐘がある。」

🔊 209 ［英語の例］

英語　Peter Piper pickled the pepper. [ˈpʰiːɾɚ ˈpʰaɪpɚ ˈpʰɪk(ə)ɫd ðə ˈpʰɛpɚ]
「笛吹きピーターはそのピーマンをピクルスにした」

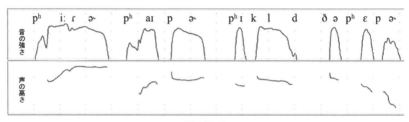

図 17-2

17.3. ピッチアクセントの特徴

最も際だった強勢を第 1 強勢（＝主強勢）と言いますが、副強勢（＝第 2 強勢、第 3 強勢）のある単語を持つ言語も多くあります。副強勢音節の音声的な特徴は言語によって異なりますが、一般的に主強勢音節と無強勢音節（＝強勢のない音節）の中間的な性質を持ちます。合成語などの長い単語や句は、各形態素がなんらかのレベルの強勢を持つ言語もあれば、形態構造とは無関係に主強勢音節以外の重音節に副強勢を置いたり、1 音節おきに副強勢を置いたりする言語もあります。

IPA では、第 1 強勢を持つ音節の前に [ˈ]、第 2 強勢を持つ音節の前に [ˌ] を置いて表します。日本の英和辞典では、主強勢をアクサンテギュ（accent aigu）[´] で、副強勢をアクサングラーブ（accent grave）[`] で表すことがありますが、IPA では、それぞれ高い音調、低い音調を表す補助記号に用いるので、強勢の表示にこのやり方は使いません。

🔊 210 英語の例

aˌsociˈation [əˌsoʊ.siˈeɪ.ʃən]　　　ˈbaseˌball [ˈbeɪsˌbɔːl]
deˈpartment ˌstore [dɪˈpʰɑɚ̯t.mənt.ˌstɔɚ̯]

17.3. ピッチアクセントの特徴

ピッチアクセントは、高さアクセントのほか、高低アクセント、音楽的アクセント（musical accent）などと呼ばれることもあります。ストレスアクセントと同様に 1 つの音節やモーラがアクセントを担い、そこが高く発音されるというタイプの言語もありますが、ここでは高さの変わり目に特徴がある標準日本語を例に説明します。

標準日本語のアクセントでは、低い拍に下線、高い拍に上線を付して示すと、「あ<u>り</u>がとう」と言うときの「リ」のように 1 拍が高いこともあれば、複数の拍が連続してほぼ同じ高さになる場合もあります。たとえば「こんにちは」と言うと、どの拍も目立って高くはなりません。

表 17–1 で標準日本語のアクセントのパターンを見てみましょう。単語のピッチは、おおまかには a. □―高、b. □―高―低、c. 高―低のいずれかのパターンにあてはまります。□は語頭において、次の高い拍と比べて低い場合も同じくらいの高さの場合もある拍を示します。表 17–1 の例を見ると、語

頭の□と語頭の高はどれも 2 拍以上続くことはないため、単語の拍数にかかわらず、a. は□高高…、c. は高低低…という一定の配置になることがわかります。一方、b. は 4 拍以上の単語の場合、高いところが何拍続くかによって複数のパターンがあり、語が長くなるほどパターンの数が増えます。

表 17-1　標準日本語のアクセントのパターン

🔊 211

		2 拍語	3 拍語	4 拍語	5 拍語
a. □—高		てん （点）	めいし （名刺）	おはよう	こんにちは
b. □—高—低			めいる （滅入る）	あさがお たまねぎ	ありがとう きずぐすり すみません
c. 高—低		てん （天）	めいろ （迷路）	ふじさん	アクセント

標準日本語では、高い拍すべてにアクセントがあるとみなすのではなく、高から低に移るピッチの下降の有無と位置に注目して、下降が生じる直前の拍に**アクセント核**（accent kernel）があると考えます。たとえば、b. の「きずぐすり」では「グ」にアクセント核があり、a. の「こんにちは」のように下がるところがない語にはアクセント核がないことになります（標準日本語のアクセントは第 18 章を参照）。

🔊 212 練習 17-1

1〜9 の「タタタ…」の音声を聞いて、それぞれが a. □—高、b. □—高—低、c. 高—低のどのパターンにあてはまるかを答えなさい。

17.4. 語声調の特徴

語声調（word tone）とは、各単語が上昇や下降といった声の高さの変化のパターンのうちのいずれかを示すものです。たとえば、スウェーデン語では声の高さが 1 つの山型（＝上昇 → 下降）を示す単純声調というパターンと 2 つの山形（＝上昇 → 下降 → 上昇 → 下降）を示す二重声調というパターンが

あり、1音節語はすべて前者ですが、2音節以上の語は何音節語であっても両者のどちらかになります。

では、語声調とピッチアクセントとの違いは何でしょうか。この2つは音声の実態によって区別されるわけではありません。その言語の語彙の高さの配列を分析して、その結果、どんな長さの単語でも一定の数（スウェーデン語の場合は2種）の高さの配置のパターンのいずれかにあてはめられるという場合に語声調とみなされます。単語の長さにかかわらず高さの配置のパターンの数が一定であるということは、語彙がその高さの配置のパターンによってその数に分類されるということになります。それに対して、標準日本語は、拍数が増えればそれだけアクセント核となりうる拍が増えるわけですから、高さの配置のパターンは語の長さによって変化するので、語声調ではなくピッチアクセントに分類されるのです。

17.5. 音節声調の特徴

音節声調（syllable tone）を持つ言語として有名な中国語では、単語を構成する各音節が、高平（1声）・上昇（2声）・低（＋上昇）（3声）・下降（4声）の4種類のいずれかの高さのパターンを示します（ほかに、軽声といって独立した高さのパターンを持たない音節もあります）。このように、単語を構成する各音節がそれぞれ決まった数の高さのパターンのいずれかを示すのが音節声調です。理論上は、（軽声を無視すれば）単語のなかの高さの配置は、「声調の種類（中国語では4種類）の音節の数の累乗」（たとえば2音節語なら4^2＝16パターン）だけあることになります（実際には、若干の制約があってこれより少なくなります）。

音節声調の各音節の高さの現れ方には2種類あります。1つは上昇調（rising）・下降調（falling）・上昇＋下降調（rising-falling）・下降＋上昇調（falling-rising）のように、1つの音節のなかで高さの変化があるもので、曲線声調（contour tone, glinding tone）と呼ばれます。もう1つは、内部に高さの変化がほとんどなく、音節間の相対的な高さの違いによって高調（high）あるいは高平調（high level）、中調（mid）あるいは中平調（mid level）、低調（low）あるいは低平調（low level）と区別されるもので、段位声調（level tone, register tone）と呼ばれます。

中国語のように曲線声調を持つ言語は**曲線声調言語**（contour tone language）と呼ばれ、段位声調を基本とする言語は**段位声調言語**（level tone language, register tone language）と呼ばれます。後者にはイグボ語、ハウサ語などのアフリカの諸言語があります。

声調はそれぞれ、表 17-2 のような IPA で表されます。母音記号の上に乗せる記号と、声調がかかる音節などの領域の後ろに記載する記号があります。声調の記号は図像的であり、この表に挙がっていない声調も、たとえば、下降＋上昇調には [˜] [ᴧ] といった記号を用います。また、単独で発せられる中国語の 3 声のように複雑なものは、[ᴠ˥]（低下降＋高調）のように複数の記号を連ねることもあります。また、実際の使用では、個別言語で対立を示すことができればいいので、ある言語に超高平と高平の区別がなければ、超高平の記号でまとめて記述することもあります。さらに、最も高いレベルを 5、最も低いレベルを 1 として、超高平調を 55、下降調を 51 などと数字で示すことがあります。数字を使う表記法は、慣れるまでは直感的に理解しにくい面があるものの、細かな違いを表し分けるのには適しています。

表 17-2　IPA の声調記号

母音記号の上	領域の後ろ	段位声調	母音記号の上	領域の後ろ	曲線声調
[˝]	[˥]	超高（平）	[ˇ]	˧	上昇
[´]	[˦]	高（平）	[ˆ]	˥	下降
[¯]	[˧]	中（平）	[˜]	˧	高上昇
[`]	[˨]	低（平）	[˜]	ᴧ	低上昇
[˵]	[˩]	超低（平）	[˜]	˥	上昇＋下降

🔊 213　**中国語の例**

「媽」mā [ma ˥]（母）　「麻」má [ma ˧]　「馬」mǎ [ma ᴠ˥]　「罵」mà [ma ˥]

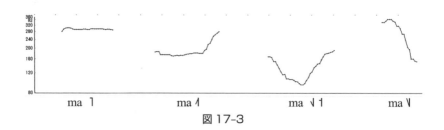

図 17-3

音節声調では、各音節の高調／低調などの種類だけで実際の高さが決まるのではなく、句や文のなかでの位置が高さに影響を与える場合もあります。同じ高調の音節であっても、文頭に近い位置のほうが高く、文末に近づくにつれて低めになることがあります。そのような現象をダウンステップ（downstep）と言います。逆に、同じ音調の音節が文末に近づくにつれて高くなる現象をアップステップ（upstep）と言います。東京方言のアクセントは音節声調ではありませんが、たとえば「トマトとセロリとキャベツ」と言うときに同じ高い拍でも後ろになるほど低く実現されるといった現象が見られ、これをダウンステップの一種と見ることができます。ダウンステップは、カタセシス（catahtesis）と呼ぶこともあります。

17.6. 自由アクセントと固定アクセント

英語の3音節語の場合、Canada（●・・）、po'tato（・●・）、Japa'nese（●・●）のように、第1強勢だけを見ても3つの強勢パターンがあります。標準日本語の3拍の語の場合、「すなお（素直）」「すこし（少し）」「すてき（素敵）」のように3つのピッチパターンがあります。このように、音節数あるいはモーラ数によって単語がいくつものアクセントのパターンを持ちうる体系を**自由アクセント**（free accent）と言います。これに対して、すべての語句の強勢位置あるいはピッチのパターンが同一になる言語・方言があり、そのような体系を**固定アクセント**（fixed accent）と呼びます。たとえば日本語都城方言（宮崎県）はすべての文節で最後の音節が高くなる固定アクセントです。固定アクセントには表17-3のようなタイプがあります。

表 17-3

アクセントの固定位置	言語の例
語頭音節（initial）	フィンランド語・チェコ語
前次末音節（antipenult）：語末から3番目の音節	グルジア語・マケドニア語
次末音節（penult）：語末から2番目の音節	スワヒリ語・ポーランド語
語末音節（ultima）	フランス語・都城方言

なお、自由アクセントはどこにでも自由にアクセントが置けると思われるが

ちですが、実際には、その位置には偏りがあるのが普通です。たとえば英語の4音節の単語で言えば、次末音節、前次末音節に強勢がある例を探すのは容易ですが、語末音節に強勢がある例はなかなか見つかりません。

自由アクセント言語において、アクセントの位置を決める要因はさまざまです。① 品詞、② 語種（その言語にもともとあった固有語か、あるいは借用語かといった分類）、③ 借用語の原語のアクセント、④ 語構造（＝単純語／派生語／複合語など）、⑤ 単語の長さと音節の重さ（→ 15.3）などがアクセント位置決定に関与します。

では、15.3節で触れたラテン語のアクセントの場合はどうでしょうか。ラテン語には、「語末から2番目の音節が長音節ならその音節に、短音節なら語末から3番目の音節にアクセントがある」という決まりがありました。この規則に従えば、ラテン語では語末から2番目か3番目の音節にアクセントがあることになり、1か所に固定されていないので固定アクセントではありません。しかし、語末から2番目か3番目かは音節の重さによって自動的に決まるため、1つ1つ覚える必要はなく、自由アクセントとも異なり、規則的なアクセント体系と言えるでしょう。

ラテン語の子孫にあたるスペイン語やイタリア語は、ラテン語のアクセントを受け継いで、語末から2番目の音節に強勢を持つものが多いのですが、語末の子音や屈折形態によって他の音節に持つ単語もあり、借用語でこの規則に従わない語もあります。またドイツ語は、語頭固定アクセントの性質を持ちながらも、借用語や合成語では語頭以外の位置に強勢を持つ単語が少なからずあります。このように、固定アクセント・自由アクセント・規則的アクセントのあいだには、その中間的な言語も存在するのです。

練習 17-3
15.3節で見たラテン語アクセント規則を、表17–3中の用語を使って言い換えてみましょう。

17.7. アクセントの機能

これまで見てきたようにアクセントの体系は言語ごとに異なり、その役割も一様ではありません。

17.7. アクセントの機能

　声調言語や自由アクセント言語では、標準日本語の「あ̄め（雨）」「あめ̄（飴）」のように、分節音の配置が同じでアクセントの違いだけで意味が区別されることがあります。これをアクセントの持つ**弁別機能**（distinctive function）と言います。

　それに対して、固定アクセント言語で語頭音節や語末音節のように単語の端、あるいはそれに近い位置に強勢ないし高い音節が来ると決まっていれば、アクセントによって単語の境界がわかります。これをアクセントの**境界表示機能**（delimitative function）と言います。

　また、自由アクセント言語でも固定アクセント言語でも、アクセントの数によって発話を構成する単語や句の数がわかることがあります。このような機能を**頂点表示機能**（culminative function）と言います。たとえば、標準日本語で「（帽子を）ぬ̄いでおく」は「脱ぐ」に補助動詞「〜ておく」が付いた1つの動詞句ですが、「（帽子を）ぬ̄いでお̄く」は高い部分が2か所に分かれていることから、「脱いでから、どこかに置く」という2つの動詞句のように感じられます。

第18章

日本語のアクセント(1)

　標準日本語のピッチアクセントについては、一般に各拍が高/低のどちらかで現れるとする記述が多く見られます。これは音韻論的な解釈を踏まえたもので、実際の音声を観察すると、どのくらいの高さなら高で、どれくらいの高さなら低か、といった絶対的な基準があるわけではなく、実際の音声が2段階に現れるわけではありません。高/低の区分は発話内に限った相対関係で決まり、分析のために利用されるにすぎません。
　たとえば、音韻論的には「端」と「橋」はともにハが低でシが高ですが、実際には「端」の第2拍が「橋」の第2拍ほど高くならない場合があります。図18-1のピッチ曲線で2つの[i]の高さを比較してみましょう。

図18-1

　かつては「端」は低—中、「橋」は低—高と低中高の3段階に分けることもありましたが、中高の区別が必ずしも明確でなく、また2段階のほうがシンプルであることから、現在では音韻論的な考えに従って高低だけで記述することが多くなっています。耳慣れないアクセントを判別でき、普段とは違うアクセントを自分でもまねできる人が多いことから考えると、日本語母語話者の多くがこの音の高さを聞き分けているのでしょう。ただし、私たちは、高低の違いを実際のピッチの違いとして機械的に正しく捉えているわけでは

ありません。たとえば、図18–2からわかるように、1拍目が高となるはずの「雨」が、実際のピッチでは2拍目が高くなっています。

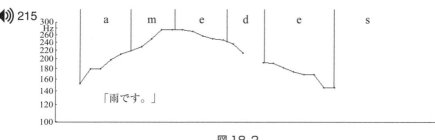

図 18-2

このように、実際のピッチは話者の認識と一致しないことがあり、またアクセントだけでピッチが決まるわけではなく、さまざまな要因で変化します。

18.1. アクセント核とアクセント型の表示方法

　日本語のアクセントを高低の2段階で示す表記方法として、表18–1のようなものがあります。名詞のアクセントを例にすると、名詞は後続の助詞のアクセントのみが異なることがあるので、一般に名詞＋格助詞で示ます。(a)(b)は表17–2で示したIPAの声調の記号を用いています。(c)は、高いピッチの拍を●で、低いピッチの拍を○で示し、後接する格助詞は高い拍を▶で、低い拍を▷で表す方法です。(d)は高い拍を上の段に、低い拍を下の段に(たいていは拍ごとに○で囲って)書くやり方で、間を線分でつなぎます。線分が右上がりなら上昇を、右下がりなら下降を表すので、もっとも直感的に理解しやすいのですが、印刷したり、データ入力したりするのに手間がかかり、スペースも浪費するので使いにくい面があります。(e)は高い拍を上線で、低い拍を下線で表すもので、高か低かをすべて表示します。

　(a)〜(e)で低の拍とされたもののうち語頭の低は、直前に「あの」「この」とか「わたしの」のような要素が付く場合などに「ワタシノイモートが」の「イ」のように高くなることがあります。これは単語のアクセントとしてでなく文中の他要素との関係で決まること、すなわちイントネーションの範疇であると見て、(f)のようにアクセントとしては文節初頭の低を表示しない方

第 18 章　日本語のアクセント(1)

表 18-1　アクセントの表記(1)

◀)) 216

語例	父さん+が	兄上+が	乳飲み子+が	妹+が	母親+が
(a)	[toꜜLsaɺŋaɭŋa] [to:ꜜLsaŋꜜŋa]	[aꜜnʲiꜜɰeꜜŋa]	[tɕiꜜnoꜜmiꜜnoꜜŋa]	[iꜜmoꜜoꜜtoꜜŋa] [iꜜmoꜜtoꜜmiꜜ]	[haꜜhaꜜoꜜjaꜜŋa]
(b)	[tô:sàŋŋà]	[ànʲíɰèŋà]	[tɕinómʲíŋòŋà]	[ìmó:tóŋà]	[hàháójáná]
(c)	●○○○▷	○●○○▷	○●●○▷	○●●●▷	○●●●▶
(d)	ト ー サン ガ	ニ ア ウ エ ガ	ノ ミ チ ゴ ガ	モ ー ト イ	ハ オ ヤ ガ ハ
(e)	と̄ーさんガ	あにうえガ	ちのみごガ	いもーとガ	ははおやガ
(f)	と̄ーさんガ	あにうえガ	ちのみごガ	いもーとガ	ははおやガ

法もあります。

◀)) 217 **例**　あのとうさんが　あのあにうえが　あのちのみごが
　　あのいもうとが　あのははおやが

　標準日本語のピッチの流れをシンプルに示すために、**アクセント核**（accent kernel）という概念が広く用いられています（→ 17.3）。アクセント核は、高い拍の後ろに低い拍がある場合の、最後の高い拍のことで「下げ核」と呼ぶこともあります。また、ピッチが高い拍から低い拍に下がる境界を「アクセントの滝」、あるいは「契機」とも言いますが、これはアクセントが高から低へ移る現象をどう記述するかの違いでもあり、高から低に移るときの「高の拍にアクセント核がある」ということは、「高の拍と低の拍の間に滝がある」ということでもあります。また、アクセント核（下がり目）があるアクセントのタイプを有核あるいは**起伏式**、アクセント核（下がり目）がないタイプを無核あるいは**平板式**と言います。下の例では、アクセント核の直後に1を置いて示します。

◀)) 218 **例**　あり˥がとう（有核）　すみませ˥ん（有核）　おはよう（無核）

　標準日本語では、合成語を除けば1つの単語にアクセント核は1つまでしか存在しないので、アクセント核を使えば、高さの配列が効率的に記述できます。たとえば4拍語のピッチの配列のパターンは、アクセント核が1拍目にある、2拍目にある、3拍目にある、4拍目にある、どこにもない、という

18.1. アクセント核とアクセント型の表示方法

5つが最大で存在することになります。よって、アクセントの型は「拍数＋1」通りあると理論的に考えられます。

　起伏式は、アクセント核の位置によってn拍語にn通りの種類があり、それを型として下位区分します。2拍語なら頭高型と尾高型、3拍以上の語はそれに中高型が加わります。平板式は平板型のみで下位区分はありません。表18–2に示すように、アクセント核の位置でアクセント型を表記する方法もいくつかあります。

表18-2　アクセントの表記(2)

核	語頭拍	2拍目	3拍目	語末拍	なし
式	起伏式（有核）				平板式（無核）
型	頭高型	中高型		尾高型	平板型
(g)	と˥ーさんガ	あに˥うえガ	ちのみ˥ごガ	いもーと˥ガ	ははおやガ ははおや⁼ガ
(h)	｢と˥ーさんガ	あ｢に˥うえガ	ち｢のみ˥ごガ	い｢もーと˥ガ	は｢はおやガ
(i)	①	②	③	④	⓪
(j)	-④	-③	-②	-①	⓪

　単語にはアクセント核が1つしかありませんが、2拍以上の助詞や複合助詞には有核のものがあり、「どよ˥うびま˥でに˥は」のように文節に3つも下がり目があると、(c)〜(f)のように高低の2段階で示す方法では記述できません。それに対して(g)のようにアクセント核で示す方法は、簡便でありながら精密な記述に適しています。アクセント核を示す記号としては、˥のほかに]や'や\があります。必要に応じて、(h)のようにピッチが上がる場所を｢または[で示すこともよく見られます。また、平板式を示す記号として語末に付ける⁼や⁻があります。

　(i) は語頭から、(j) は語の末尾から数えたアクセント核の位置を数字で表す方法で、末尾から数える場合は、マイナスの記号を付します。これらは、表記スペースや目的などに応じて使い分けます。

練習 18-1

次の語の標準的なアクセント核の位置をアクセント辞典で確かめ、自分の発

音と比較しなさい。
いちご　朝日　姉　明るい　喜び　素人　20　二重丸

練習 18-2

次の語を単独で発音した場合と、前に「あの」を付けた場合とを、1拍目の高さに注目して比較しなさい。
(あの) 森・(あの) 山・(あの) 湖・(あの) 海

18.2. 名詞のアクセント

　品詞や語構造といった形態論的な特徴がアクセント型に課す制限について見ていきましょう。そのなかで、ピッチアクセントの聞き取りの基礎的な練習をします。

　本節では名詞のアクセントについて説明します。名詞のアクセントは最も型の種類が多く、上述の拍数＋1の全パターンがあります。ここでは表18–2の (g) の表記法を用います。

　平板型と尾高型の違いは、名詞の場合は後続するガやヲなどの助詞が高のままか低になるかに現れます。ただし、格助詞ならどれでもよいわけではなく、ノが後続すると尾高型でもノが高くなり、平板式との対立が中和されます。たとえば、「しおガ」ではガが低いのに対して、「えびガ」ではガが高いのですが、「しおノ」でも「えびノ」でもノは高いのです（尾高型で「つぎ（次）ノ」「よそ（余所）ノ」など、ノが低くなる例外があります）。1拍語単独では「ヒ」と言うだけで「日」か「火」か判別しにくくても、助詞を付けると区別できるようになります。「火」は起伏式・頭高なので「ひ⌝が出た」なら火事ですし、「ひ⌈が出た」なら日の出です。

　後続する助詞・助動詞のなかには、他にヨ⌝リ、バ⌝カリ、ダロ⌝ーなど、それ自体がアクセント核を持つものがあり、平板式の名詞に付いた場合は助詞・助動詞のアクセント核までが高く発音されます。起伏式の名詞に付いた場合は、名詞のアクセント核のみで下がると記述されることもありますが、実際には助詞・助動詞のアクセント核のあとでさらに下がる場合があります。

18.2. 名詞のアクセント

表18-3 名詞のアクセント型

🔊 219

		1拍語	2拍語	3拍語	4拍語
起伏式	頭高型	め１ (芽)	ぶ１り (鰤)	き１のこ (茸)	な１のはな (菜の花)
	中高型			いと１こ (従兄弟)	そら１まめ (空豆)
					たまね１ぎ (玉葱)
	尾高型		しお１ (塩)	ことば１ (言葉)	ついたち１ (一日)
平板式	平板型	み (実)	えび (海老)	さかな (魚)	たけのこ (筍)

表18-4 名詞＋助詞のアクセント

🔊 220

	ガ・ヲ・カラなど	ノ	ヨリ・バカリ・ダローなど
起伏式	き１のこガ いと１こガ ことば１ガ	き１のこノ いと１こノ ことばノ	き１のこヨ[1]リ いと１こヨ[1]リ ことば１ヨ[1]リ
平板式	さかなガ	さかなノ	さかなヨ１リ

　ところで、表18-3を見ると、名詞は拍数に応じてすべてのアクセント型が揃っていて、それぞれの単語がどの型を持つか手がかりがないように思えますが、実は、アクセント型によってそれに所属する語彙数はかなり偏りがあります。尾高型は何拍語でも所属語彙が少なく、漢語・外来語はほとんどありません。1・2拍語では頭高型、3・4拍語では平板型、5拍以上の語では中高型がそれぞれ半数以上を占めます。

🔊 221 **練習18-3**

次の音連続を、「ボ」は低く、「ピ」は高く発音しなさい。また、それぞれが後の括弧内の語句と標準語において同じアクセントになっていることを確認しなさい。
ピボ (井戸)、ボピ (沖)、ピボボ (きのこ)、ボピピ (お辞儀)、ボピボ (起きろ)、ピボボボ (美代子も)、ボピピピ (置き引き)、ボピピボ (戸籍簿)、ボピボボ (お仕事)

18.3. 合成名詞のアクセント

　派生名詞（＝接辞が付いた名詞）と複合名詞（＝語根を2つ以上含む名詞）を合わせて合成名詞と呼びます。ここでは合成名詞のアクセントを、1つの名詞のように考えるタイプと、2つの要素のそれぞれにアクセントがあるタイプの2つに分けて解説します。

18.3.1. 1つのアクセント句に相当する合成名詞

　まず、2つの要素が結びついて1つの名詞のようなアクセント型を持つ場合について考えましょう。合成名詞のアクセントは中高型か平板型がほとんどです。たとえば、合成名詞「山桜」は中高型③、合成名詞「薩摩芋」は平板型で発音されます。

🔊 222 【例】　やま˥＋さくら → やまざ˥くら　　さ˥つま＋いも˥ → さつまいも

　このように合成名詞が1つの単語としてのアクセント型を持つ場合、そのまとまりを**アクセント句**（accentual phrase）と呼びます。

　複合名詞のアクセント型の多くは後部要素によって決まります。一般に、後部要素が1拍語か2拍語の場合には中高型となり、前部要素の最後の拍にアクセント核が置かれます。

🔊 223 【例】　～市　　な˥ごや（名古屋）→ なごや˥し
　　　　　　　　しず˥おか（静岡）→ しずおか˥し

　ただし、後部要素が「色（いろ）」「型（がた）」「村（むら）」「語（ご）」「性（せい）」「病（びょう）」などの特定の要素の場合には平板型になります。

🔊 224 【例】　～色　　み˥どり（緑）→ みどりいろ　　さくら（桜）→ さくらいろ

　後部要素が3拍以上の場合も中高型になりますが、通常、後部要素の最初の拍にアクセント核が置かれます。

🔊 225 【例】　～男　　お˥おかみ＋おとこ˥ → おおかみお˥とこ（狼男）
　　　　　　　　　　おまつり＋おとこ˥ → おまつりお˥とこ（お祭り男）
　　　　　～旅行　う˥ちゅう＋りょこう → うちゅうりょ˥こう（宇宙旅行）

しんこん＋りょこう → しんこんりょ￢こう（新婚旅行）

ただし、中高型が後部要素に来ると、後部要素のアクセント核がそのまま全体のアクセント核になることもあります。

🔊 226 例 ～植物　こ￢うざん＋しょく￢ぶつ → こうざんしょく￢ぶつ（高山植物）
　　　　　　ねったい＋しょく￢ぶつ → ねったいしょく￢ぶつ（熱帯植物）

18.3.2. 複数のアクセント句に相当する合成名詞

次のような語のアクセントは、前部要素のアクセント型が保たれて2つの単語を続けて言う場合と同じになります。

🔊 227 例
　　　ちゅう￢ごく　ぜ￢んど（中国全土）　いっし￢ん　どうたい（一心同体）

「ちゅう￢ごく　ぜ￢んど」には2つのアクセント核があります。「いっし￢ん　どうたい」は、「一心」「同体」の2語を続けて言ったときと同じように、前部要素のアクセント核で下がったピッチが後部要素で再び上がり（いっし￢ん　どうたい）、高い箇所が2か所に分かれているので1語のアクセントとは異なります。

アクセント句が複数に分かれるのは、前部と後部の意味関係による場合と、3つ以上の要素からなる合成語の構造による場合があります。このうち、前部と後部の意味関係による場合とは、「一心」と「同体」のような並列関係や、「じゅ￢うしょ　ふめい（住所不明 ← 住所が不明だ）」「ばんざ￢い　さんしょう（万歳三唱 ← 万歳を三唱する）」のような主語＋述語や目的語＋動詞の格関係の場合など、条件がいくつかあります。

要素が3つ以上の合成語では、意味関係によるほかに、内部構造によってアクセント句が分かれる傾向があります。語頭以外の位置でまとまりが始まる場合は、まとまりの冒頭（［の位置）から2つ目のアクセント句が始まります。また、まとまりが語頭からの場合は、アクセント句は分かれないのが普通です。

🔊 228 例　［日本　［工業　規格］］　にほ￢ん　こうぎょうき￢かく
　　　　　［［日本　文化］［特殊　講義］］　にほんぶ￢んか　とくしゅこ￢うぎ

Cf. [[日本　文化］　講座］　にほんぶんかこ¬うざ

18.4. 動詞のアクセント

　動詞のアクセントは基本的に起伏式と平板式の2つだけです。まず表18–5で終止形（＝辞書形）を見てみましょう。名詞とは異なり、起伏式も拍数にかかわらず語末から2番目の拍にアクセント核があります。

　次に、表18–6で終止形以外の活用形の一部を見てみましょう。否定形と

表 18-5　動詞のアクセント型

🔊 229

	2拍語	3拍語	4拍語	5拍語
起伏式	み¬る（見） か¬く（書） く¬る（来）	たべ¬る（食） ある¬く（歩） きす¬る（期）	あつめ¬る（集） よろこ¬ぶ（喜） しんじ¬る（信）	あらため¬る（改） こころざ¬す（志）
平板式	きる（着） きく（聞） する（為）	あける（開） あそぶ（遊）	はじめる（始） はたらく（働） かんじる（感）	つかまえる（捕） たちあがる

表 18-6　動詞活用形のアクセント

🔊 230

	活用	終止形	否定形	テ形	仮定形	丁寧形
起伏式	一段	み¬る	み¬ない	み¬て	み¬れば	みま¬す
		たべ¬る	たべ¬ない	た¬べて	たべ¬れば	たべま¬す
		あつめ¬る	あつめ¬ない	あつ¬めて	あつめ¬れば	あつめま¬す
	五段	か¬く	かか¬ない	か¬いて	か¬けば	かきま¬す
		ある¬く	あるか¬ない	ある¬いて	ある¬けば	あるきま¬す
		よろこ¬ぶ	よろこば¬ない	よろこ¬んで	よろこ¬べば	よろこびま¬す
平板式	一段	きる	きない	きて	きれ¬ば	きま¬す
		あける	あけない	あけて	あけれ¬ば	あけま¬す
		はじめる	はじめない	はじめて	はじめれ¬ば	はじめま¬す
	五段	きく	きかない	きいて	きけ¬ば	ききま¬す
		あそぶ	あそばない	あそんで	あそべ¬ば	あそびま¬す
		はたらく	はたらかない	はたらいて	はたらけ¬ば	はたらきま¬す

テ形は起伏式／平板式の区分が終止形と同じです。起伏式の否定形では、拍数にかかわらず「ない」の直前の拍にアクセント核が置かれます。起伏式のテ形では2拍の「見て」を除き、「て」の2拍前にアクセント核があります。仮定形は終止形が起伏式・平板式ともに起伏式になりますが、アクセント核の位置に違いがあります。「〜ます」の形式の丁寧形では違いがなくなり、すべて「ます」の「ま」の拍にアクセント核が置かれます。丁寧形では起伏式と平板式のアクセントが中和すると言うことができます。

このように、動詞のアクセント型は終止形・否定形などは2種類、丁寧形は1種類と、名詞に比べて単純です。

練習94

表18–6の動詞の命令形や連用形＋「〜タリ」「〜ナガラ」「〜ワ（しない）」、終止形＋「〜ト」「〜マデ」、意志形（未然形＋ウ／ヨウ）の標準的なアクセントを調べ、自分の発音と比較しなさい。

18.5. 形容詞のアクセント

形容詞のアクセントも動詞と同様に、原則として起伏式と平板式という2種類に分かれます。平板式の2拍語はなく、3拍以上でも平板式は少数派です。表18–7では終止形を見ましょう。

表18-7　形容詞のアクセント型

	2拍語	3拍語	4拍語	5拍語
起伏式	よ￢い（良）	あお￢い	うれし￢い	あたたか￢い
平板式		あかい	あかるい	くだらない

起伏式の終止形は、拍数にかかわらず語末から2番目の拍にアクセント核があることがわかります。

次に、表18–8で終止形以外を見てみましょう。ク形はアクセント核の有無が終止形と同じですが、起伏式ではアクセント核の位置が終止形より1拍前になるのが原則です。テ形は、ク形にテが付いたもので、起伏式ではアクセント核の位置がテ形と同じです。一方、平板式ではク形が平板であるのに対し、テ形はクの直前の拍にアクセント核が置かれます。過去形（＝タ形）と

表 18-8 形容詞活用形のアクセント

🔊 232

	終止形	ク形	テ形	過去形	仮定形
起伏式	よ」い	よ」く	よ」くて	よ」かった	よ」ければ
	あお」い	あ」おく	あ」おくて	あ」おかった	あ」おければ
	うれし」い	うれ」しく	うれ」しくて	うれ」しかった	うれ」しければ
	あたたか」い	あたた」かく	あたた」かくて	あたた」かかった	あたた」かければ
平板式	あかい	あかく	あか」くて	あか」かった	あか」ければ
	あかるい	あかるく	あかる」くて	あかる」かった	あかる」ければ
	くだらない	くだらなく	くだらな」くて	くだらな」かった	くだらな」ければ

仮定形のパターンはテ形と同じです。

　形容詞の活用形はアクセントのゆれが多くあります。特に、平板式だった語が多数派である起伏式で発音されることがよくあります。たとえば「赤い」は本来平板式でしたが、「あか」い」のような起伏式に転じたことが知られています。現在は、東京方言でも若年層から中年層まで起伏式で発音する人が多くなっています。また、同じ形であっても、後ろの名詞を修飾する連体形は平板式に、文末の終止形のときは起伏式になる傾向があります。

🔊 233 **例**　あかるい部屋」　この部屋」はあかる(」)い。

　起伏式の活用形でも「あたた」かく」と「あたたか」く」のようなゆれが見られます。

練習 18-4
自分の発音を観察し、形容詞のアクセントを記述してみましょう。
赤い服　薄い味　甘い豆　おいしい御飯　悲しい話
皮が薄い。別れが悲しい。顔が青かった。丈が短かった。

第19章

日本語のアクセント(2)

　前章では、標準日本語のアクセントの基本について見てきました。本章では、まず、特殊拍や母音の無声化がアクセントにどのような制約をもたらすかを学び、それに続いて日本語諸方言のアクセントの特徴を概観します。日本語の方言アクセントは、単に高い所の位置が標準語と違う単語があることのほかに、体系として自由アクセントもあれば固定アクセントもあり、ピッチアクセントのほかに語声調の性質を持つものもあるという多様性が見られます。

19.1. 特殊拍とアクセントの関係

19.1.1. アクセント核の位置と特殊拍

　標準語のアクセントをピッチの配列で見ると最大で拍数＋1のパターンがあります（→18.1）が、たとえば2拍目が引き音の「○ー○」という音の連続（○は自立拍）は、頭高型①なら「倉庫」、語頭から3拍目にアクセント核がある尾高型③なら「道具」、平板型⓪なら「口語」という単語があるものの、語頭から2拍目にアクセント核がある中高型②の単語は見つかりません。これは偶然そういう単語がないのではなく、この音連続で②型の単語は標準語には原則的に存在しないという制約があることによります。ためしに、②型で「そーこ」と言ってみると、標準語としては聞き慣れない

表19-1　特殊拍とアクセント型

	頭高型①	中高型②	尾高型③	平板型⓪
○○○	「きのこ」	「いとこ」	「ことば」	「魚」
○ー○	「倉庫」	—	「道具」	「口語」
○ん○	「餡子」	—	「パン粉」	「単語」
○っ○	「括弧」	—	「しっぽ」	「切手」
○い○	「蚕」	—	「相手」	「俳句」

アクセントになります。

　同じことが、「○ん○」、「○っ○」のときにも言えますし、/ai/など母音が2つ連続して二重母音的になるときの2つ目の母音の拍もアクセント核になりにくい傾向があります。以上から、このようなときの母音/i/を、「ん」/N/や「ー」/R/などと同じ特殊拍の一種として/J/とする考え方もあります。

　特殊拍は単独では音節を形成せず、前の自立拍と合わさって1つの音節になります（→15.2.3）。したがって、単語のすべての拍から特殊拍を除いた、アクセント核を担える自立拍の数は、音節の数と一致します。このことから、標準語アクセントのパターンの数は、自立拍だけなら最大で拍数＋1通りですが、特殊拍も含めるなら、音節数＋1通りあるとするほうが正確なのです。

　ただし、特に合成語や名詞＋助詞などの結合部分においては、「とうきょう⌝っこ（東京っ子）」「おばあちゃん⌝（っ）こ（お婆ちゃん子）」「イチロー⌝しか」のように特殊拍にアクセント核を置く場合や、「いと⌝ーけ〜いとー⌝け（伊東家）」「むら⌝ん⌝し〜むらん⌝し（室蘭市）」「じぶ⌝んたち〜じぶん⌝たち（自分たち）」「わか⌝んない〜わかん⌝ない（＝分からない）」のようにゆれがある場合もあります。

19.1.2. 語頭のピッチと特殊拍

　頭高型以外の単語を単独で発音したり文頭に置いたりした場合、1拍目が低く、2拍目から高くなるのが普通です（→18.1）。しかし、平板型の「さんがい（三階）」「ほうがく（方角）」、尾高型の「はんこ⌝（判子）」「どうぐ⌝（道具）」、中高型の「さんす⌝う（算数）」「こうこ⌝うせい（高校生）」のような語は、単独で発音された場合でも1拍目から高めに発音されることが珍しくありません。これらの単語に共通しているのは、2拍目が特殊拍の撥音あるい

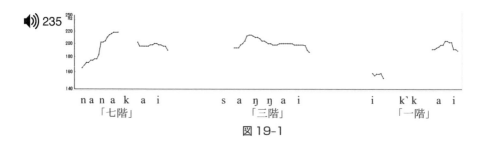

図19-1

19.1. 特殊拍とアクセントの関係

は引き音であるという点です。また、平板型の「たいおう（対応）」、尾高型の「だいふく˥（大福）」、中高型 ③ の「だいお˥う（大王）」のように、1拍目から2拍目にかけて /ai/ などの母音が連続する語でも、1拍目から高くなることがよくあります。

一方、特殊拍でも、2拍目が促音の場合にはこのような現象は起こりません。たとえば、平板型の「一階」、尾高型の「真っ赤」、中高型の「真っ黒」のような語が単独で発音された場合、通常1拍目は低くなります。

練習 19-1
次の語を単独で発音した場合の1拍目の高さに注目して比較しなさい。
女子校　高校　転校　学校　廃校

19.1.3. 母音の無声化とアクセントの関係

日本語では、語末や無声子音のあいだなどで母音が無声化（あるいは脱落）することがあります（→ 14.3）。ここでは「⓪」のように母音が無声化する拍を表す平仮名を○に入れて表します。声のピッチは声帯の振動によって作り出される声があってはじめて存在するものですから、無声化した音にはピッチがありません。それでも、アクセントの音韻論的な記述としては、たとえば「あⓢた（明日）」は平板型ですから、原則に従って2拍目の母音が無声化した「し」は高とされ、「そⓢき（組織）」は頭高型ですから2拍目の無声化した「し」は低とされます。

しかし、実際の音声は、たとえば「かがく˥Ⓢき（化学式）」「ゆわかⓢ˥き（湯沸かし器）」の語末の3音節のピッチの違いは小さく、聞き分けることが難しい場合があります。

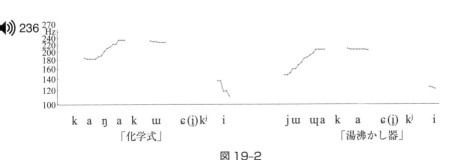

図 19-2

無声化した母音の拍は、アクセント核になりにくい傾向があります。「き̥かい（機械）」は「き̥﹈かい」からアクセント核がずれたものだと考えられます。また、「長崎県」「岐阜県」は、「広島県」「三重県」のように「県」の直前にアクセント核を持つ規則的な発音（「ながさき̥﹈けん」「ぎふ﹈けん」）だけでなく、「ながさ﹈き̥けん（長崎県）」「ぎ﹈ふけん（岐阜県）」という発音も観察されます。逆に、アクセント核があることによって母音の無声化が起きない「き﹈ふ／き̥ふ﹈（寄付）」のような例もあります。

練習 19-2

次の語のアクセント核の位置と母音の無声化を、アクセント辞典や他人の発音と自分の発音とで比較しなさい。

試験　父　式　長崎市　科学者　技術者

19.2. 日本語諸方言のアクセント

標準日本語のアクセントの一部の特徴は多くの方言にもあてはまりますが、方言ごとに異なる特性も多く見られます。日本語アクセントの研究は記述・理論、地域分布を主とする共時的研究、歴史的変化を中心とする通時的研究などさまざまありますが、ここでは共時的に現代における地域分布の違いを概観します。

方言のアクセントは、アクセント型の区別の有無で大きく2つに分かれます。「箸」と「橋」を区別する東京方言や京阪方言など、多くは区別のある方言です。それに対して、「箸」も「橋」も低高となる一型アクセントの都城方言や、どの拍が高くなるか決まっていない無アクセントの福井市方言や栃木方言は、区別がない方言にあたります。

アクセント型の区別がある方言は、さらに単語の長さ（＝拍数や音節数）にかかわらず一定の数の型に分かれるタイプと単語が長くなるにつれて型の数が増えるタイプに分かれます。音節数にかかわらず2つの型のどちらかにあてはまる「二型アクセント」の鹿児島方言は前者に属します。名詞では音節数＋1の型を持ち、単語の長さによって型の数が変わる東京方言や、もっと型の数の多い近畿方言は後者に属します。また、アクセント型の区別のある地域と無アクセント地域との境界付近には、「曖昧アクセント」と呼ばれる移

行域の方言が見られます。
　東京方言のアクセント体系は標準語と同じ（→第17章）なので、以下では異なるタイプを見ていきましょう。

19.2.1. 京阪方言のアクセント

　京阪方言の東京方言にない特徴として「高く始まる語」と「低く始まる語」の区分があります。高く始まるタイプを「高起式（平進式）」、低く始まるタイプを「低起式（上昇式）」と呼びます。高起式のピッチは語頭からアクセント核まで高く続いたあとで低くなります。それに対して低起式のピッチは、語頭からアクセント核の前まで低から始まってわずかに上昇して、アクセント核の後ろは低くなります。京阪方言でもアクセント核は標準日本語と同じくピッチが下がる直前の拍にあると考えます。無核の高起式では語頭から文節末の拍まで高のピッチが続きますが、無核の低起式の場合は、文節末の拍（名詞単独であれば最終拍、1拍の格助詞が付けば格助詞）が高くなり、その直前の拍までは低いピッチが続きます。
　名詞の例を表19–2で見てみましょう。表には低起式の語頭からアクセント核直前までのわずかな上昇は記述せず、高と低の2段階に単純化しています。京阪方言では、1拍語は母音を伸ばして2拍相当に発音する（これを **1拍語の長呼**と言います）のが普通ですが、1拍語の母音が引き延ばされる部分は「ー」で表しています。なお、表には明示してありませんが、アクセント核が名詞の最後にある語（低起式の「春」「マッチ」など）に助詞が付かないときには、最後の母音の途中でピッチが下降し、この現象を**拍内下降**と呼びます。
　もう1つ京阪方言が標準語と異なる点として、特殊拍の扱いがあります。標準語では特殊拍にアクセント核を置くことが原則としてありませんが、京阪方言では特殊拍のうち撥音や引き音にアクセント核にがあることがあります（例「おんがく（音楽）」）。
　京阪式の動詞・形容詞のアクセントは、標準語と同様に終止形だけならば名詞と比べると単純です。
　動詞終止形は、高起式で無核の一段動詞「寝る」、「消える」、「かためる」、五段動詞「置く」、「当たる」、「はたらく」といったタイプと、低起式で無核の一段動詞「出る」、「見せる」、五段動詞「飲む」といったタイプの2種類

表 19-2 京阪方言の名詞（＋助詞ガ）のアクセント型 （中井 2002 等による）

🔊 237

	核	1拍語	2拍語	3拍語	4拍語	5拍語
高起式	1拍目	歯(ー)ガ	やまガ (山)	いのちガ (命)	うぐいすガ (鶯)	アクセントガ
	2拍目		—	にわしガ (庭師)	おやぶんガ (親分)	ごじゅうねんガ (50年)
	3拍目			—	かみなりガ (雷)	うえきばちガ (植木鉢)
	4拍目				—	さかなつりガ (魚釣り)
	なし	蚊(ー)ガ	とりガ (鳥)	こどもガ (子供)	かまぼこガ (蒲鉾)	いためものガ (炒め物)
低起式	2拍目		はるガ (春)	いちごガ (苺)	むらさきガ (紫)	おとうさんガ (お父さん)
	3拍目			マッチガ	かまきりガ (蟷螂)	かしわもちガ (柏餅)
	4拍目				—	くすりうりガ (薬売り)
	なし	手(ー)ガ / 手ニ	そらガ / そら (空)	よもぎガ / よもぎ (蓬)	らくごかガ / らくごか (落語家)	おちこぼれガ / おちこぼれ (落ちこぼれ)

に原則として区分されます。

　形容詞終止形は、多くが語末から3番目の拍にアクセント核を持つ高起式で、「しろい（白い）」「つめたい（冷たい）」「おもしろい」などがあります。ほかに少数の低起式無核の「ええ（良い）」、低起式で語末から2番目の拍にアクセント核を持つ「おいしい」があります。

　京阪式アクセントは京都・大阪を中心に近畿地方の広い範囲で用いられます。また、四国、北陸にも型の区分の点などで京阪式と共通の特徴を持つアクセントが分布しています。

19.2.2. 鹿児島方言のアクセント（二型アクセント）

　鹿児島方言はシラビーム方言で、名詞＋格助詞などのすべての文節が、(A)

文節の末尾から2音節目が高くほかが低い、(B) 文節末音節が高くほかが低い、のどちらかに属し、文節の末尾2音節が下降か上昇かのどちらかになります。ただし、(A) の1音節の文節では、音節内でピッチが下降します。(A)と(B) の2パターンに収まることから、二型アクセントと呼ばれます。

表19-3　鹿児島方言のアクセント型　(平山1997による)

(A)	は̄(葉)	あめ̄(飴)	いな̄か(田舎)	あまざ̄け(甘酒)
	は̄ガ	あめ̄ガ	いな̄かガ	あまざ̄けガ
(B)	は̄(歯)	あめ̄(雨)	あさひ̄(朝日)	あさがお̄(朝顔)
	はガ̄	あめガ̄	あさひガ̄	あさがおガ̄

　二型アクセントは語声調とみなされることもあります。これに類したアクセントは九州西部に広がっています。ほかに、山梨県早川町奈良田、埼玉県久喜市栗橋、沖縄県那覇市首里などの方言のアクセントと合わせ、特殊式アクセントと呼ばれることもあります。

19.2.3. 都城方言のアクセント (一型アクセント)

　宮崎県の都城方言もシラビーム方言で、すべての単語で語末音節が高くなる固定アクセントです。名詞にガなどの助詞が付くと、文節末尾の音節が高くなります。ただし、終助詞と助動詞のヂャ (標準語のダに相当) はこの単位に含まれません。

表19-4　都城方言のアクセント型　(平山1974による)

え̄(柄・絵)	あめ̄(飴・雨)	かん̄(紙)	いな̄か(田舎)	標準語で相当する助詞
えガ̄	あめガ̄	かんガ̄	いなかガ̄	(〜ガ)
えン̄	あめン̄	かんノ̄	いなかン̄	(〜ノ)
えデン̄	あめデン̄	かんデン̄	いなかデン̄	(〜デモ)
え̄　ヂャ	あめ̄　ヂャ	かん̄　ヂャ	いな̄か　ヂャ	(〜ダ)

　パターンが1つであることから、一型アクセント (統合一型アクセント) と呼び、特に語末が高くなることを示すために尾高一型アクセントと呼ぶこともあります。この型の分布は狭く、都城市のほか、隣接した鹿児島県志布志市で見られる程度です。他に隠岐島などに三型アクセントがあることが報告

されています。この種の、単語の長さが変わっても型の数が変わらず一定のアクセント体系を総称して「N型アクセント」と言うことがあります。

19.2.4. 福井市方言のアクセント（無アクセント）

　福井市方言などのアクセントは一定の型を持たず、型の区別もないことから、無アクセント（無型アクセント）と呼ばれます。アクセントによる単語の意味の区別がない点は一型アクセントと共通しているので、合わせて無アクセントと呼ばれることもあります。ただし、一型アクセントでは型が決まっているのに対し、福井市方言は型が決まっていません。同じ語の発音でもそのときどきで異なる型が観察されます。かつてはアクセント型の区別があったが、次第に曖昧になり、ついになくなってしまったと考える立場からは、崩壊アクセントとも呼びます。

　無アクセントが広く見られる地域として、九州の北西部から宮崎県にかけてと、南東北・北関東（山形県南東部と宮城県南部から福島県・栃木県・茨城県）があります。そのほかに、静岡県静岡市井川、福井県福井市、愛媛県大洲市、八丈島、宮古・八重山諸島の一部などが報告されています。また、これらの地域と周囲のアクセント型の区別がある地域とのあいだには、アクセントの曖昧な地域が点在します。なお、無アクセントと言っても、全く自由ではなく一定の制約があります。

19.3. 母音の広さとアクセントの関係

　札幌市や秋田市のアクセントは東京式の変種と考えられますが、違いもあります。たとえば、東京方言で頭高型となる2拍和語名詞が、両方言では頭高型（「秋」「猿」「箸」「松」など）と尾高型（「雨」「糸」「笠」「窓」など）に分かれます。2拍目の母音の開口度が狭い (/i/ と /u/) と1拍目が、比較的広い (/a/ /e/ /o/) と2拍目がアクセント核になります。このように母音の違いがアクセントに影響を与えることもあります。母音の広狭がアクセントと関わっている現象は、富山方言などでも見られます。

第20章

イントネーションの性質

　イントネーションとは、発話におけるピッチ（＝声の高さ）の変化のことです。このイントネーションと文や句の構造、発話の意図、話者の感情や態度、プロミネンスなどとの関係が広く研究されてきました。

　イントネーションの実態は、単なる高／低あるいは上昇／下降といった用語だけでは記述しきれず、どのくらい高いか、どのくらい上昇するか、どこから上昇し始めるか、といったその様態は無数にあります。ところが IPA でイントネーションに関わる記号は、全体的上昇を示す記号［↗］、全体的下降を示す記号［↘］、イントネーションの区切りを示す記号［‖］の3つしかありません。そこで、イントネーションの記述には言語ごとの特性に合わせてさまざまな方法が工夫され、現在では、単語のアクセントを含めたピッチの変動を自動的に記述することをめざして、ToBI (Tones and Break Indices) という記述システムが開発されて、普及しつつあります。また、対応する意味・機能ごとにイントネーションをいくつかの要因に分けて、音声教育に役立つレベルまで整理する努力が続けられています。

20.1. 句の構造とイントネーション

　図20–1に示した文 (a) (b) のピッチ曲線を見てみましょう。いずれも、標準日本語ではアクセント核を含まない平板式の語句から構成されています。どちらもごく普通の基本的なイントネーション型で、「へ」の字型の曲線になっています。この「への字」は、① 発話の冒頭では声帯の振動が始まったばかりで振動が遅く、ピッチがあまり上がっていないところから、② すぐに声帯振動の速度が発話中最高に達してピッチがピークを迎え、③ やがてそこから肺のなかの空気が減り、徐々に呼気の圧力が弱まるにつれて声帯振動が遅くなってピッチが下降する、という生理的な状態を反映しています。1つの「へ」の字部分が1つの単位で、それを**イントネーション句**（intonational phrase）または**音調句**（tonal phrase）と呼びます。頭高型以外のアクセント型の語頭の拍は、句の初め（たとえば (a) の「丸い入れ物」の冒頭）では低く、それ以外の位置（たとえば (a) の「入れ物」の冒頭）では前後の高い拍と並んでいます。頭高型以外の語頭の拍は低と決まっておらず、イントネーション句の区切りによって低くなると考えられます（→ 18.1）。

🔊 238   (a) 丸い入れ物を並べる。   (b) 百恵のお土産をもらう。

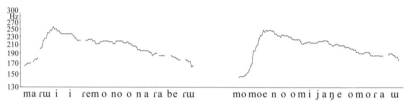

(c) 入れ物を / 丸く並べる。   (d) 山根が / 百恵に / お土産をもらう。

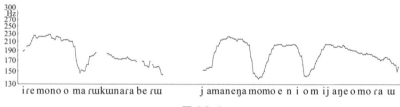

図 20-1

　(c) (d) にも平板式の単語が使われていますが、曲線には「へ」の字のような山が (c) に2つ、(d) には3つあり、イントネーション句が複数あることがわかります。通常、イントネーション句の単位を作れるのは名詞句や動詞句などの句です（ここでは「（連体修飾句＋）名詞＋助詞」のようなまとまりを名詞句としています）。ただし、動詞とその直前の句は基本的に1つのイントネーション句になります。

練習 20-1
次の文がどこでイントネーション句に分かれるかを指摘しなさい。
a. 田中さんは出張に行っています。
b. 田中さんは大阪へ出張に行っています。
c. 田中さんは出張で大阪に行っています。

20.1. 句の構造とイントネーション

d. 田中さんは来週まで出張です。
e. 営業の田中さんは大阪の支店に行っています。

次に、イントネーション句とアクセントの関係を考えます。図20–2は「名詞₁ノ名詞₂」の名詞句のピッチを示したものです。なお、どちらの名詞も強調されないものとします。まず、「平板式名詞₁ノ平板式名詞₂」の「アルメニアのお土産」は、途中で下がるところなく、全体に緩やかに自然下降していきます。「起伏式名詞₁ノ平板式名詞₂」の「イエメンのお土産」や「起伏式名詞₁ノ起伏式名詞₂」の「イエメンの果物」は、最初のアクセント核（「エ」）までは高く、そのあとは最後まで低いか、次の語の2拍目がわずかに上昇します。「平板型名詞₁ノ起伏式名詞₂」の「アルメニアの果物」では、アクセント核のない「アルメニア」の初めから「果物」のアクセント核「ダ」までが高く、その後ろは下がります。最初のアクセント核まで（アクセント核がない場合には句末まで）が1つの際立ったもり上がりになると、句にまとまりを感じるようになります。

🔊 239

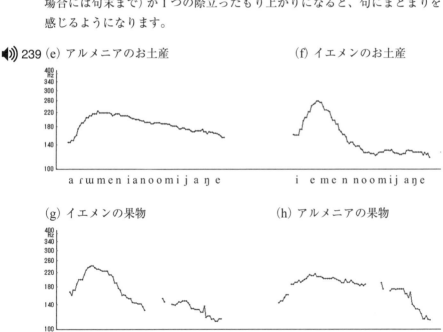

図20-2

こうした句のまとまりは、「名詞₁ノ名詞₂」以外にも2つの単位A-BのAがBを限定している場合にも形成されます。組み合わせは「形容詞—名詞」（「冷たい水」）、「連体詞—名詞」（「あの山」）、「副詞—形容詞」（「とても悲しい」）、「副詞—動詞」（「ずっと寝ている」）などさまざまです。主語と自動詞や目的語と他動詞の組み合わせとなる「格成分—動詞」（「子どもがいる」「りんごを買う」）も同様にイントネーションのまとまりを成します。

図20-3の(i)は曲線が単純な「へ」の字型ではなく、イントネーション句が分かれていると考えられます。

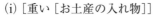
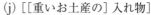
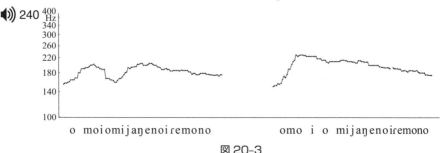

図20-3

(i)は入れ物が重い、(j)はお土産が重いということです。[　]で示される構造の違いが、イントネーションの違いに反映されます。(i)のように句の途中で内部のまとまりが始まる構造（＝右枝分かれ構造）では山が2つになります。18.3.2節で見た合成名詞のアクセントとも比較してください。

🔊 241 練習20-2

それぞれ2つの読み方で読まれた次の文について、読み方（＝イントネーション）による意味の違いを説明しなさい。
(a) 病気の姉の恋人を見舞う。
(b) 山田が渡辺と中井の実家へ行った。
(c) 堀江が再開したイベントをもり上げた。

練習20-3

次の文は、どのようなイントネーションで読むのが良いか、山を示す線を描いて、イントネーション句の区切りを考えてみましょう。

(1) 農協は　　早場米の　導入と　若手の　育成を　検討しました。
(2) 知事側は　県内産の　牛肉や　松茸の　宣伝を　検討しました。

20.2. プロミネンスを表すイントネーション

　イントネーションが、文の焦点を表すプロミネンスの手段になることがあります（→ 16.5）。図 20–4 では、(a) は焦点がなく、(b)～(d) はそれぞれ太字に焦点があります。

🔊 242　(a) 香苗は歩の姉です。　　　　　(b)（誰が歩君のお姉さんですか？）
　　　　　　　　　　　　　　　　　　　　　香苗が歩の姉です。

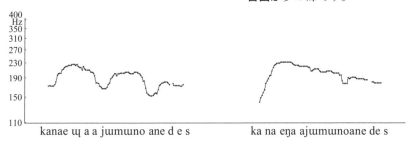

(c)（香苗さんは誰のお姉さんですか？）　(d)（香苗さんは歩君のお友達ですか？）
　　香苗は**歩の**姉です。　　　　　　　　香苗は歩の**姉**です。

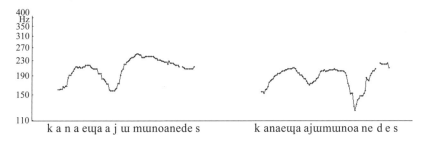

図 20-4

　(a)～(d) は 3 つの起伏式の文節からなる点で共通していますが、3 つあるはずの山（＝ピッチのもり上がり）が不明確なものがあります。山と焦点を対照させると、① 焦点が置かれた要素は山が明確、② 焦点の前の要素は山が

明確、③ 焦点のあとの要素は山が不明確、ということがわかります。イントネーション句の始まりはプロミネンスに対応するからです。

このように文の後ろでピッチの上昇が抑制される現象には、ダウンステップ、カタセシス、アクセントの弱化、準アクセントなどいろいろな呼び方があります。定義は多少違いがありますが、基本的には同じ現象を指します。

日本語では、焦点のある単語自体ではなく、その末尾や直後の助詞を高くすることでプロミネンスを示すこともよくあります（図20–5参照）。

🔊 243
(e) 香苗が歩の姉です。

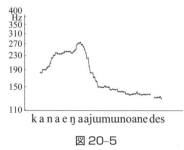

図 20–5

練習 20-4

次の文は、一般的にどのようなイントネーションで読むのが良いか、山を示す線を描いて、イントネーション句の区切りを考えてみましょう。
(1) 夫が活躍した場所は会社の中心でした。
(2) 夫が購入した土地は会社の敷地でした。

英語では、文や節の最後の内容語（＝名詞・動詞・形容詞など）の強勢音節が音調核と呼ばれ、そこから後ろで上昇・下降・下降上昇調といったイントネーションでピッチが変動します。それ以外の語に焦点が置かれる場合は、その語の強勢音節が音調核になります。次の例では、下線部が音調核で、そのあとは下降調です。

20.3. 発話意図などを表すイントネーション　　　199

🔊 244 英語の例

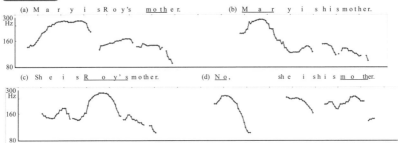

図 20-6　英語のプロミネンスに関わるイントネーション

(a) Mary is Roy's mother.
(b)（Who is Roy's mother?）　Mary is his mother.
(c)（Whose mother is Mary?）　She is Roy's mother.
(d)（Is Mary a teacher of Roy?）　No, she is his mother.

20.3. 発話意図などを表すイントネーション

　イントネーションと聞くと「平叙文では文末が下降する」「疑問文では文末が上昇する」など、文末で発話意図を示すものと考える人が多いかもしれません。実際、日本語教育能力検定試験では、イントネーションを問う場合、文末イントネーションに限定する傾向が見られます。

　平叙文か疑問文かの違いは、言語学では発話類型のモダリティ（＝発話内容に対する話者の心的態度）として扱われることがあります。日本語のモダリティには平叙文の陳述、疑問文の質問のほかに、命令・勧誘・依頼・強い主張・推量・疑いなど多くの種類があります。平叙文と疑問文が語順で操作される英語でも、発話意図を伝える際にはイントネーションは重要な働きをします。

　日本語にはモダリティを示す文末詞（＝助動詞や終助詞など）が数多くあります。日本語でモダリティを表すには、文末詞を付けずイントネーションだけで示す場合と、終助詞などの文末詞を含めてイントネーションを付けて示す場合とがあります。後者は、たとえば、文末に終助詞「ね」を付けて、「～ですね↗」と上昇調で言う例が該当します。そのため文末イントネーション

を考える際は、文末詞の有無を踏まえて分けて考える必要があります。ここでは文末詞がない場合を中心に見ます。

　文末イントネーションの種類、モダリティと話者の感情・情緒の区切りなどについてはさまざまな見解があります。ここでは郡（2015）に従って、① 疑問型上昇調（＝連続的上昇）、② 強調型上昇調（＝段状上昇）、③ 上昇下降調、④ 無音調の4種類に分けることにします。名称が必ずしも機能と一対一で対応しているとは限らない点には注意してください。たとえば、① は疑問文以外でも用いられます。

　最も一般的な平叙文のイントネーションは ④ の無音調です。基本音調や平調のほか、下降調や平坦調と呼ばれ、ごく緩やかな「へ」の字型を描きます（図20–7 (a) を参照）。命令・願望で用いられることもありますが、その場合モダリティを表しているのは活用語尾や文末詞であって、イントネーションは中立的です。

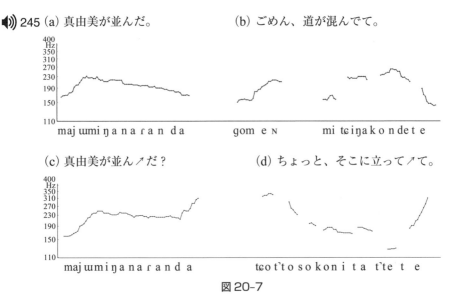

図20-7

　図20–7 (c) は文末が ① の疑問型上昇調のイントネーションで、平叙文の形式のままで疑問が表されます。この型のイントネーションでは、ほかにも (d) のように依頼や勧誘などを表すことがあります。(d) と同じテ形のいい

20.3. 発話意図などを表すイントネーション

さし形でも、(b) は依頼ではなく、待ち合わせに遅れた理由を述べているだけなので ④ 無音調になっています。ここから、上昇調イントネーションには聞き手に返答などの反応を求める機能があると考えられます。なお、この上昇型のピッチでは上昇が文末まで続き（=① 連続的上昇）、文末の拍や音節を引き延ばすことがよくあります。図 20-7 (c)(d) では上昇の開始点を ↗ で示しています。

疑問型上昇調が文の途中で起こることは「半疑問」などと呼ばれ、1990年代に話題になりました。半疑問はその単語を相手が知っているか、あるいは自分が正しい使い方をしているかを確かめながら発話する態度を見せる機能などを持ち、直後にはポーズが入ることが多いようです。たとえば、「母が椎間板ヘルニ↗アってことでね、手術することになったの」では、「椎間板ヘルニア」という単語をお互いが正しく知っているかどうかを途中で確かめる態度を示しています。

同じ上昇でも、② の強調型上昇調は、いったん高くなったら上昇しないでピッチを保つ点（=段状上昇）が ① と異なります。強い主張や固執を示す際によく観察されます。図 20-8 (e)(f) では上昇の開始点を ↑ で表しています。

246 (e) これじゃな↑い！　　(f) そんなこと言ってませ↑ん！

図 20-8

247

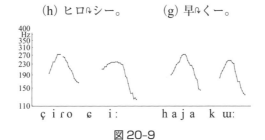

(h) ヒロ↷シー。　　(g) 早↷くー。

図 20-9

③の上昇下降調は、②の強調型上昇調の直後に急な下降調が続くもので、昇降調とも呼ばれます。(h)「ピロ↷シー」と遠くから呼ぶときや、(g)「パヤ↷クー」と急かすときなど、強く訴えかけるときなどに見られます（図20-9）。

🔊 248 【練習 20-5】

音声を聞いて、イントネーションの5つの型（① 疑問型上昇調、② 強調型上昇調、③ 上昇下降調、④ 無音調）のうち、どれにあてはまるかを答えなさい。
(a) できました。 (b) できました。 (c) できました。 (d) できました。

　以上のような文末イントネーションの型は、発話意図のほかに話者のさまざまな感情を表すこともあります。感情に関する表現要素は、多くの言語で広い範囲に渡って現れ、落胆はピッチの幅が狭く、嬉しさはピッチの幅が広くなり、落胆や疑いを強調するときはピッチの上がりが遅くなるなどの傾向が知られています。感情表出は、イントネーション以外にも発話速度や調音のあり方にも一定の特徴が見られることがあります。

　このように、イントネーションは、アクセントと異なり、いくつかの機能を重層的に有しているために、複雑でつかみにくいということが言えます。

20.4. 発話の途中であることを示すイントネーション

　日本語では、文節末を強調する上昇調のイントネーションが、プロミネンスだけでなく、ゆっくりとしたテンポで何かを説明するときなどにも現れます。これは、いちど意味を区切って、さらに発話が続くことを示す機能をします。

🔊 249 【例】 「こちら↑を、よく炒め↑て、煮汁を入れた↑ら、汁気がなくなるま↑で煮詰めます」。

　文節末の上昇下降調は、末尾が下降するにもかかわらず「尻上がり」と呼ばれることがあります。これも意味の区切りと発話の継続を示しますが、「わた↷しー、なん↷かー」のように言い方がだらしないと批判されることがあります。

　発話が後続するのを示すのに、英語では下降上昇調を用いることもありま

20.4. 発話の途中であることを示すイントネーション

す。

◀)) 250

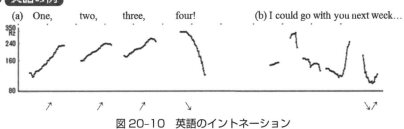

図 20-10　英語のイントネーション

(a) One, two, three, four.
(b) I could go with you next week….

第 21 章

言語音の音響学的性質

　言語音以外にももちろん「音(おと)」はあります。たとえば音は、人間の声だけでなく、動物の鳴き声もあり、そのほかに風や楽器など無生物が発生させる音も含みます。言語音はそれらの多様な音の 1 つに過ぎないのです。

21.1. 音とは

　「音は空気の波だ」と言われることがありますが、この「波」は、進行方向に向かって垂直に凹凸(おうとつ)が生じるような、海や湖の水面にできる波とは異なります。音の波は「音波」(sound wave) と呼ばれ、粒子が高密度・高圧力の空気(密)と低密度・低圧力の空気(疎)が交互に現れて、音の発生源から伝わっていく粗密波(そみつは)です。空気の圧力の変化(幅)を音圧(sound pressure)と言います。

　空気の密と疎が単純に等間隔に繰り返すような波を**純音**(pure tone)と呼びます。純音は、(地デジ化前の)NHK の時報や音叉の音に近く、聴力検査に用いることがある人工音です。単純で理解しやすいので、まず純音から音の性質を説明します。

　純音の疎密の波をグラフ(＝波形 waveform)に表すと、正弦波(sine wave)となります(図 21-1)。ある地点で音が鳴ると、空気の疎密の変動が周囲に伝わり、音が伝わるすべての地点で「0 → 密(＋) → 0 → 疎(－) → 0」のパ

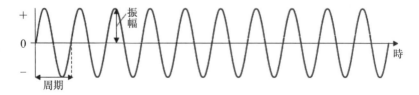

図 21-1

ターンが繰り返されます。このサイクルが 1 秒間に何回繰り返されるかを示す数値が**周波数**（frequency: 単位は Hz（ヘルツ））です。純音の周波数の違いは高さの違いであり、周波数が高いほど高い音に感じます。

　物理的に強い音は、空気の波の疎と密の差が大きく、音圧の変化の最大値である**振幅**（amplitude）がより大きくなります。音の強さを表す単位としては dB（デシベル）がよく使われています。dB には用途によって基準となる音の強さ（0dB）を設けて、当該の音がその基準の音の何倍の強さかという値から導き出された数値を使います（→ 22.2）。

　世の中のほとんどの音は、純音ではなく、複合音です。複合音とは、複数の純音が組み合わさってできており、**周期音**（periodic tone）と**非周期音**（non-periodic tone）の 2 つに分類されます（純音は周期音です）。

複合音 ｛ 純音（音叉の音などが近い）　　　　　　　　　　　｝ 周期音
　　　　複合周期音[62]（バイオリンの音、母音・接近音など）
　　　　複合非周期音（衝撃音、無声摩擦音など）

　周期音は楽音（musical sound）とも呼ばれ、高さが感じられます。たとえば、バイオリンやピアノの音色も、「アー」という声も複合周期音です。複合周期音の「ア」[a] の波形（→ 図 21–2a）を見ると、なんらかのパターンをおよそ周期的に繰り返しています。純音と違い正弦波ではありません。

　なんらかのパターンが 1 秒間に繰り返される数が**基本周波数**（fundamental frequency）で、これが高さとして感じられ、ピッチに相当します。

　複合周期音は基音（fundamental tone）と倍音（harmonic tone）が重なる音のことです。基音は基本周波数となる複合周期音で最も周波数の低い音を指し、倍音は周波数が基音の整数倍となる音を意味します。たとえば、200Hz の高さの声には 200Hz の基音と 400Hz、600Hz、800Hz…の倍音が含まれます。図 21–2b は 200Hz の純音とその 2 倍の 400Hz の純音の波形を重ねたものです。両波形を足すと図 21–2c のように、200Hz の基音とその 2 倍音が一定の波形を繰り返す複合周期音となります。

　複合音にどのような周波数の成分音（＝基音と倍音）がどのくらいの振幅で含まれているかを見るグラフが、縦軸に振幅（＝パワー）、横軸に周波数を

---

62) 理論的には周期音は永遠に続く音です。

第 21 章　言語音の音響学的性質

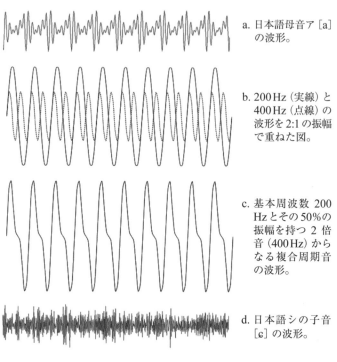

a. 日本語母音ア [a] の波形。

b. 200 Hz（実線）と 400 Hz（点線）の波形を 2:1 の振幅で重ねた図。

c. 基本周波数 200 Hz とその 50% の振幅を持つ 2 倍音（400 Hz）からなる複合周期音の波形。

d. 日本語シの子音 [ɕ] の波形。

図 21-2

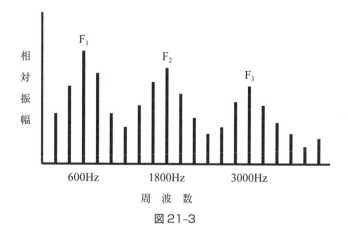

図 21-3

21.1. 音とは

とったパワースペクトラム（power spentrum）、あるいはスペクトル（仏語 spectre）です。図21-3は母音の例で、200Hzの基音と、横軸上等間隔（200Hz間隔）にその倍音が見られます。

全体として見ると、振幅の大きさがいくつかの山の形を成しています。この山のピークは共鳴によって成分音の一部を強めたもので、この図では、600Hzの第3倍音、1800Hzの第9倍音、3000Hzの第15倍音が共鳴のピークに近いところにあることがわかります。この共鳴のピークを**フォルマント**（formant）と言います。フォルマントは複数あり、低いほうから順に第1フォルマント（F_1）、第2フォルマント（F_2）、第3フォルマント（F_3）と呼びます。第4フォルマント以降もありますが、言語音の分析で特に注目されるのはF_3までです。フォルマントの値は、共鳴を生む空間の形状（＝声道）に左右されます。調音の際の構えとフォルマントが表す音色には直接的な関係があります。成人男性の声道（＝声帯～唇）の長さは17 cm前後ですが、17 cmの長さで断面積が一定の声道を仮定すると、計算上、F_1＝500Hz、F_2＝1500Hz、F_3＝2500Hzとなります。実際の声道の長さの違いや狭めの位置によって、この数値は上下します。

周期音の波形のパターンは音色によって中身が異なります。たとえば、「アー」（図21-4a）と「イー」（図21-4b）では、パターンに違いが見られます。これは、倍音の成分が異なっているからです。周期的複合音となる

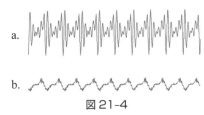

図21-4

言語音には母音のほかに鼻音や接近音や側面接近音があり、言語学ではこれらをまとめて**共鳴音**あるいは鳴音（sonorant）と呼びます。

複合音のもう1つのタイプは、一定の高さを感じない非周期音で、噪音、雑音、ノイズ（noise）とも呼ばれます。たとえば、手を擦り合わせる音や、手をたたく音、静かにさせるために言う「シーッ」という音は非周期音です。言語音では、破裂音の破裂の瞬間の音や無声摩擦音などがこれにあたり、共

鳴音に対しては**阻害音**(obstruent)と呼びます。非周期音の波形は、図21-2dからもわかるように、繰り返しのパターンがなく、成分音にはさまざまな周波数の音がランダムに含まれます。

練習 21-1

音響分析ソフトウェアによってさまざまな音を録音し、音声波形を表示して（必要に応じて時間軸を拡大し）、周期音か非周期音かを調べてみましょう。

21.2. 言語音の特徴

ここからは、母音や子音などの個々の言語音について、音響的にどんな特徴があるかを説明します。音響分析の結果を視覚的に把握できるグラフである、**サウンド・スペクトログラム**(sound spectrogram)の見方も概説します。サウンド・スペクトログラムは、通常、縦軸が周波数、横軸が時間を表し、表示には白黒と多色があります。白黒のスペクトログラムでは、各周波数の成分音の強さが黒の濃淡で表示され、どの音でどの周波数の成分音が強くなるのかがわかるようになっています。スペクトログラムには広帯域(wide band)と狭帯域(narrow band)があり、前者は時間を細かく区切って観察するのに、後者は周波数を細かく分析するのに向いています。

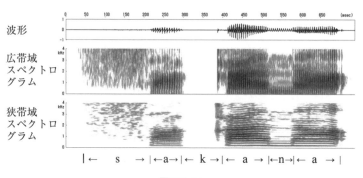

図 21-5

21.2.1. 有声音・無声音

有声音は声帯の振動を伴う音、無声音は声帯の振動がない音です（→ 2.4）。有声音を発するために呼気が声帯を振動させながら通過すると、**喉頭原音**

（glottal source）になります。この喉頭原音が有声音のもとになっているのです。

喉頭原音はほぼ規則的なパターンの周期音なので（ただし、周期音から外れた音も含まれます）、声帯の振動の頻度で高さを調節できます。この喉頭原音の高さが、有声音の基本周波数（＝ピッチ）にあたります。この声の基本周波数を F_0 と略記することがあります。一方、無声音は声帯の振動を伴わず喉頭原音がないので、高さを調節できません。

サウンド・スペクトログラムを見ると、有声音を発している時間帯にはボイス・バー（voice bar）あるいはバズ・バー（buzz bar）と呼ばれる黒い横の線が観察されます。図 21–5 の各スペクトログラムの下の方（0.5kHz 以下）を見ると、無声音 [s] [k] の時間帯が空白で、有声音では黒くボイス・バーが現れています。ボイス・バーはスペクトログラム上での見た目がフォルマントと似ています。

21.2.2. 母音

母音は基本的には有声音で、喉頭原音をもとに作ります。喉頭原音が咽頭と口腔を通って唇の外に出るまでに、音声器官の形状（＝唇の形・舌の位置など）でいくらか性質が変わります。「ア」と「イ」では咽頭と口腔の形状が異なるため、喉頭原音が受ける影響（＝共鳴）が変わって異なる領域の周波数が強められます。つまり、母音の種類によってフォルマントの値が変わるのです。母音の分析にはフォルマントのうち特に F_1 と F_2 が重要です。一般に、口の開きが小さいと F_1 は低くなります。そして、声道の比較的狭くなる場所が前方であるほど、F_2 と F_1 の差が大きくなります。

スペクトログラムでフォルマントを見てみましょう。図 21–6 は日本語の母音「イ・エ・ア・オ・ウ」の成人男性の発音を記録したものです。この発音の場合、「ア」(a) では 700Hz 付近にある黒い帯が F_1、1300〜1400Hz 付近にある黒い帯が F_2 で、このあたりの周波数が強められることを示します。一方、「イ」(i) では F_1 が 300Hz 付近、F_2 が 2600〜2700Hz 付近になり、「ア」の場合とは異なる共鳴になっていることがわかります。

なお、母音は基本的に有声音なので、F_1 の下にボイス・バーが現れますが、F_1 が低いときには、F_1 と混然となってわかりにくいことがあります。また、母音が無声化するとボイス・バーもフォルマントも現れません。

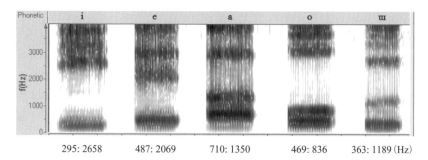

数字は各母音の中央部分のフォルマント（F_1: F_2）。

図 21-6

練習 21-2

21.1 節で述べた、狭めも広がりもない 17 cm の声道から理論上計算される F_1＝500Hz、F_2＝1500Hz と、上記の日本語の母音のフォルマントの値や表 21–1 の各種の母音のフォルマントの値を比較し、舌の高さや狭めの位置との関係を確認しましょう。

表 21-1　成人男性による平均的な基本母音（前舌と奥舌）のフォルマント値（Catford 2001）

	F_1	F_2		F_1	F_2
[i]	240	2400	[y]	235	2100
[e]	390	2300	[ø]	370	1900
[ɛ]	610	1900	[œ]	585	1710
[a]	850	1610	[ɶ]	820	1530
[ɑ]	750	940	[ɒ]	700	760
[ʌ]	600	1170	[ɔ]	500	700
[ɤ]	460	1310	[o]	360	640
[ɯ]	300	1390	[u]	250	595

21.2.3. 接近音

接近音は母音に性質が似ており（→ 第 10 章）、喉頭原音から作る有声音が基本です。硬口蓋接近音 [j] は [i] に、軟口蓋接近音 [ɰ] は [ɯ] に、両唇軟口蓋接近音 [w] は [u] に似ているので、これらの母音に近いフォルマントを示します。ただ、母音と違って継続時間が短いため、そのフォルマントを示す時間はほとんどなく、フォルマントの値に近くに来たかと思うとすぐ次のフォルマントへと推移します。また、気流の通り道がより狭くなった場合、若干の摩擦的な音を伴うこともあり、その場合には雑音成分（→ 21.2.6）も観察されます。

⟨[aɰa] [aja]、摩擦成分付きの [aja] のスペクトログラム⟩

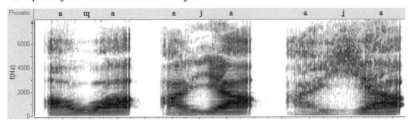

図 21-7

⟨[aɹa] [ala] のスペクトログラム⟩

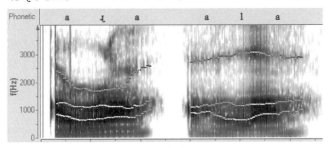

図 21-8

英語の /r/ /l/ に相当する [ɹ] [l] も接近音ですから、やはりフォルマントが観察されます。F_1, F_2, F_3 の推移（フォルマント軌跡）を重ねたスペクトログラム（図 21–8）からわかるように、F_3（一番上の曲線）の違いがこの 2 つの音の主要な相違点です。日本語では F_3 を聞き分ける必要がないため、日本語を母語とする人は F_3 を手掛かりにして流音を聞き分ける習慣がなく、それゆえに英語の /r/ /l/ の聞き分けが難しいのだと言われています。

21.2.4. 鼻音

鼻音は基本的に有声音ですから、喉頭原音から作られます。母音や接近音と異なる点として、咽頭から鼻腔への通路が開いているために、特定の周波数成分が弱まるという特徴があります。これをアンティフォルマント（antiformant）と言います。さらに、鼻腔で声が共鳴することにより、250Hz 付近に周波数が強まる領域があります、これを**鼻音フォルマント**（nasal formant）と言い、スペクトログラム上に帯状に現れます。

（破裂）鼻音のスペクトログラムでは、口腔での閉鎖が持続しているあいだ、鼻音フォルマントのほかに、非常に薄いフォルマントが見られます。口腔に閉鎖があって鼻の穴からしか音が出ないため、放出される音全体が小さくなっています。

鼻音から次の母音に移ったあと、その母音の始まりの部分でフォルマントが斜めになっているのが観察されます。これは、**フォルマント遷移**（formant transition）と呼ばれ、鼻音を発音しているときの口腔の形状から次の母音の口腔の形状に変化していく途上にあることを示しています。たとえば、[ma]と言うとき、唇を閉じた鼻音[m]の状態から唇を開け始めたばかりの瞬間と、完全に母音の[a]になった瞬間とでは、唇の開きも口腔内の広さも形も異なりますから、喉頭原音が唇を出るまでに声道から受ける影響も徐々に変化していくわけです。なお、鼻音の前に母音があると、その母音の最後の部分に同じようにフォルマント遷移が現れます。フォルマント遷移の形は、鼻音の調音位置によっても、先行・後続母音の種類によっても異なります。

〈[ama][ana][aŋa]のスペクトログラム〉

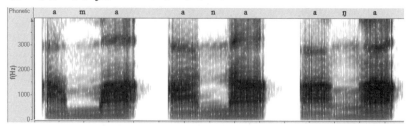

図21-9

21.2.5 破裂音

無声破裂音は閉鎖が持続しているあいだは無音なので、スペクトログラムは空白です。また、破裂が起きた瞬間に雑音的成分が現れます。この雑音的成分は、破裂が起こった調音位置によって集中する周波数帯が異なります。スペクトログラムで周波数帯を見分けるのが難しい場合もありますが、両唇音ではおよそ1kHz以下の低い領域に、低い周波数域ほど強い成分を持つ雑音の形で現れ、歯茎音では4kHzあたりの周波数帯が最も強く、軟口蓋音では2kHzあたりが最も強い雑音成分を持ちます。雑音的成分の周波数領域が

21.2. 言語音の特徴

異なるのは、破裂の音が共鳴する空間の違いからです。破裂のあとに母音が始まると、鼻音の場合と同様にフォルマント遷移が起こります。破裂時の雑音成分の周波数帯とともに、このフォルマント遷移が調音位置を見きわめる手掛かりとなります。なお、有気無声破裂音の場合は、破裂時の雑音的成分と母音の開始とのあいだに気息の出る時間があり、このとき気息の音も雑音的成分になります。

　典型的な有声破裂音では閉鎖のあいだにボイス・バーが現れます。破裂の瞬間の雑音的成分やフォルマント遷移については無声とほぼ同様です。

　破裂音＋母音の音響分析では、破裂の瞬間の雑音の始まりから声帯振動（周期的複合音を示す規則的な波形）の始まりまでを計測し、VOT（→ 4.3）を求めることができます。有声音の場合は声帯振動の開始が破裂よりも前にありますから、この VOT の値がマイナスとなります。

〈[pa ba ta da ka ga] のスペクトログラム〉

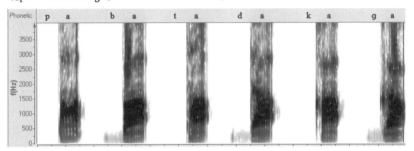

図 21-10

練習 21-3

次の単語を発音して音響分析を行ない、濁音の子音が音響的にも有声になっているかどうか確認しましょう。ボイス・バーのほか、閉鎖時に規則的な波形があることでも確認できます。

　みどり（緑）　　ひだり（左）　　だまし（騙し）　　どうろ（道路）

21.2.6. 摩擦音

　摩擦音は声道の狭窄部分を呼気が通過したときの気流の乱れでできる音です（→ 第 5 章）。摩擦音では持続時間全体で雑音成分を生じます（図 21-11）。

有声音の場合はこの雑音成分のほかにボイス・バーも観察されます（図21-12の[z]の部分）。雑音成分が生じる周波数帯は、破裂音の破裂の瞬間の雑音成分と同様に、調音位置によって異なっています。試しに、無声摩擦音を[ɸ┄s┄ɕ┄ç┄x┄]などと続けて発音すると、それぞれの音の強い周波数領域の違いによって、非周期音で高さの違いがあるように感じることがあります。

摩擦音および破擦音のうち、歯茎音や後部歯茎音は粗擦音あるいは歯擦音、シュー音（strident, sibilant）などと呼ばれることがあります。音響的には、粗擦音は他の摩擦音に比べて強いエネルギーを持っています。

〈[ɸ] [s] [ɕ] [ç] [x] のスペクトログラム〉

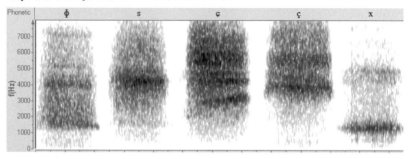

図 21-11

21.2.7. 破擦音

破擦音は、スペクトログラム上、前半に破裂音の閉鎖持続時と同様の空白（＝無声の場合）またはボイス・バーのみ（＝有声の場合）の時間帯があります。そのあとの閉鎖の開放の瞬間から、摩擦音の雑音成分が開始します。摩擦が閉鎖の開放の瞬間から一気に始まるため、雑音の始まり方が摩擦音と比べて急激です。歯茎破裂音を歯茎摩擦音と並べて比べてみましょう。

練習 21-4

次の2つの文の下線部が発音し分けられているかどうか、自分の発音を分析して確かめてみましょう。

(1) The cars ([z]) are mine.　　The cards ([dz]) are mine.
(2) I like the mirror.　　　　　　I like the miller.

〈[atsasadzaza] のスペクトログラム〉

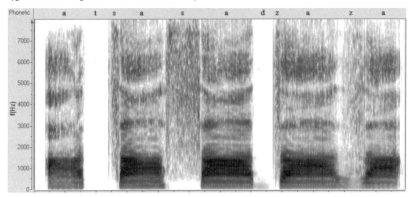

図 21-12

21.2.8. はじき音・ふるえ音

　はじき音は瞬間的な閉鎖を持つため、スペクトログラム（図 21-13）を見ると、非常に短い空白になっていて、その後に非常に短い雑音成分を伴います。音韻論的には流音に分類されている共鳴音ですが、雑音が生じるという点では阻害音と共通しています。

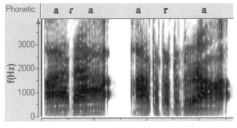

図 21-13

　ふるえ音では瞬間的な閉鎖が繰り返し起こるため、スペクトログラムでははじき音の場合と同じような短い空白の時間が短い間隔で数回生じています。

21.3. 調音結合

　子音の隣の母音にはフォルマント遷移が見られることがあり、単母音でも

216　第 21 章　言語音の音響学的性質

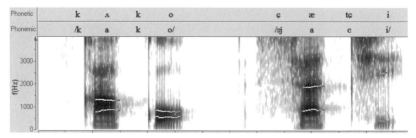

図 21-14

(/a/ の中央部のフォルマント値　[ʌ] F_1: 850.5Hz, F_2: 1292.1Hz, [æ] F_1: 895.1, F_2: 1893.6Hz (成人女性))

　初めから終わりまで同じフォルマントの値が保たれるわけではなく、隣の音の影響を受けて、入りわたりや出わたり (→ 10.3) として一部が変化します。唇や舌などの音声器官の位置や形の変化には段階があるためです。
　このような変化は音の始まりや終わりだけでありません。たとえば、同じ /a/ でも、軟口蓋子音に挟まれた「過去」(奥舌が軟口蓋に近づくため奥舌母音 [ʌ] に近い) と、硬口蓋に近い子音に挟まれた「シャチ」(前舌が硬口蓋に近づくため前舌母音 [æ] に近い) では、中央部分のフォルマントが異なります。F_1 と F_2 の軌跡が示された図 21–14 で確認しましょう。このように隣接する音の影響で変化が生じる現象を、**調音結合** (coarticulation) と言います。
　調音結合は、鼻子音に隣接する母音が鼻音化する、前舌母音に隣接する子音が口蓋化するなど、さまざまなものがあります。IPA の精密表記にも限界があり、瞬間の変化を捉える音響音声学的分析の意義の 1 つは、こうした調音結合の実態を明らかにすることにあります。

21.4. 実験でできること

　これまで見てきたような音響的な特徴を視覚的に確かめるには、音響分析ソフトウェアを利用します。厳密に調べるには注意点がいくつもありますが、まずは次のような実験で自分の発音の特徴を確認するといいでしょう。インターネットで入手できる無料のソフトウェアがあります。録音の適正な音量と、周囲の雑音が入らない静穏な環境を整えましょう。

21.4. 実験でできること

(1) さまざまな環境での母音の無声化の有無
(2) ザ行音が摩擦音か、破擦音か
(3) 無声破裂音の気音の有無や長さ（VOT）
(4) 語中におけるガ行子音の鼻音化・摩擦音化
(5) モーラや音節の持続時間
(6) 高さアクセントやイントネーションによる高さの変化

　ソフトウェアを使って音声を視覚的に捉えると、個々の音が隣接する音と相互に影響を与え合いながら刻々と変化していることや、同じ語でも発話ごとに異なっていることなど、音の面白い性質がいくつも発見できるでしょう。

第22章

音声の知覚

音声によるコミュニケーションは、音声が空中を伝わり、聞き手が知覚してはじめて成立します。本章では、聞き手の側の知覚の仕組みとその成立条件を見ます。

22.1. 聴覚のしくみ

人間は耳で音波を捉え、それを信号に変えて脳で認識します。耳という器官で、外から見えている部分は耳介（pinna）と言いますが、耳介と外耳道（＝耳の穴）とを合わせて外耳（external ear）と呼びます。耳介は音を集め音の方向を知るのに役立ちます。音波は外の入口から2.5 cmほどある外耳道を通り、その奥にある鼓膜（tympanic membrane）を振動させます。鼓膜の振動は、その裏側にある槌骨→砧骨→鐙骨という3つの小さな骨（＝耳小

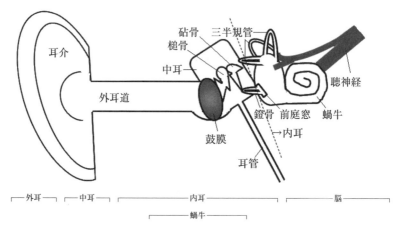

図 22-1

骨）を介して内耳（inner ear）に伝わります。内耳には 3 cm ほどの長さの管がとぐろを巻いた、カタツムリ状の形をしている蝸牛（cochlea）があります。蝸牛の管のなかはリンパ液が満たしており、伝わってきた振動がこのリンパ液に伝わります。リンパ液の振動が蝸牛にある基底膜に伝わり、さらに基底膜上の有毛細胞に伝わって共振します。その有毛細胞が振動を信号に変え、その信号が聴神経を通り、いくつかの中継点を経て脳の一次聴覚野に伝えられて、言語音かどうか判断されます。言語音の信号は二次聴覚野に伝わり、感覚性言語中枢（＝ウェルニッケ中枢）で連続した音が音素など音韻単位の連鎖に区分され、意味を持った語句と照合されます。

22.2. 音の大きさの知覚

　音の「大きさ」（loudness）は個々の主観的知覚によるので、いわば感じ方の問題ですが、音の「強さ」（intensity）は音響分析機器で測定できます。聴覚は弱い音ほど音圧の差を敏感に感じ取り、強い音ほどその差を感じにくくなる性質があります。そのため、音の強さの差は「大きさ」の差と一致しません。しかし、そのおかげで弱い音である会話の強弱は敏感に感じ取れますが、不快な騒音は強く感じずに済みます。20 Pa 以上の音圧となると、痛覚が現れて音としては感じとりにくくなります。

　健聴者が聞き取れる最も弱い音の音圧は 20 μPa（＝0.00002 Pa）程度です。20 μPa は、音の強さの単位である音圧レベルの dB（dB SPL: sound pressure level）の基準となっており、基準音圧（＝0 dB）と呼ばれます。dB の値は、求める音の音圧が基準音圧 20 μPa の 10^n 倍であれば、$20 \times n$（dB）と算出されます。たとえば、ささやきくらいの強さである 200 μPa は 20dB、通常の会話 20,000 μPa は 60 dB です。音圧で比較すると、通常の会話がささやく声の 100 倍ということになりますが、3 倍となる dB 表示のほうが実際の感覚に近くなっています。

　音の強さの感じ方には、高さも関わり、実際に聞こえる最弱の音の音圧は周波数で異なります。音圧が高くても 20 Hz 以下の低い音はほとんど聞こえませんし、10,000 Hz を超える高い音は年齢などによって聞こえる範囲に差があります。若者を深夜に公園にたむろしないようにモスキート音発生装置を設置したことが以前報道されましたが、不快な高い音であるモスキート音

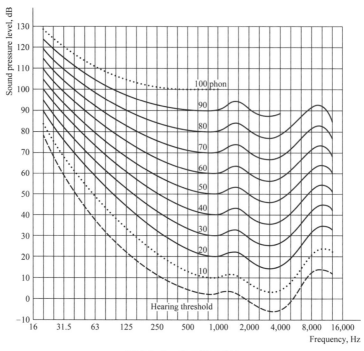

図 22-2 音の等感曲線

は、周波数が高いため年配者にはほとんど聞こえません。また、同じ音圧であれば、女性のやや高めの声に相当する 300 Hz 程度の純音は、男性の一般的な声に相当する 100 Hz 程度の純音より大きく聞こえます。

　音の大きさを知るためには、同じ大きさに感じる音が周波数によって音圧がどう変わるかを調べるのが有効です。それを純音で比較したのが図 22-2 の「音の等感曲線」です。それぞれの曲線は、同じ大きさに感じる音の強さを示します。たとえば 1,000 Hz で 40 dB の音と 125 Hz で 60 dB の音が同じ曲線上にあるので、両者は同じくらいの大きさになるとわかります。一番下の曲線は健聴者に聞こえる最も弱い音を示しています。これを聴覚閾値（hearing threshold）と呼びます。なお、3,000〜4,000 Hz 前後で聴覚閾値が基準音圧（＝0 dB）よりも小さいのは、外耳道の共鳴によってこの帯域の音が強まって聞こえやすいからです。この周波数帯は言語音では摩擦音の雑音成分にあたります。静かにするように指示するときの「シーッ」の音もここ

にあたり、音圧が小さくてもよく聞こえます。

なお、持続時間でも大きさが変わり、500ミリ秒以下の純音では短いほど小さく感じます。普通の会話では音節単位でも500ミリ秒以下なので、ストレス（＝強さ）アクセントと呼ばれているものが音響的には長さを伴っていることが多く、より大きい音に感じられるようになっていることと整合していますね。強さだけがあっても持続時間が短いと大きい音に感じられないのです。

22.3. 音の高さの知覚

周期音の高さは基本周波数によって示されます（→ 21.1）。ピアノの音なら、ド（＝C4、平均律）は約262 Hz、レは約294 Hzで、1オクターブ上は周波数が倍になります。[63]

ピアノの音など複合周期音の高さとして知覚されるのは、基本周波数に対応した高さ（＝ピッチ）で、言語音でもこの点は同じです。ただし、非周期的な無声摩擦音には基本周波数と呼べるものがないので、通常、高さは知覚されません。

音の高さも持続時間によって感じ方が変わります。たとえば125 Hzの純音の高さを明瞭に感じるには約24ミリ秒の長さが必要だとされています。通常の会話では日本語の自立拍は100ミリ秒以上の持続時間があることが多いので、その半分が周期音の母音であれば高さを感じるには十分であり、結果として、高さの知覚に困ることはあまりないわけです。

音の高さを知覚する段階は大きく2つに分けられます。1つめは、蝸牛の神経線維の反応で、神経繊維の反応場所で感知される高さが変わるので、場所ピッチ（place pitch）と呼ばれます。蝸牛の基底膜の上にコルチ器官という感覚器官がありますが、このコルチ器官の入口近くにある神経線維は周波数の高い音に反応し、奥にある神経線維ほど周波数が低い音に反応します。ただし、音階のドが正確に262 Hzの神経線維の部位に反応するのではなく、ある程度の幅でおおまかに捉えます。2つめの段階は、繰り返す波形がピークに来るたびに聴神経が反応してピークの頻度を知覚するもので、時間ピッチ

---

[63] ただし、高さの感じ方は物理的な値そのままではありません。倍の高さに認識される音の周波数の倍率がその音の高さによって異なることが、実験によって確かめられています。

(temporal pitch) と呼ばれます。時間ピッチのほうが場所ピッチより音の高さの違いを細かに捉えることが知られています。

22.4. 分節音の知覚

　ここでは、母音と子音といった分節音の違いが、どのような音響的性質によって生じるのかを見ます。

　言語音は脳に信号として伝わって音素に変換され、それが知っている語彙（形態素）と対応することで意味として理解されます。調音音声学では調音位置や調音方法などによって分節音が分類されていますが、知覚における分節音の音響的な特徴も音素を把握する重要な手掛かりになります。[64] たとえば、フォルマントを持つ音は共鳴音のどれかです。それが持続的でアンティフォルマントがなければ口腔母音であり、さらにそのフォルマント周波数によって母音の種類が識別されます。

　音響的特徴のうち、摩擦音は非周期音で母音は周期音であるといった、質的な違いがあることはすでに述べました（→第 21 章）ので、以下では、フォルマント値による母音の区別や、VOT の値による子音の有声／無声の区別といった、要素の数値による知覚の違いを見ます。こういった要素の数値が変わるごとに音声には無限のバリエーションが存在しますが、音素は有限です。

　母音を区別する手掛かりとしては第 1 フォルマントと第 2 フォルマントが重要なので（→ 22.1）、F_1 と F_2 による分布を母音ごとに見ることで、母音のおよその音響的特性が明らかになります。図 22–1 は、男性アナウンサー 12 名による、日本語母音フォルマントの平均値です。

　もちろん、母音フォルマントの値は個人によって異なり、同一人物でもその時々の発音で微妙に異なるため、ばらつきがあります。図 22–3 の点線の楕円で囲まれた範囲がその分布域にあたり、これを見ると、性別や年齢による差が激しいのですが、/a/ と /o/、/e/ と /u/ などの母音ごとに重なり合うところが見られます。フォルマントは声道の長さと狭めの位置で決まるので、声道の長さが違えばフォルマントも変わります。ここからも、母音はフォル

---

[64] 音声の知覚の際に、調音に関する知識が活用されているという見方（運動説）もあります。

22.5. 範疇的知覚

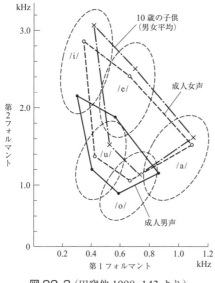

図 22-3（田窪他 1998: 143 より）

表 22-1　日本語母音フォルマント
（今石 2005: 13 より）

	イ	エ	ア	オ	ウ
F1	284	450	792	431	315
F2	2214	2001	1209	650	1103

マントの値だけで識別されるわけではないとわかります。性別や年齢などの違いは、声の高さや前後の音のフォルマントの値など他の要素と照らし合わせて補正されたうえで認識されるのです。こういった補正を**母音の正規化**（vowel normalization）と言います。たとえば、$F_1=800$ Hz, $F_2=1000$ Hz の母音を聞くとき、「子供だからフォルマントは高めだ」「成人男性だと /a/ だが、子供だからここでは /o/ だ」といった判断が無意識になされています。言うなれば、物理的・機械的にのみ聞き取っているわけではなく、相手を見て、状況に応じて聞き分けて同定しているわけです。また、フォルマントは前後の音によっても変わるので、音を聞くときに私たちは膨大な量の補正を行なっていることになります。

22.5. 範疇的知覚

　ここでは、破裂音の VOT の弁別を考えます。英語母語話者を被験者として、VOT 値を少しずつ変えて、/ta/ と /da/ のどちらに聞こえたかを調べると、結果は図 22–4 のようになりました。VOT 値が大きくなると /ta/ と感じる回数が徐々に増えるのではなく、ある値まではほぼ /da/ と認識され、ある値を超えると /ta/ と認識されるというように、ある値で急激に /ta/ と /da/ の認識が入れ替わることがわかります。

　こういった実験結果から /ta/ と /da/ の境界はかなり明確で、むしろ VOT 値がマイナスになる典型的な有声の［da］と VOT 値が 0 で無声に近い［da］

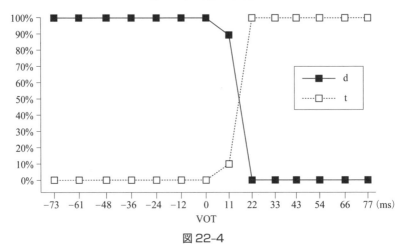

図 22-4

(ライアルズ (2003: 44) より。VOT を連続的に変化させた刺激音に対して、/t/ か /d/ かを判断させた同定曲線。VOT 値の変化は 11ms 間隔、各刺激音は無作為順序で 10 回提示した。)

との微妙な VOT の違いが知覚されにくいことがわかりました。このような境界が明確な知覚の仕方を**範疇的知覚**(categorical perception)と呼びます。範疇的知覚はこれに限らず、多くの言語で広く観察される一般的な現象です。いわば知覚上の境界があって、その境目で連続性が失われていると言えます。知覚された結果は音素の認定に関わるので、「音声は連続的だが音素は離散的だ」という言語学の一般原理とも合致します。

ただし、範疇的知覚があるのは母語話者か母語話者に近い人だけです。たとえば、日本語母語話者が楽に区別できる /t/ と /d/ を、無気音の [t] と [d] を区別しない中国語母語話者が区別できないことはありえます。しかし、日本語の運用力が高まるなど、音声的な訓練を積むことで中国母語話者も知覚できるようになります。

また、母音は範疇的に知覚されないことがあります。たとえば、日本語母語話者が [e̞] を「イとエの中間のような音」や「イに近いエ」と感じるといったような中間的な知覚もありえます。子音は範疇的知覚によって離散的に知覚される傾向がありますが、子音と比べると全体的に母音は連続的なのです。

22.6. 音声の知覚と言語知識

まず、音声を聴いて、何と言っているか判断してみてください。

🔊 251 聞いてみよう 3

音声コミュニケーションで、私たちは常にすべての音をもれなく聞き取っているわけではありません。音声の知覚は、**トップダウン**（top-down）と呼ばれる、言語知識などの既知情報や経験をもとに、文脈から妥当なことばをあてはめて理解するといった方法にも支えられています。それに対して、聞き取った音素のみを語句を結びつけて理解するという処理方法を**ボトムアップ**（bottom-up）と言います。

曖昧な発音もトップダウンで知覚されます。たとえば、「[eka]を食べた」と聞くと、自分の言語知識には /eka/ にあたることばがなく、[ẹ] が /i/ と /e/ の異音であることから、/ika/「イカ」をあてはめるのがトップダウンによる知覚です。最初の子音が破裂音の VOT 値が有声と無声の中間の「[ḍake] を割ったような性格」という発話も、意味の通る /take/「竹」に入れ替えて知覚するのが普通です。ただし、「[takaḍa] さんが来た」という発話で、知り合いに「タカダさん」も「タカタさん」もいる場合はトップダウンでは処理できません。音声的特徴によってボトムアップで処理できなければ、いったん処理を保留にして、話を続けたままにするか相手に聞き返すなどで、次に出てきた情報で確定することになるでしょう。話し手の発音が明瞭でないとき、ほかの音のせいで聞き取りが一時的に阻害されるとき、ある音が発音されなかったり聞き取れなかったりしたときなどにも、トップダウンで知覚されます。

22.7. 音声を知覚する環境

会話中の音声が別の音にさえぎられて聞こえなくなる現象を**マスキング効果**（masking effect）と言います。マスキング効果は、さえぎる音とさえぎられる音の周波数帯が重なる場合や、さえぎる音が少し低い場合に大きくなります。直後に別の音がするなど、2つの音が完全に重なっていない場合にも起こります。

逆に、周りが騒がしいのに、自分の名前が呼ばれたときや、関心のある話題だけは聞き取れることがあります。それは私たちがすべての音から選択的に知覚しているからだと考えられています。このような現象を**カクテルパーティ効果**（cocktail-party effect）と呼びます。

また、話し手が目の前にいる場合、話し手の口の動きが手掛かりになることもあります。ある実験で、[ba] の映像に [da] の音声を重ねたものを見せると、被験者は [ba] と聞き取ったということがありました。さらに、[ga] の映像に [ba] の音声を重ねたものを見せると、被験者は [da] と聞き取りました。これは、**マガーク効果**（McGurk effect）と呼ばれています。このことからも、対面の会話と（電話など）音声のみの会話とでは、知覚に違いが生じると考えられます。

22.8. 学習言語の音声の知覚

ある外国語（＝第 2 言語）を学習する場合、母語が学習に役立つ場合と邪魔になる場合があります。こうした母語の影響を「母語の転移」と言います。学習に役立つ場合が「正の転移（positive transfer）」、邪魔になる場合が「負の転移（negative transfer）」と区別します。また、負の転移を「母語の干渉（mother tongue interference）」とも言います。ここでは、母語が学習の妨げになる負の転移（＝母語の干渉）を見ます。

学習する外国語が母語にはない区別を持っている場合、そのことが学習の妨げになることがあります。たとえば、英語の /r/ と /l/ の違いは、第 3 フォルマント（F_3）の動きにあり（→ 21.2.3、図 21–8）、/r/ では F_3 が低くなります。英語の /r/ と /l/ の区別が苦手な日本語母語話者が多いのは、日本語では F_3 を聞き分ける必要がないからです。/i/ の前の /s/ と /ʃ/ が聞き分けられない人がいるのは（seat と sheet など）、日本語では、借用語を厳密に区別しない限り、/i/ の前の [s] と [ʃ] を聞き分ける必要がないからです。反対に、英語母語話者が日本語を学習する場合、促音の聞き分け（例：「知っている」と「している」など）に苦労することがあります。

母語にある区別がない場合にも学習者が混乱することがあります。次は日本語を学ぶ英語母語話者の例です。

22.8. 学習言語の音声の知覚

🔊 252

日本語話者	「水 [midzɯ]。」
日本語学習者	「水 [mɪd zu]。」
日本語話者	「これは水 [mizɯ] です。」
日本語学習者	「Me zoo [mi zu]? Mid zoo [mɪd zu]?」

　日本語話者はザ行子音として破擦音と摩擦音を無意識に併用しており、両者を聞き分けている学習者は英語にある mid+zoo と me+zoo のどちらに近いのか決めたがっています。異音の範囲が習得できていない段階ではこういったことが起こります。

　そのほかに、母語と範疇的知覚の境界がずれる場合があります。たとえば破裂音の VOT で、日本語の無声／有声の境界は、中国語の無気／有気の境界と異なります（→ 表22–2）。そのため、日本語母語話者が中国を学ぶときには、「タ」にしか聞こえない音の無気／有気を聞き分ける必要があり、中国語母語話者が日本語を学ぶときは、同じ音にしか聞こえない「タ」と「ダ」を聞き分けねばなりません。

表 22-2　中国語と日本語の破裂音の VOT（清水 1993 による）

	無気音[65]		有気音	
中国語		[p]　5〜10	[pʰ]	80〜115
		[t]　10〜15	[tʰ]	80〜120
		[k]　12〜25	[kʰ]	90〜130
日本語	[b]　−65〜−125	[p]　15〜65		
	[d]　−40〜−135	[t]　15〜50		
	[g]　−35〜−125	[k]　20〜70		
	有声音	無声音		

　学習者の語彙や表現の知識がまだ十分でないと、トップダウンの知覚に必要な情報が足りないので、聞き取れなかった音を適切に補えません。そのため、外国語学習の初期段階では発音が明瞭でないと聞き取りに苦労します。

---

[65] この表の [p], [t], [k] の VOT の値は＋で、多少の気息はあることになりますが、中国語では無気音と捉えます。無気音と有気音を区別する多くの言語で、VOT＋30 ミリ秒前後が無気音と有気音の境になっているとされます。

たとえば「外車を乗り回す」という表現では、「外車を乗り」まで聞けば日本語母語話者は次に「回す」が来ると予想できるので、「回す」が [maas] のようになっても「回す」/mawasu/ と補えます（トップダウン処理）。それに対して、このような表現を知らない学習者は「外車を乗ります」と不自然なまま聞き取ってしまいます。

第 23 章

音声教育と発音指導

　標準的な発音や音韻体系を学ぶための音声教育には、音声学の知識と音韻論的な分析力が必要です。また、その対象として、もともと言語能力のある母語（→ 23.1）と、これから習得する外国語（→ 23.2〜23.5）の2つがあります。日本語母語話者にとって、前者は日本語、後者は英語などの外国語です。

23.1. 日本の学校における日本語音声教育

　現在、日本では方言を大切にしようという気運があり、そのためもあってか、以前ほど標準日本語の発音指導に積極的ではありません。文科省の学習指導要領を見ると、小学1・2年が「姿勢・口形などに注意して、はっきりした発音で話すこと」、3・4年が「その場の状況や目的に応じた音調や速さで話すこと」とあり、あまり具体的ではありません。

　キ、シ、チ、ジ、リなどで、舌の側面から呼気が流出する発音の歪み（＝側音化構音）が口腔に異常のない生徒にも起こることがありますが、以前ほど学校で発音を矯正は行なわれなくなっており、そのまま成人してしまう人も多いようです。

🔊 253 　側音化構音の例

かキじゅん　わたシ　チいさい　ジかん　リか

　ローマ字の類推から日本語のフの子音をfだと誤解して指導したり、「手を洗う」の「を」を[wo]と発音するように指導したりするなど、発音指導が軽視された弊害も見られます。音声教育の知識もなく、「おなかから声を出しなさい」と言うだけでは、生徒が具体的に理解できるはずがありません。コミュニケーション能力を向上させるためにも、学校における発音指導は重要です。

　初等・中等教育における学校での音声教育の対象は主に3つに分けられま

す。

　1つめは、日本語を母語としない児童・生徒です。外国育ちの子供が学校に通う機会が増えている現在では、そのための対策が必要です。そういった子供の学習状況に遅れが見られる場合、日本語の能力が十分でないことがよくあります。

　2つめは、英語をはじめとする外国語の学習者です。外国語の発音指導では、実は母語の発音の知識も必要です。母語との発音の違いがわからなければ、実際に何を習得すればいいのかがわからないからです。小学校でも英語が必修化していますが、早くに学び始めるだけで自然な発音が身につくわけではありません。指導者が英語とともに日本語の音声についてある程度知っていなければ、適切な指導ができないのです。

　3つめは、言語障害のある児童・生徒です。構音障害（articulation disorders）や聴覚障害など言語障害を抱える児童の指導は言語聴覚士（ST: Speech Therapist）など専門家が担うのが一般的ですが、もちろん教員も一定の知識を持っている必要があります。

23.2. 非母語話者に対する音声教育のニーズと課題

　外国語学習は、その言語を母語としない人が（多くの場合、すでに母語を習得したあとで第二言語として）学ぶことを想定しています。たとえば、外国語として日本語を学ぶ人たちは日本語の非母語話者です。ここでは非母語話者に対する音声教育について考えます。

　非母語話者に対する初期の音声教育での苦労は、おおまかに3つあげることができます。1つめは、学習者の知識を期待できない点です。たとえば、非母語話者に「こんにちは」「おはようございます」ということばをすべてにわたって発音指導するには、子音・母音・特殊拍・リズム・母音の無声化・アクセントなど、数多くの知識が必要です。しかし、実際にはもれなく全面的に指導するわけにはいかないので、教師や母語話者の発音をまねさせるのがせいぜいでしょう。日本語教育ではひらがな指導で拍の発音も同時に教えることが多いようですが、教育機関や教師によって指導方針に違いがあり、必ずしも体系的な教授になっていないようです。

　2つめは正誤の線引きが難しい点です。学習者の書いた「旅行は楽しいで

した」という文なら、文法的な誤りも指導するべき事項も明確です。それに対して、学習者の発音した [riokowa tanosikatadesu] のどこが誤りで、何を指導するべきかは明確ではありません。「旅行」のラ行の子音の調音法、拗音の発音、母音の長さ、/w/ の円唇性の程度、「楽しかった」の「し」の子音の調音位置、「し」「す」の母音の声の有無、促音による子音の長さのほか、アクセントやイントネーションまで、完璧を期すのであれば指導すべき点はあまりにも多く、すべては指導者の判断に委ねられます。また、指導されなかった点についても、指導がなかったからできていると思う学習者もいれば、直しようがなかったのかと自信を喪失する学習者もいます。

　「大学」と「退学」のように１つの音素の対立のみによる語の組み合わせを最小対（minimal pair）と呼びます。この最小対の区別ができるようになることが、発音指導の目標にされることもあります。たしかに高度な目標だと言えますが、たとえ区別できるようになったとしても、学習者の実際の発音が不自然であればコミュニケーションには不都合が生じるでしょうから、このような発音指導だけで十分だとは言えません。文法知識や語彙と同様に、発音にも知識と訓練が必要です。また、「通じればよい」と「母語話者と同じレベルになる」では、必要な学習量が全く違うのは言うまでもありません。

　３つめは、人によって習熟度や進歩の仕方にばらつきがあることです。聞いただけで上手にまねる人もいれば、自分の発音が聞いたものとかけ離れていてもそれに気づかない人もいます。口腔断面図で説明すると納得して練習に入れる人、音響分析の装置を用いた数値の裏づけがないと納得できない人など、さまざまなタイプがいます。また、完璧主義者もいれば、内気で人前ではうまく発音できない人や、発音を直されると傷ついて投げ出す人など、さまざまです。指導にあたる教師はさまざまな発音をする多様な学習者に対して柔軟に対応できるように、いろいろな指導方法を身につけて、学習者の心理などに広く配慮できることが求められます。

　また、発話と読み上げにも違いがあります。読み上げでうまくいかない場合には、① 綴りと音の理解・知識が不適切（gloves [glʌvz] を [glouvs] と読んでしまう）と、② 正しい調音ができない（gloves を [gɯrabɯzɯ] と読む）、③ 間違える癖が残っている（＝ミステイク）、などがあります。① は正しい知識を与える、② は調音の指導をしっかり行なう、③ は無意識に正しく発音できるまで繰り返す、といった対策が必要です。

読み上げは問題ないのに発話がうまくいかない場合は、単語の音素列やアクセントが正しく把握できないことが原因として考えられます。たとえば、類似した音で置き換えて覚えてしまい、聞き取りでは区別できても、いざ発話するときにどちらの音なのかわからなくなるケースが起こりえます。たとえば、「旅行」が「りょこー」なのか「りょーこ」なのかわからない、英語の /l/ と /r/ をどちらも日本語のラ行で置き換えて、grass か glass かわからないといったことが、これにあたります。

間違えがちなことを修正する意識が強すぎると、つい正しいことまで修正してしまうことがあります。これを**過剰修正**（hypercorrection）と言います。発音指導でも学習者の過剰修正がよく起こります。たとえば、「東京」を「とーきょー」と2音節とも伸ばすように指導されたあとで「京都」を「きょーとー」としたり、[f] の意識が強すぎて holder を folder と発音してしまうなどが、発音の過剰修正にあたります。

発音指導の効果を高めるには、誤りの原因を見極めることも重要です。

23.3. 母語の干渉と対照音声学

母語と比較して第二言語習得の問題点を予測・分析することを**対照分析**（contrastive analysis）と言います。音声習得では母語の影響が特に強いので、対照音声学という分野で対照分析が行なわれます。母語との比較で考えたときに分節音の習得で問題になるパターンとして、次の5つがあります。

(1) 母語に類似音がない音
(2) 母語に類似音があり、対象言語ではそれが母語とは異なって聞こえる音
(3) 母語に類似音があり、対象言語では区別する音
(4) 母語では音素を区別し、対象言語では音素を区別しない音
(5) 母語に類似音があり、母語には現れない環境で現れる音

(1)ではその音の習得が必要なのは明らかなので学習の動機づけは容易ですが、発音の仕方を体得するのは難しいことが少なくありません。たとえば、日本語にないスペイン語の歯茎ふるえ音 [r] を習得するのには、使ったことのない筋肉を使うので、無意識に出せるようになるのは容易ではなく、聞き取りでも苦労しがちです。

23.3. 母語の干渉と対照音声学

(2)では音の違いに気づかずいつまでも類似音を使い続けて「〇〇なまり」から抜け出せない可能性があります。まず学習者が違いに気づくことが重要です。そして、母語の類似音を出発点に、目標の音が正確に発音できるまで微調整を繰り返します。

(3)は日本語母語話者で英語の /r/ と /l/ を苦手とする人が多いことからもわかるように、聞き取りで苦労します。聞き取りで区別できなくても、発音指導を行なうことによって発音の区別はできるようになります。ただし、聞き取りで区別できようになるには、さらに訓練が必要です。

(4)は無意識に異なる音として認識されるので、まずは対象言語では区別しないことを意識する必要があります（→ 22.8）。また、条件異音（＝前後の音などの条件で、複数の候補から決まる異音）は、まず位置と異音の関係を知る必要があります。

(5)では適切に発音できるかどうかが、音の位置で決まります。たとえば、英語母語話者は日本語の単語のどこかに強勢を置いて、それ以外の音節ではあいまい化・弱化のせいで母音がわかりにくくなりがちです。また、日本語母語話者は、band の [n] は閉鎖鼻音として発音できるのに、dance の /n/ は鼻母音になりがちです。

学習対象の外国語は、習得途中では目標言語に一致しない点を残していますが、これを学習者の母語との中間にあるという意味で**中間言語**（interlanguage）と呼ぶことがあります。中間言語は学習段階が進むにつれて対象言語の体系に近づき変化します。そのなかで、誤りがそのまま残ってしまうことを**化石化**（fossilization）と言います。母語干渉以外に、学び方や教え方が化石化の原因になることもあります。たとえば、英語の発音をカタカナで覚えると、日本語の音声の範囲内でしか発音が身につかないので、日本語の発音のまま化石化してしまい、日本語なまりからなかなか抜けられません。

エックマン（Fred R. Eckman）は**有標性差異仮説**（markedness differential hypothesis）で、学習項目の有標性が高いと習得が難しくなると主張しています。たとえば、破擦音は破裂音や摩擦音と比べると 2 段階の調音なので有標性が高いと言えます。破擦音のない言語の母語話者が破擦音を習得するのは困難で、難度が高いことになります。もっとも、有標性の検証は難しく、言語音全般を無標から有標に単純に区分できるわけでもありません。

対照分析や有標性差異仮説から学習上の問題点を予測・分析し、効率的な

指導に役立てるのは可能です。ただし、学習者個々の問題は状況に応じて対処するしかありません。

23.4. 分節音の指導

外国語の音を学ぶとき、母語の音や習得済みの外国語の音で代用する傾向が多くの学習者に見られます。たとえば、英語の he [hi] を日本語の「ヒ」[ç] を使って [çi] と言うのがこれにあたります。次は、日本語教育の音声教育でよく見られる問題です。

(1) /u/ が /o/ に聞こえる（円唇性が強い）。
(2) /e/ が /i/ に、/o/ が /u/ に聞こえる。
(3) 破裂音・摩擦音・破擦音の無声音を語中で有声音にする。
(4) 語頭の有声音を無声音にする。
(5) 「ツ」を「ス」「チュ」のように発音する。
(6) ハ行子音 [h] が脱落する。
(7) ラ行をダ行やナ行と混同する。

こういった場合、最小対語を聞き分ける訓練や発音練習が効果的です。最初は極端な発音も交えて、区別ができるようになることを優先して練習するとよいでしょう。

次は、そのなかでも学習者自身がとくに気づきにくい問題です。

(8) 強勢を置かない母音があいまい母音になる。
(9) 母音連続が二重母音になる。
(10) 無声破裂音が強い有気音になる。
(11) ハ行子音 [h] [ç] が [x] になる。
(12) ハ行子音 [ɸ] が [f] になる。

口腔断面を図や手を使って説明すると理解してもらいやすくなります。また、音声学的な特質を説明しなくても、理解してもらえることがあります。たとえば (11) なら、「口の前に手をかざすと、[h:] は温かい息が、[x:] だと温かくない息が出る」というような経験的にわかる説明でも理解しやすくなります。また、(9) は、学習者の声と母語話者の音声をスペクトログラムや

フォルマント軌跡を見せて、母語話者に近づけていく方法があります。

拗音や撥音の問題としては、拗音「キャ」を「キヤ」と2拍で発音する、撥音を1拍分保てず、後続する音にかかわりなく常に[n]で発音してしまう、などの不適切な発音が目立ちます。こうした問題には、日本語のモーラの特質が理解できていないと考えられるので、リズム指導と合わせて対処する必要があります。

効果的な指導を行なうためには、それぞれの問題に対処するためのノウハウを蓄積する必要があります。また、自然な発話には超分節要素も大事なので、細かい点にこだわりすぎないことも留意すべき点です。

🔊 254 練習 23-1
音声を聞いて、日本語の標準的な発音として問題となる点を指摘しなさい。
(a) 快速は止まりません。
(b) どこの駅で降りますか。
(c) 次の駅で降りましょう。
(d) 駅弁を買いました。
(e) 始発に乗れば間に合います。
(f) 線路の写真を撮ってもいいですか。
(g) 改札はどこですか。

🔊 255 練習 23-2
音声を聞いて、日本語の標準的な発音として問題となる点を指摘しなさい。
(a) 列車が到着しました。
(b) 新幹線に乗りたいです。
(c) 踏切で事故がありました。
(d) 券売機が故障中です。
(e) 途中下車できますか。
(f) 空席はありますか。

23.4. 超分節要素の指導

23.4.1. リズム

日本語の拍はほぼ等間隔に現れますが、このことが理解できていないと、

学習者によってはリズムについて次のような問題が生じることがあります。① いずれかの音節に強勢を置き、その音節を長く、他を短めに発音する。② 特殊拍に1拍分の長さが与えられず、特殊拍のある音節とない音節を同じくらいの長さで発音する。

いずれの場合も、それぞれの拍を等間隔に発音するという拍感覚を身につける必要があります。そのために、1拍ずつ手をたたいたりして音を出して拍を刻むという方法がとられることがあります。この方法は、拍の概念を説明するときにはわかりやすいものですが、文のレベルで自然な発音のリズムをつかむのにはあまり適していません。これに代わる方法として、2拍を基本とするフットでタイミングを刻むという方法がよく用いられます（→16.3.2）。ただし、単に語頭から2拍ずつフットにまとめると音節の途中にフットの切れ目が来て、音のまとまりと合わないことがあるので、重音節を1フットにまとめることを優先し、余った拍は1拍で1フットとして刻みます。たとえば、「ありがとう」は「とう」の重音節を1フットとすることを優先するため、「あり|が|とう」というフットを形成するので、タン・タ・タンというリズムを刻みます。更に同じフット配列の単語や表現をまとめて練習することも効果的でしょう。

リズムを刻む方法としては、手を叩くほかに、棒状のもので教卓を打つ、指をメトロノームのように左右に動かす、などの方法もあります。教師が刻むだけでなく、学習者も体を使ってリズムを体得するように勧める教授法もあります。刻む単位は異なりますが、拍以外のリズムを持つ言語の指導においても同様の方法が有効と思われます。

なお、日本語の拍は、アクセントとも結びつきますから、単に長さだけの問題ではなく、音節の途中、拍の境目でピッチが下がるなどの特徴と関連づけることも必要です。たとえば、「おじいさん」は「じい」の途中でピッチが下降することでこの音節が長いことがはっきりと知覚されます。

一方、英語などの強勢リズム（→16.3.2）の言語を学習する場合には、どの語が強勢を受けるかという文法的な知識も必要になります。

練習 23-3

次の語句をフットに区切り、リズムを刻みながら発音してみましょう。
(a) こんにちは。　(b) おはようございます。　(c) フランス　(d) 修士

号　　(e) 国際結婚　　(f) 履修登録　　(g) 能力試験　　(h) 日本語教師
(i) 大学 2 年生

23.4.2. アクセント

　第 17 章で見たように、アクセントはその実現の仕方が言語によって異なります。そのために、たとえば、ストレスアクセント言語を母語とする学習者がピッチアクセントの高さを把握できなかったり、アクセントのない音節を弱化させてしまったりすることがありますし、逆にピッチアクセント言語を母語とする学習者がストレスアクセント言語のアクセントを単に高さのみで実現させたり、ということもあります。アクセントの位置を把握するだけでは十分にそれを生かした発音ができるとは限らないということです。

　固定アクセント言語のアクセントの位置の習得は容易ですが、自由アクセントの場合は単語 1 つ 1 つをアクセントとともに記憶する必要があるため習得に時間がかかることがあります。それでも、品詞や語構成、語種などによってアクセントの位置に一定の傾向がある場合がありますから、それを把握することで学習の効率化につなげることもできます。

　教育の現場では、分節音の調音は教えてもアクセント教育は重視しないという立場もあるようです。日本語の場合、アクセントは方言によって異なるからとか、アクセントのみで区別される語は多くないから、などという理由を挙げることもあります。アクセントを重視しない、こうした指導法も、読み書きのみを指導するならば問題は少ないでしょう。しかし、分節音の調音が不完全でもアクセントやリズムが合っていれば聞き取ってもらえる場合もあり、逆に分節音が正しく発音できていてもアクセントやリズムの違いでなかなか理解されないこともありますから、発音を教えるならばアクセントは無視できません。アクセントの違いによる最小対語がある場合にはなおさらです。ただし、アクセントが意味の違いや聴覚印象に与える影響の大きさは言語によって異なりますから、どの程度重視するかは対象言語や学習目的などによって考慮し、調整すべきでしょう。

　アクセントの機能 (→ 17.7) こそが、アクセントが重要である理由であり、習得の意義だとも言えます。ストレスアクセントかピッチアクセントかにかかわらず、多くの言語においてアクセントはイントネーションの型との相関関係によって文や句のピッチ変化を形成しますから、イントネーションを習

得するためにはアクセントを習得しないわけにはいきません。また、英語のような強勢リズムの言語では、英語らしいリズムを刻むためにもアクセントの習得が必要ですし、日本語の母音の無声化や英語の母音の質などのように分節音がアクセントの影響を受ける場合もあります。このように考えると、アクセント習得の必要性は言うまでもないでしょう。

　日本語の学習でアクセントを習得する場合、形容詞や動詞のように型の少ないものは、平板式と起伏式（終止形は語末の1拍前で下降する）に整理して教えることで学習者の負担が軽減されます。名詞はもっと複雑ですが、同じ拍数・同じ型の単語を集めて、パターンを認識させるなどの方法があります。最小対の語があるものはそれぞれ対照させるのがよいでしょう。

　助詞・助動詞や助数詞が付いた名詞や、動詞や形容詞の活用形のアクセントも特に教える機会を逸しやすく、使用頻度が高い割に苦手とする学習者が多いようです。

　発音では、高い拍が続くのを苦手とする学習者が多くいます。また、合成語のアクセントを知らず単純語のアクセントのまま、たとえば「スポーツ新聞」をスポーツシンブンのように発音してしまう学習者も見られます。単語のアクセントを並べただけでは、機械的に配列した音声のようで、自然な発音にはならず、ロボットのような感じがすると言われる学習者もいます。

　日本語母語話者の英語学習では、限定形容詞を被修飾名詞より強く（あるいは、より高く）発音したり、機能語を内容語と同じくらいの強さで発音したりするといった、強勢の誤りが多いという指摘もあります。

🔊 256 練習23-4

次の発音を聞き、標準日本語のアクセントとしてどのような問題点があるか、選択肢から選びなさい。

選択肢：① アクセント核の有無　② アクセント核の位置　③ アクセント核の数

(a) 今日は月曜日だ。

(b) 韓国から来ました。

(c) 中華人民共和国

23.4.3. イントネーション

　平叙文と疑問文の違いなど、イントネーションは日本語の特徴が他の言語でも広く見られる共通性があるせいか、ほかの分野ほど重視されない傾向がありますが、共通するように見えても実は細い点で違いがあることが少なくありません。感情や態度を表すイントネーションは、コミュニケーション機能として重要であり、音声指導では軽視すべきではありません。

　イントネーションは、① モダリティ、② 文構造、③ プロミネンスの3つの点で重要です。① モダリティに関しては、適切なイントネーションでないと発話の意図が正確に伝わらないだけでなく、話し手の実際の感情が間違って伝わり、疑っている、怒っている、不真面目だ、生意気な態度だなどと思わぬ誤解を生じかねません。

　日本語教育では初期に、① モダリティを表すイントネーションのうち、疑問文の文末拍の上昇を学習します。「〜ですか？」「〜ますか？」はさほど難しくないのですが、なかには、最後の拍でなく数音節にわたり上昇させる学習者がいます。また、終助詞「か」が付くと必ず上昇すると考えて、相づちの「そうです↘か」を「そうです↗か」と上昇調で言ってしまい、相手が何度も説明させられる羽目になるケースも見られます。さらに、同じ文末拍の上昇でも「ジョギン↗グ？」と平板式の末尾の高い拍をさらに上昇させたり、「サッカ↗ー？」のように音節の途中で上昇させたりするのは難しいようです。また、終助詞「か」がなくても疑問文になることは多いので、その点の指導も必要です。

　日本語母語話者の英語学習では、Yes-No 疑問文の最後の音節だけを上昇させる不適切なイントネーションや、疑問詞疑問文でも一律に文末を上昇させるなどのイントネーションの問題がよく起こります。

🔊 257 　英語話者と日本語話者の発音

Do you speak Russian?

　② 文構造がわからないと、不適切な位置にイントネーションをかぶせたりポーズを入れたりするといった問題が生じます。また、区切りのイントネーションの型も言語ごとに異なるので、位置が正しければそれだけでいいわけではありません。日本語学習者が本来は上昇しない区切りを上昇させたり、英語学習者が上昇させるべき区切りを平坦にしたりするなどの誤用が見られ

ます。

🔊 258 学習者の発音の例

こちらは　インドから来た　マハトマさんです。

　③ プロミネンスにはイントネーションを利用する方法を含めてさまざまな方法が使えます（→ 16.5）。ピッチを大きく変えてプロミネンスを与える方法は多くの言語で見られますが、母語の強調方法が外国語では皮肉に聞こえてしまうこともあり、プロミネンスの言語ごとの違いには注意が必要です。プロミネンスを練習する場合、特に初期段階で練習するときは焦点の明確な例文を使うといいでしょう。

　日本語文のプロミネンスでは山の数が重要です。日本語の発話では、アクセントの型とイントネーションの型が混じりあってピッチを形成するなかで、句のまとまりやプロミネンスの関係でアクセントによるピッチの変動が弱められる場合があるため、文中の山の数は単語の数と必ずしも一致しません（→ 20.2）。山の目安は以下のとおりです。

🔊 259 例

・名詞句＋述語の単純な文 → 山が1つ
　「アメリカに行きます」

・文頭以外に焦点がある → 2つめの山を追加
　「アメリカには‖来週行きます」
　「私は‖アメリカに行きます」
　「アメリカには‖行きません」
　「私の夢は‖アメリカで‖演劇の勉強をすることです」

・文構造 → 山を調整
　「昨日‖[借りた漫画]を読み終えた」
　（cf. [昨日借りた]漫画を読み終えた。）
　「アメリカにいる‖[姉の友だち]を訪ねた」
　（cf. [アメリカにいる姉]の友だちを訪ねた。）

　文のすべての単語にわたりピッチの変動が明瞭だと、機械的に聞こえます。そういった読み方をする学習者には、文に山がいくつあるかを考えさせると

23.4. 超分節要素の指導

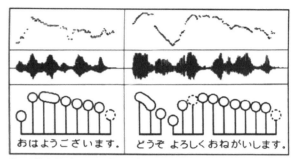

（河野俊之他 (2004: iv) より）

図 23-1

効果があります。

　山とアクセントによるピッチの変化を目に見える形で示したプロソディグラフと呼ばれる図（図 23-1）が、日本語教育の現場でも近年利用されるようになってきました。上段にピッチ曲線、2 段目に音声波形、下段にリズムとピッチを視覚化したプロソディグラフがあります。各音節の長さが円や楕円で、母音の無声化が点線で表され、ピッチの変化がわかりやすく示されます。

　イントネーションは教師を参考にして自然に身につく面もあります。わかりやすい語彙や大きな声でゆっくりと話すようなティーチャー・トーク（＝教師特有の話し方）やフォリナー・トーク（＝外国人を相手に話すときの不自然な話し方）は、通常の話し方としては不自然です。お手本になる身として、教師は自分のイントネーションが自然かどうか常に点検する必要があります。

260 練習 23-5

(a)〜(d)の音声を聞いて、イントネーションの特徴や問題点を指摘しなさい。

第 24 章

音声の変化とバリエーション

　ことばの発音は常に変化しています。世代間差はもちろんのこと、個人でもゆれがあります。本章では、日本語を中心に、音声の変化について見ます。

24.1. 過去の音声

　録音という技術がない時代の発音は正確にはわかりませんが、それでも推察することは可能で、大きく分けて 3 つの手段があります。

　1 つめは文献です。16 世紀の有名な謎かけ「はゝには二たびあひたれどもちゝには一どもあはず　くちびる」(『後奈良院御撰何曾』1516 年) から推定できるのは、当時の発音では「母」は 2 つの両唇音を含み、「父」は両唇音を含まなかったということです。父は現代と同じ [tɕitɕi] でも [titi] でも両唇音は含みませんが、「は」の子音は [h] ではなく、[p] か [ɸ] であったと考えられるわけです。キリシタン資料 (＝イエズス会宣教師によるポルトガル語の資料) や日本人によるロシア文字での記録など、別言語で書かれた文献が、過去の音声の手掛かりになることがあります。

　2 つめは綴り字です。変化前の音声が綴り字に残ることがあります。たとえば、英語の name の e や night の gh を昔は発音していました。日本語の歴史的仮名遣いの「あう」「あふ」「おう」は古文の学習などではすべて [oː] と読みますが、これも昔は綴り字どおりに発音していました。また、文献に表音文字の混同がある場合は、ちょうどその時期に発音の区別がなくなる過渡期だったと考えられます。

　3 つめは、同系統言語や諸方言どうしを比較する方法です。英語の night は、古英語で níht や neaht、英語と同系統であるドイツ語では Nacht [naxt]、古ノルド語 nátt や nótt、ゴート語では nahts だったことから、ゲルマン祖語では *nahts であったと推定されます (* は推定形を表します)。また、東北や九州・沖縄にはハ行子音を [p] や [ɸ] で発音する地域があります。他地域の

[h]と比べると、[p]や[ɸ]がより古い発音であって、[p]や[ɸ]の地域は、政治的・文化的中心から離れていたために変化が伝わるのに時間がかかり、古形が残存したものと考えられます。

24.2. 音声の変化の要因

音声が変化する要因として、どの言語にも共通するものには、以下のようなものがあります。

(1) 調音のしやすさへの志向
(2) 音韻体系の整理
(3) 言語接触の影響

(1)は調音音声学的な要因です。ことばの音声は、意味が問題なく伝わる範囲内で、できるだけ調音にかかるエネルギーを減らせるように変化する傾向があります。たとえば、英語の name の最後の母音が発音されなくなった（→ 24.1）のもその一例です。

(2)も話し手が楽するための変化で、弁別する項目をできるだけ少なくする方向に変化するものです。複雑な自由アクセント体系から固定アクセントへの変化や、日本語の /oː/ と /ɔː/ の区別がオ段長音に統合された例などがあります。

(3)は言語の内部からではなく、他言語と接触したことで変化が起こる変化です。言語接触は、異なる言語間だけでなく、異なる方言間でも生じ、各地域方言の標準語化も一種の言語接触の結果と言えます。言語接触は語彙の借用や二言語使用として現れることが多いのですが、言語接触によって音韻体系を複雑化する変化も見られます。たとえば、日本語では固有語のハ行音では子音音素が1つで3つの異音が相補分布しますが、「ファイト」「フィールド」「フェンス」「フォルダー」「フューチャー」などの借用語によって、相補分布が崩れて多様化しています。表 23–1 では、左列に子音、最上段にその後続音素を示

表 24-1　借用語を含めたハ行子音の分布

	_i	_e	_a	_o	_j
[h]		○	○	○	
[ç]	○				○
[ɸ]		△	△	△	○
[ɸʲ]	△				△

し、固有語の発音としてありうる組み合わせを〇、借用語のみに現れる組み合わせを△で示しています。

1つの変化が1つの要因によると確定できないことも多く、また(1)〜(3)以外の要因もあります。

24.3. 調音のしやすさへの志向

ここでは、「調音のしやすさ」から起こる音声の変化の現象を見ます。代表的なものに、ある音が発音されなくなる「脱落」、隣接する音への「同化」、複数の音が1つに統合される「相互同化」などがあります。

24.3.1. 脱落と添加

上代日本語では母音の連続が避けられ、合成語で母音が並ぶとどちらかの母音が消失しました。たとえば、「荒」/ara/＋「磯」/iso/→「荒磯」/ariso/では /a/ が消失しています。このように音が消失することを**脱落**（elision, deletion, loss）と言い、脱落が生じる位置によって、語頭音脱落（aphaeresis）、語中音脱落（syncope）、語末音脱落（apocope）と呼び分けます。母音が脱落する例として、「いだく（抱く）」→「だく」、「あたたかい（暖かい）」→「あったかい」があります。

name や make の語末の e は、古英語では発音されていました。12〜15世紀にこれが脱落したことで、その分を第1音節の母音を長くして補いました。このことを**代償延長**（compensatory lengthening）と言います。削った分の埋め合わせとして、別の短母音を長母音（さらにのちに二重母音化）しました。

同じか類似した音節が連続したときに、どちらかの音節が脱落する現象を、重音脱落（haplology）と言います。日本語の「（声を）あららげる」が「あらげる」と発音されるようになった例や、古英語の Englaland が後期中英語以降に England になった例があります。

音を付け足す**添加**（addition）の例としては、「春雨」は /haru/＋/ame/ の /u-a/ という母音連続に /s/ が挿入された /harusame/ や、「場合」に /w/ が挿入された発音「ばわい」などがあります。語に別の音を挿入することを**語中音添加**（epenthesis）と言います。そのほかに、発音しやすくするために語頭や語末に添加することもあります。**語頭音添加**（prosthesis）の例には母音を

添加するスペイン語の escuela [esku̯ela]（＜ラテン語 schola）、**語末音添加**（epithesis, paragoge）の例には母音を添加するイタリア語の cantano [kanta:-no]「歌う（3人称複数）」（＜cantan＜ラテン語 cantant）、子音を添加するドイツ語の niemand [ni:mant]「誰も〜ない」（＜古高ドイツ語 nieman）が挙げられます。こうした添加は、母音連続や子音連続、閉音節といった音節構造の特徴を避けようする場合によく生じます。

調音器官が変形する過程で生じる音（＝わたり音）が、音素として定着するのが語中音添加です。英語の Hampstead（地名）（古英語 hamstede）の p は、[m] から [s] に移行するときにできる無声両唇破裂音 [p] に対応します（ただし、p は発音されないこともあります）。日本語で「幸せ」を [ɕijaɯase] のように [j] を添加して発音する人がいるのも、同様の現象です。

24.3.2. 同化・異化

ある音が隣接する音と同じ特徴を持つようになる現象を**同化**（assimilation）と言います。子音の調音位置が同じになる位置の同化（place assimilation）によって、音の境界で調音器官をあまり動かさずに済みますし、声の有無が同じになる声の同化（voice assimilation）なら、声帯の構えを変えないで済みます。

同化は方向で区別すると、前の音が後ろの音に作用する同化である**順行同化**（progressive assimilation）と、後ろの音が前の音に作用する**逆行同化**（regressive assimilation）に分けられ、同化の程度で区別すると、完全に同じ音になる**完全同化**（complete assimilation）、一部の特徴を共有して類似した音になる**不完全同化**（incomplete assimilation）あるいは**部分同化**（partial assimilation）に分けられます。同化は通常隣接した音に作用する変化ですが、離れた分節音に同化することもあり、これを**隔離同化**（non-contiguous assimilation）あるいは**遠隔同化**（distant assimilation）と言います。

英語 please の /l/ が無声子音 /p/ の影響で無声化し、[l̥] となることがあります。これは [p] の無声性に影響された異音への順行同化の例です。動詞に現在形3人称単数の -s が付く場合、前の音が有声音なら有声 /-z/, 前の音が無声音なら無声 /-s/ と発音されます。これは異形態として固定した順行同化の例です。助動詞 have to は [hæftə] のように発音されますが、これは無声の [t] が先行する [v] を無声化する逆行同化です（/v/ → [f]）。

第24章 音声の変化とバリエーション

　日本語のイ段音の子音が口蓋化する現象も、逆行同化による異音の例です。子音の口蓋化は、/i/ で硬口蓋に前舌をつけるために、子音の調音時にすでに舌を硬口蓋に近づけることから起こります。

　同化された音が脱落して同化がわかりにくい場合もあります。たとえば、英語の foot の複数形 feet は、かつては複数形の語尾 -i が付きました。語尾の母音 /i/ が起こした隔離逆行同化で、6世紀ごろに語幹の母音が前舌母音に変化して /feet-i/ となり、のちに語尾の母音が脱落しました。

　「菊」で無声子音 [k] に挟まれた [i] が無声化するような、日本語の母音の無声化も同化の典型例です (→ 14.3)。この場合、前後の両隣接音からの影響を受けます。

　隣接する2つの音が相互に影響を与え合って、ついには1つの音となる場合を**相互同化**（reciprocal assimilation）あるいは融合同化（coalescent assimilation）と言います。複数の別々の音をそれぞれ調音するのに比べて、1つの調音で済むほうが調音上の省力化につながります。上代日本語では母音の連続が避けられたので、合成語で母音が並ぶとしばしば相互同化が起こりました。たとえば、長 /naga/ ＋息 /iki/ → 「嘆き」/nageki/ では母音連続 /a-i/ が /e/ という母音に相互同化することで解消されます。その後、母音の連続が許容されるようになりましたが、室町時代にも母音連続 /a-u/ が [ɔː] という長母音に相互同化しました。現代の日本語でも文体・方言によって「うまい」→「うめー」([ai] → [eː]) のような相互同化の例があります。

　子音が連続することの多い英語では子音連続で相互同化が見られます。(I) miss you や this year の /s-j/ の部分はしばしば [ʃ] という1つの子音で発音されます。

　同じような音が連続すると発音しにくいことがありますね。たとえば、「東京特許許可局」はその性質を利用した早口ことばです。そのため、同じ音や同じ性質の音が連続すると、発音しにくさを回避するためにどちらかが異なる性質の音に変化する、**異化**（dissimilation）という現象が起こることがあります。「七日」は「なないか」と読みそうなものですが、実際には「なのか」や「なぬか」といった、異化を経た発音が現代では普通です。「味わう」の使役形「味わわせる」を、「あじあわせる」と言う人が多いようです。これは1つめの /w/ が脱落して「わわ」が「あわ」に異化したものです。

24.3.3. 音位転換

音の位置が入れ替わることを**音位転換**（metathesis）と言います。分節音1つずつが入れ替わることもありますが、拍や音節の単位で入れ替わることもあります。

日本語では、サンザカ（山茶花）＞サザンカ、アラタシ（新し）＞アタラシ、シダラナイ＞ダラシナイ、アキバハラ（秋葉原）＞アキハバラなどの例がありますが、音位転換としない説明もあります。

幼児が音位転換させて間違える例に、「エベレーター」（＜エレベーター）、「トーモコロシ」（＜トーモロコシ）などがあります。また、成人でも「フインキ」（＜フンイキ（雰囲気））と言う人がいますね。[66] 早口ことばに挑戦すると、異化や音位転換が起こって間違えることがよくあります（東京特許許可局 → …キョキャコク、生麦生米生卵 → ナマグミ…、など）。

また、どんな音の配列が発音しやすいかは言語によって違います。日本語の変化が他言語の変化にもあてはまるとは限りません。また、単に誤りが定着しただけで、決して言いやすくはないこともあります。特に音位転換は発音しやすさでは必ずしも説明できないことがあります。

24.3.4. アクセントの変化

日本語のアクセントでは名詞のアクセントで平板化がある程度進んでおり、若年層で顕著に見られますが、すでに平板式が定着した単語も多くあります。平板化とはアクセント核がなくなり、起伏式から平板式に転じる変化です。アクセントの平板化で文中の高低変化が減ると、喉頭の筋肉を前より使わずに済むようになります。アクセントの平板化には次の3つのタイプがあります。[67]

---

[66] 「シタヅツミ（舌鼓）」（＜シタ＋ツヅミ）などは連濁からの類推で生じたと考えられますが、もともと「ツヅミ」のように後部要素に濁音がある場合には連濁は起こらないのが普通なので（ライマンの法則、本居宣長の法則）から、シタヅヅミという語形は生じません。

[67] 標準語では起伏式のアクセントを持つ各地の地名が、その土地に暮らし、その地名をよく口にする人々のあいだでは平板型で発音されることがあります（例：名古屋、富山）。これも「専門家アクセント」と同様になじみのある語に生じるものですが、方言的な現象です。

(1) 専門家アクセントと呼ばれ、職業や趣味や専門分野に関わる事物や概念を指す名詞が平板化したもの。(例：ピアノ（＜ピ￣アノ）、サーファー（＜サ￣ーファー））。
(2) 意味が分化して同じ語が異なるアクセントで発音され、一方が平板型になったもの（例：ク￣ラブ（＝ゴルフ用品や学校のクラブ）／クラブ￣（＝ディスコの新しい呼称））。
(3) 3、4拍の省略語。(例：パソコン￣（＜パーソナルコンピュ￣ーター）、メア￣ド（＜メールア￣ドレス））

24.4. 音韻体系の整理

　言語の変遷を見ると、よく似た音のあいだでの音韻的区別が失われることがあります。たとえば、上代に現在のエにあたる音が /e/ と /je/ に、オにあたる音が /o/ と /wo/ に分かれましたが、これらは平安時代にそれぞれ /je/ と /o/ に合流しました。

　現在のフランス語で4種類ある鼻母音は、実質的に3種類しか区別されませんし、アメリカ英語ではしばしば [ɔ] と [ɑ] を区別しません（たとえば taught と tot の母音が同じ発音になる、など）。

　子音でも同様の変化が生じます。四つ仮名の2つのペア（＝ジとヂ、ズとヅ）は、かつては /zi/ 対 /di/、/zu/ 対 /du/ で区別されていましたが、東京方言をはじめとする多くの方言ではジ＝ヂ、ズ＝ヅで区別しないようになっています（→ 7.6）。また、直音の /ka/ /ga/ と合拗音と呼ばれる /kwa/ と /gwa/ の区別も失われ、カ /ka/、ガ /ga/ に一本化されました。

　このように音素間の対立がなくなり1つの音素になる変化を、**融合**（merger）と言います。融合が生じて音素の数が減ると、音韻体系が簡素になります。音韻体系が簡素だと意味の区別に必要な音声的特徴（＝弁別的特徴）の数が減って、聞き分けるのが容易になります。その一方で、音素が少なくなると、同音異義語が増えて文脈によらないと意味の区別が難しくなります。

　反対に、1つの音素が2つに**分裂**（split）することもあります。日本語のハ行子音は、上代には [p] で、のちに [ɸ] になり、その後、語頭で [ɸ]、語中 [w] と位置により異なって発音されるようになりました。語中でハ行音がワ行音に変化したものをハ行転呼音と言うことがあります。現代では語頭でも

語中でもハ行とワ行がともに現れ、「歯」と「輪」、「位牌」と「祝い」のように最小対があるので、2つの音素に分裂したことになります。もちろん、もともと /w/ という音素が日本語にあれば、音韻体系全体としては分裂でなく、出現する条件が変わったと記述することになります。言語学的に見れば、融合は音韻対立がなくなる中和（neutralization）で、分裂は新たに対立（opposition）が生じる変化、とみなされます。

なお、体系に関わる変化はアクセントにも生じ、東京方言の形容詞のアクセントは、もともと平板式だったものが若年層で起伏式に変化していると言われています（→ 18.5）。もしこの変化がこのまま進めば、形容詞のアクセントは起伏式だけになって、すべての形容詞が同じアクセントで発音され、体系が単純化します。音素が同じでアクセントが異なる形容詞は「厚い」「篤い（平板）」と「熱い」「暑い（起伏）」くらいですから、アクセントが同じになっても弁別にはさほど困らないでしょう。

24.5. 言語接触の影響

24.5.1. 新しい音の導入

言語接触でことばを他言語から取り入れるときには、発音の変化を伴うのが普通です。英語から日本語への借用語を見てみると、veil →「ベール」と [v] が [b]、[ɫ] が [ɾɯ] に、rhythm →「リズム」では [ð] が [zɯ/ dzɯ] になります。これは、日本語の似た音で代用した結果です。また、借用語とともに新たな音を取り入れたり、新たな配列を作ったりすることもあります。たとえば、fun と team を日本語に取り入れたことで、「フアン」[ɸɯaɴ]、「チーム」[tɕiːmɯ] とともに、「ファン」[ɸaɴ]、「ティーム」[tiːmɯ] という発音も使われるようになりました。「ファ」「ティ」「チェ」など、借用語で使われるまでは現代日本語には一般に存在しなかった音はいくつもあります。

また、desktop は「デスクトップ」が原音に近いにもかかわらず、「ディスク（disk）」などの連想からか、「ディスクトップ」と過剰修正された言い方も耳にします。過剰修正はこのように借用語で多く見られます（→ 23.2）。

英語に入った日本語からの借用語でも、Mt. Fuji では [ɸ] が [f] に、Hiroshima では [ç] が [h] に置き換わっています。反対に、tsunami [tsʊnɑːmi] では英語にない [ts] を取り入れています。[68]

24.5.2. 超分節的要素の変化

　アクセントやイントネーションやリズムなどの超分節要素も、言語接触の影響で変化することがあります。たとえば日本各地の方言では、標準語のアクセントの影響が見られます。長野市小田切では中高型アクセントの「命」が、若い世代では標準語と同じ頭高型になっているそうです。テレビの普及とアクセントの急激な変化の時期が重なったことから、テレビが標準語化を促進するのではないかと考えられます。

　イントネーションなどは，短期間に変化することもあります。若者が使い始めたアクセントやイントネーションは，当初，中高年層には受容されないことが多いのですが，長く接しているうちに違和感も弱まり，20年や30年がたてば，若年層も中年層になるので，30年程度のうちに新しい変化が定着してしまうことも生じます。

　68）　英語では [ts] は cats の語末などに子音連続として現れることはありますが、/ts/ という音素ではなく、語頭に [ts] が出現することは英語ではないので、[tsʊnɑːmi] は存在しない発音を取り込んだと言えます（→ 7.3）。

引用文献

今石元久 (2005)『音声研究入門』和泉書院
河野俊之他 (2004)『1日10分の発音練習』くろしお出版
郡史郎 (2015)「日本語の文末イントネーションの種類と名称の再検討」『言語文化研究』41: 85–107　大阪大学大学院言語文化研究科
清水克正 (1993)「閉鎖子音の音声的特徴—有声性・無声性の言語間比較について」『アジア・アフリカ言語文化研究』45: 163–176.
田窪行則他 (1998)『岩波講座言語の科学2 音声』岩波書店
中井幸比古編著 (2002)『京阪系アクセント辞典』勉誠出版
平山輝男 (1974)「諸県方言の音調研究」『音声学世界論文集』日本音声学会（井上史雄他編 (1999)『九州方言考④（熊本県・大分県・宮崎県）』ゆまに書房 pp. 252–259）
平山輝男他編 (1997)『日本のことばシリーズ46 鹿児島県のことば』明治書院
枡矢好弘 (1976)『英語音声学』こびあん書房
ライアルズ, J. (2003)『音声知覚の基礎』今富摂子・荒井隆行・菅原勉監訳　海文堂
Catford, J. C. (2001) *A Practical Introduction to Phonetics 2nd ed.* Oxford University（キャットフォード, J. C. (2006)『実践音声学入門』竹林滋・設楽優子・内田洋子訳　大修館書店）
Pike, Kenneth L. (1943) *Phonetics: a critical analysis of phonetic theory and a technic for the practical description of sounds.* Oxford University Press.

索　引

【アルファベット】
ATR　138
dB　205, 219
F0　209
F1　207
F2　207
F3　207
Hz　205
N型アクセント　192
IPA　4
RTR　138
R音化　137
ToBI　193
VOT　37, 213

【あ行】
あいまい母音　128
明るい l　88
アクサングラーブ　167
アクサンテギュ　167
アクセント　156, 165, 176, 185
アクセント核　168
アクセント句　180
アクセントの弱化　198
アクセントの滝　176
頭高型　177
アッシュ（[æ]）　122
アッハラウト（アッハ音）　54
アップステップ　12
後舌　20
後舌母音　111

アピカル　26
児化　138
アンティフォルマント　211
異音　3
異化　246
息　20
息もれ声　22, 38
一次調音　38
一型アクセント　191
1拍語の長呼　189
一般音声学　2
イッヒラウト（イッヒ音）　51
入りわたり　100
韻　148
インテンシティ　163
咽頭　14
咽頭化　59
咽頭音　208
咽頭壁　17
イントネーション　156, 193, 239, 240
イントネーション句　193
韻律的特徴　10, 154
後ろ寄り　27
エックマン（F. R. Eckman）　233
エッシュ（[ʃ]）　50
遠隔同化　245
エング（[ŋ]）　76
円唇奥舌狭母音　113, 125
円唇奥舌半狭母音　124
円唇奥舌半広母音　124
円唇奥舌広母音　122

円唇化　41
円唇化した硬口蓋接近音　98
円唇化した無声両唇軟口蓋接近音または摩擦音　98
円唇化した両唇軟口蓋接近音　97
円唇性　9, 112
円唇中舌狭母音　127
円唇中舌半狭母音　129
円唇中舌半広母音　129
円唇母音　112
円唇前舌狭母音　119
円唇前舌半狭母音　120
円唇前舌半広母音　121
円唇前舌広母音　122
円唇やや奥舌やや狭母音　126
円唇やや前舌やや狭母音　119
オーラル（oral）→口腔音
奥舌　19
奥舌母音　111
奥寄り→後ろ寄り
尾高型　177
音　2
音の大きさ　219
音の強さ　219
音の等感曲線　220
音圧　204
音位転換　247
音韻論　2
音響音声学　2
音声学　1
音声器官　14
音節　144
音節核　147
音節境界　11, 149
音節言語　152
音節主音　9, 144
音節主音性　73, 82
音節声調　169

音節頭子音　147
音節尾子音　147
音節副音　144
音節リズム　159
音節量　151
音素　2
音調句　194
音調と語アクセント　11
音波　204

【か行】
開音節　148
開口度　110
開放　25
楽音　8, 205
拡張 IPA　5
カクテルパーティ効果　226
隔離同化　245
下降二重母音　140
過剰修正　232
下唇　16
化石化　233
かぶせ音素　10, 154
完全同化　245
簡略表記　5
基音　205
聞こえ　24, 145
聞こえ度　9
聞こえの階層　145
きしみ声　22
基準音圧　219
気息　35
起伏式　176, 182, 183, 238
基本周波数　205
基本母音　115
疑問型上昇調　200
逆行同化　245
休止→ポーズ

索　引

吸着音　101, 104, 108
境界表示機能　173
強子音　59
強勢　11, 12, 165
強勢リズム　160
強度強調　163
強調型上昇調　200
共鳴　109, 207
共鳴音　109, 145, 207
曲線声調言語　170
緊張度　9, 115
緊張母音　115
区別符号→補助記号　4
暗い *l*　88
クリック　104
グロッタル・ストップ　31
軽音節　151
口音　16, 72
口蓋　17
口蓋化　38, 68
口蓋垂　17
口蓋垂鼻音　77
口蓋垂ふるえ音　84
口蓋帆　15
高起式　189
口腔音　72
硬口蓋　17
硬口蓋音　27
硬口蓋化　38
硬口蓋歯茎吸着音　106
硬口蓋接近音　95
硬口蓋側面接近音　90
硬口蓋破擦音　69
硬口蓋鼻音　75
口腔　15
口腔音　16
口腔母音　134
口唇　16

合成名詞　180
後舌　20
後舌母音　111
高低アクセント　167
高低位置　110
喉頭　14
喉頭蓋　15
喉頭蓋破裂音　32
喉頭原音　208
後部歯音→歯裏音
後部歯茎音　26
後部歯茎吸着音　207
口母音　134
声　20
声立て時間　37
国際音声学協会　4
国際音声記号→IPA
国際音声字母→IPA
語声調　168
語中音脱落　244
語中音添加　244
誇張の強調　163
固定アクセント　171
語頭音添加　244
語末音節　171
語末音脱落　244
語末音添加　245

【さ行】

最小対　231
サウンド・スペクトログラム　208
ささやき声　22
雑音　207
三角体系　132
三重母音　140
四角体系　133
歯間音　46
子音　7

索引

子音状音　8
歯音　26, 46
歯吸着音　108
歯茎　16
歯茎音　26
歯茎吸着音　106
歯茎硬口蓋音　50
歯茎後部　16
歯茎接近音　95
歯茎側面接近音　88
歯茎側面はじき音　92
歯茎はじき音　85
歯茎ふるえ音　84
歯茎放出摩擦音　103
歯擦音　214
舌　18
舌先　18
実験音声学　2
次末音節　171
弱母音　130
弱化母音　130
自由アクセント　171
シュー音　214
重音節　151
重音脱落　244
周期音　205
周波数　109, 205
主強勢　167
主母音　139
シュワー（[ə]）　128
準アクセント　198
純音　204
順行同化　245
小音群　11
条件異音　233
上昇下降調　200
上昇式　189
上昇二重母音　140

上唇　16
焦点　162
食道発声法　15
シラビーム方言　153
自立拍　142
唇音化　40
人工喉頭　15
唇歯音　45
唇歯鼻音　74
唇歯接近音　95
唇歯はじき音　85
振幅　205
ストレスアクセント　156, 165, 166, 237
スペクトル　207
スペクトログラム　208
スモール・キャピタル　30
清音　61
正書法　5
成節子音　144
成節的　73
声帯　14, 20
声調　165
声道　17
正の転移　226
成分音　205
精密表記　4
声門　14
声門破裂音　31
声門閉鎖　21
声門閉鎖音　31
舌　18
接近音　94
舌根　18
舌根後退→ RTR
舌根前進→ ATR
舌唇音　26
舌尖　18, 26

舌尖的　26
舌端　18
舌端的　26
舌背　18
セディーユ（cedilla）　51
狭め　44
狭口　111
狭母音　110
顫音　83
前後位置　111
前次末音節　171
前舌　20
前舌母音　111
全体的下降　193
全体的上昇　193
顫動音　83
専門家アクセント　248
噪音　8, 207
相互同化　119, 122, 246
阻害音　145, 208
促音　144
側面音　18, 87
側面開放　93
側面吸着音　106
側面接近音　88
側面摩擦音　88, 91
その他の記号　5
粗擦音　214
その他の記号　5
ソノリティ・スケール　145
粗密波　204
反り舌音　28
反り舌接近音　95
反り舌側面接近音　89
反り舌鼻音　76
反り舌はじき音　87

【た行】
第1強勢　167
第3強勢　167
第2強勢　167
第一次基本母音　115
大音群　11
対照分析　232
代償延長　244
第二次基本母音　115
対比強調　163
対立　3
ダウンステップ　12, 198
高さアクセント　167
高め　117
濁音　61
卓立強調　163
たたき音　83
脱落　244
ダニエル・ジョーンズ（Daniel Jones）
　115
段位声調言語　170
弾音　83
単式流音　80
単顫動音　83
単母音　110
中央寄り　117
中間言語　233
中舌　20
中舌母音　111
中線的　18
中母音　128
調音　1
調音位置　5, 9, 16
調音音声学　1
調音器官　14
調音結合　215
調音点　16
調音法　5, 9

索　引

聴覚閾値　220
聴覚音声学　2
超重音節　152
頂点表示機能　173
超分節要素　10, 154
直線体系　133
チルダ（tilde）　72
強い円唇　117
低起式　189
出わたり　100
添加　244
同化　39, 78, 245
同器官調音的　63
同時調音→二重調音
等時的単位　143
トーン（tone）　165
特殊拍　142
特に短い　159
トップダウン　225
トルベツコイ（N. Trubetzkoy）　152

【な行】
長い　159
中舌　19
中舌母音　111
中舌寄り　117
中高型　177
軟口蓋　17
軟口蓋音　25
軟口蓋化　60
軟口蓋接近音　96
軟口蓋側面接近音　90
軟口蓋破擦音　69
軟口蓋鼻音　76
二型アクセント　190
二次調音　38
二重調音　43
二重母音　110, 139

入破音　103
ネイザル（nasal）→鼻音
ノイズ　207

【は行】
歯　16
倍音　205
肺気流子音　101
パイク（K. L. Pike）　8
歯裏音　46
拍　142
拍内下降　189
破擦音　63
はじき音　82, 83
バズ・バー　209
撥音　80, 142
撥ねる音　80
張り母音　115
破裂音　24
パワースペクトラム　207
半疑問　201
半狭母音　110
範疇的知覚　224
半広母音　110
半母音　94
ヒアトゥス（hiatus）　139
非円唇奥舌狭母音　113, 125
非円唇奥舌半狭母音　124
非円唇奥舌半広母音　124
非円唇奥舌広母音　113, 122
非円唇中舌狭母音　127
非円唇中舌中母音　128
非円唇中舌半狭母音　128
非円唇中舌半広母音　129
非円唇中舌やや広母音　122
非円唇母音　112
非円唇前舌狭母音　113, 118
非円唇前舌半狭母音　120

非円唇前舌半広母音　120
非円唇前舌広母音　113, 122
非円唇前舌やや広母音　122
非円唇やや前舌やや狭母音　118
無声音　20
鼻音　16, 72
鼻音化　72, 134
鼻音性　9
非音節主音→音節副音
鼻音フォルマント　211
非開放破裂音　41
引き音　142
低め　117
鼻腔　15
鼻腔開放　81
非周期音　205
鼻濁音　76
非知覚開放→非開放破裂音
ピッチアクセント　156, 165, 167, 174, 237
ピッチ曲線　157
非肺気流子音　101
鼻母音　79, 112, 134
広口　111
広母音　110
フィラー　162
フォルマント　207
フォルマント遷移　212
不完全破裂音　41
副強勢　167
複合音　205
複合周期音　109, 205
複合非周期音　205
複式流音　82
副母音　139
二つ仮名方言　70
フット　11, 160
部分同化　245

負の転移　226
ふるえ音　82, 83
プロソディ　10, 154
プロミネンス　162, 197, 240
文アクセント　162
分節音　10
分裂　248
閉音節　148
閉鎖音　24
平唇　112
平進式　189
平板式　176, 182, 183, 238
への字　193
弁別機能　173
弁別的　3
ボイス・バー　209
母音　7, 109
母音状音　8
母音調和　134
母音の不等辺四辺形　113
母音の無声化　136, 187
母音連続　139
放出音　101, 102
放出破裂音　102
放出摩擦音　103
ポーズ（pause）　162
母語の干渉　226
補助記号　4, 7, 116
ボトムアップ　225

【ま行】
前舌　19
前舌母音　111
前寄り　27
マガーク効果　226
摩擦音　44, 145
マスキング効果　225
無アクセント　192

索　引

無音調　200
無核　176
無気音　35
無声咽頭摩擦音　57
無声音　22
無声化　34
無声口蓋垂破裂音　30
無声口蓋垂摩擦音　56
無声硬口蓋摩擦音　51
無声硬口蓋破裂音　28, 30
無声喉頭蓋摩擦音　59
無声後部歯茎破擦音　66
無声後部歯茎摩擦音　48
無声歯茎硬口蓋破擦音　67
無声歯茎硬口蓋摩擦音　50
無声歯茎側面摩擦音　91
無声歯茎破擦音　65
無声歯茎破裂音　26
無声歯茎摩擦音　48
無声歯破擦音　65
無声歯摩擦音　46
無声唇歯破擦音　64
無声唇歯摩擦音　45
無声唇・軟口蓋摩擦音→円唇化した無声両唇軟口蓋接近音または摩擦音
無声声門摩擦音　57
無声反り舌破擦音　68
無声反り舌破裂音　29
無声反り舌摩擦音　53
無声軟口蓋破裂音　27
無声軟口蓋摩擦音　54
無声両唇破裂音　25
無声両唇摩擦音　45
無標　16
鳴音　207
モーラ　150
モーラ言語　152
モーラ方言　153

モーラリズム　159
モダリティ　199

【や行】
やや狭（母音）　114
やや長い　159
やや広（母音）　114
有核　176
有気音　35
有気性　9
融合　248
融合同化　246
有声咽頭摩擦音　57
有声音　20
有声化　34
有声口蓋垂破裂音　30
有声口蓋垂摩擦音　56
有声硬口蓋破裂音　28, 30
有声硬口蓋摩擦音　52
有声喉頭蓋摩擦音　59
有声後部歯茎破擦音　67
有声後部歯茎摩擦音　49
有声歯茎硬口蓋破擦音　68
有声歯茎硬口蓋摩擦音　50
有声歯茎側面摩擦音　91
有声歯茎破擦音　66
有声歯茎破裂音　26
有声歯茎摩擦音　48
有声歯破擦音　65
有声歯摩擦音　46
有声唇歯破擦音　64
有声唇歯摩擦音　45
有声唇・硬口蓋接近音→円唇化した硬口蓋接近音
有声唇・軟口蓋接近音→円唇化した両唇軟口蓋接近音
有声性　9
有声声門摩擦音　58

有声反り舌破擦音　68
有声反り舌破裂音　29
有声反り舌摩擦音　53
有声内破音→入破音
有声軟口蓋破裂音　27
有声軟口蓋摩擦音　55
有声両唇破裂音　25
有声両唇摩擦音　45
有標　16
有標性差異仮説　233
緩み母音　115
拗音　39
四つ仮名方言　70
ヨット（[j]）　96
ヨッホ（[ʒ]）　49
弱い円唇　117

【ら行】
ラテン語アクセント規則　151, 172

ラミナル　26
離散的　21
リズム　159
流音　82
両唇音　25
両唇硬口蓋接近音　98
両唇吸着音　105
両唇軟口蓋接近音　97
両唇鼻音　74
両唇ふるえ音　83
レトロフレックス　28
連結　11
連続的　21
連母音　139

【わ行】
わたり音　99

● 著者プロフィール ●

加藤　重広（かとう・しげひろ）
　　北海道大学教授。専門は言語学、日本語学、語用論など。
安藤　智子（あんどう・ともこ）
　　富山大学准教授。専門は音声学、音韻論。

基礎から学ぶ　音声学講義
（きそ）（まな）　（おんせいがくこうぎ）

2016年8月1日　初版発行　　2021年3月17日　2刷発行

● 著者 ●
加藤　重広 ＋ 安藤　智子
© Shigehiro Kato ＋ Tomoko Ando, 2016

● 発行者 ●
吉田　尚志

● 発行所 ●
株式会社　研究社
〒102-8152　東京都千代田区富士見2-11-3
電話　営業 03-3288-7777（代）
　　　編集 03-3288-7711（代）
振替　00150-9-26710
http://www.kenkyusha.co.jp/

KENKYUSHA
〈検印省略〉

● 印刷所 ●
研究社印刷株式会社

● 装丁 ●
寺澤　彰二

ISBN978-4-327-37743-4　C1080　　Printed in Japan